La corte dei papi

Collana diretta da Agostino Paravicini Bagliani

29

Marco Petoletti

Un poeta alla corte dei papi

Bonaiuto da Casentino e Bonifacio VIII

traduzione dei testi di Angelo Piacentini

viella

Prima edizione: ottobre 2016
ISBN 978-88-6728-093-3

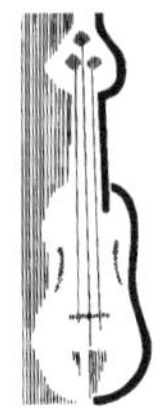

viella
libreria editrice
via delle Alpi, 32
I-00198 ROMA
tel. 06 84 17 758
fax 06 85 35 39 60
www.viella.it

Indice

Premessa

La mia amicizia con Bonaiuto da Casentino è iniziata qualche anno fa, quando, sull'onda della lettura dei molti saggi di Giuseppe Billanovich su Petrarca e l'Umanesimo, cominciai a interessarmi della sopravvivenza della letteratura classica nel Medioevo, con particolare riferimento al Trecento. Allora, durante una delle mie prime visite di studio alla Biblioteca Apostolica Vaticana, ebbi la ventura di riconoscere un apografo, nel testo e nelle postille, della prima decade di Livio letta nella prima metà del sec. XIV da Giovanni Cavallini, canonico del Pantheon e autore della *Polistoria de virtutibus et dotibus Romanorum*, un'erudita rivisitazione dei *Mirabilia Urbis Romae*. Proprio da Livio il Cavallini trasse un'infinità di citazioni e riprese da consegnare alle pagine della sua opera: fu così possibile verificarne, quasi in presa diretta, il metodo di lavoro. Da quei giorni mi sono dedicato con passione allo studio della cultura a Roma nel Medioevo, prendendo familiarità con alcuni protagonisti di questa storia: Pietro di Mallio, che descrisse acutamente la Basilica Vaticana e salvò un piccolo tesoro di epigrafi paleocristiane e medievali, Nicola Maniacutia, vivace spirito filologico *ante litteram* impegnato nella ricostruzione dell'autentica lezione dei Testi Sacri, e appunto Bonaiuto da Casentino, che nella corte pontificia del Duecento, fucina di scienze della natura, come ci ha insegnato magistralmente Agostino Paravicini Bagliani, affidò la sua retorica alla poesia, metrica e ritmica, in ricordo della sua vita a Roma e dintorni e, soprattutto, in onore di papa Bonifacio VIII, di cui fu cantore. Nella quiete della Biblioteca dei *Monumenta Germaniae Historica*, a Monaco di Baviera, dove trascorsi quattro mesi intensissimi nell'inverno tra 1999 e 2000, ebbi la fortuna di trascrivere e studiare il *Diversiloquium* di Bonaiuto, allora ancora per la maggior parte inedito. Le mie ricerche trovarono sbocco in un lungo articolo: *Il* Diversiloquium *di Bonaiuto da Casentino, poeta di curia ai tempi di Bonifacio VIII*, in «Aevum», 75 (2001), pp. 381-448. Quel mio lavoro, da cui questo volume prende le mosse, mi offrì l'occasione di entrare in relazione con Agostino Paravicini Bagliani, che mi ha subito proposto di dedicare alla poesia di curia e a Bonaiuto un volume nella collana da lui diretta "La corte dei papi". Accettai con entusiasmo, ma, come spesso succede, fui trascinato nel turbine di altre ricerche e procrastinai di anno in anno la consegna del lavoro. Rispetto all'articolo del 2001 ho potuto controllare nuovamente il ms. Vat. lat. 2854 e migliorare così in più punti il testo e l'interpunzione. Grazie alla collaborazione con Angelo Piacentini, che si fatto carico di tradurre il latino, non sempre facile, di Bonaiuto, il *Diversiloquium* è ora disponibile per un numero più ampio di lettori. Soprattutto l'introduzione mira a meglio inserire l'opera di Bonaiuto nella storia secolare della poesia nata all'ombra della curia papale.

Sciolgo dunque finalmente il debito e verso volentieri la monetina della vedova nel tesoro del tempio: se non fosse stato per la pazienza del prof. Paravicini Bagliani, che mi ha costantemente sollecitato a portare in porto questa piccola fatica, dubito che avrei scritto la parola fine. A lui dunque voglio esprimere il mio caloroso ringraziamento.

Introduzione

I

Corte dei papi e poesia: il secolo XIII

Fin da tempi remoti il soglio di Pietro stimolò la produzione di prosa e poesia: già Aratore nel sec. VI ebbe l'onore di vedere la propria riduzione esametrica degli Atti degli Apostoli letta e pubblicamente lodata da papa Vigilio. Nell'anno del Signore 544, per quattro giorni, Aratore declamò il suo epos nella chiesa di San Pietro in Vincoli, secondo un costume destinato con lui a spegnersi. Sulla scia di altri poeti cristiani, Giovenco, autore della *Evangelica historia*, e Sedulio, che scrisse il *Pascale carmen*, piegò il metro di Roma antica alla presentazione di nobilissime storie: in 1076 esametri cantò Pietro, in 1250 Paolo. Sui suoi versi sonori si stende l'ombra potente dei classici. Nelle epistole prefatorie in distici elegiaci all'abate Floriano e a papa Vigilio, Aratore sprona i suoi venerabili interlocutori a correre verso la sua opera e a tendere le mani in segno di favore: se l'ingegno non è pari all'impresa, almeno l'altezza delle gesta cantate costituirà un motivo di onore («pinguia gesta scripsimus»). Il bon ton prevedeva del resto di esordire con dichiarazioni prolungate di modestia: la terra nutre tigri e leoni, ma anche formiche e api. L'argomento è presto detto: l'autore si propone di cantare in poesia gli Atti degli Apostoli dettati da san Luca, una storia espressa in versi («Versibus ego canam quos Lucas rettulit Actus / historiamque sequens carmina vera loquar»).

La scelta della poesia ha un modello autorevole, la Bibbia, dove alcuni libri sono in metro («Metrica vis sacris non est incognita libris»).

All'opera arrise grande successo, soprattutto nei secoli alti del Medioevo, quando la *Historia Apostolica*, coronata da molte glosse esegetiche, divenne testo canonico per i dotti e offrì ai poeti, di età carolingia e non solo, un ampio repertorio di clausole e di espressioni da imitare.[1]

Questa teoria di scrittori che rivolsero la propria opera al papa o ai cardinali non si esaurì nei secoli successivi: nonostante i travagli patiti dalla navicella di Pietro la musa non tacque.[2] Roma stessa, scossa più volte da scismi e tumulti, nutrì alcuni scrittori impegnati sul fronte della prosa e, in misura minore, della poesia: nella seconda metà del sec. IX, in concomitanza con il pontificato di Giovanni VIII, le figure di Anastasio Bibliotecario, uno dei rari intellettuali medievali a conoscere la lingua greca, e di Giovanni Immonide lasciarono una traccia profonda nella storia delle lettere: il primo soprattutto come traduttore, il secondo come agiografo e poeta.[3] Giovanni Immonide, che in contubernio con Anastasio e con la benedizione di Giovanni VIII avrebbe voluto scrivere una storia universale, è autore di una documentata e amplissima biografia di Gregorio Magno: per comporla consultò le opere del dotto pontefice e lesse le molte lettere consegnate al *Registrum* di Gregorio.[4] La dedica al papa è in distici elegiaci:[5]

> Accogli, venerabile pastore, i romani trionfi; accogli le gesta del tuo santo Gregorio, che rifulse per le opere, le parole e i beati scritti, come il raggio del sole dalla chioma d'oro brilla nella volta del cielo. Ti sia esempio, ornamento, modello, via, vita per sempre, se desideri che il tuo sacerdozio sia eterno. Infatti il presule che non ne segue i passi, davanti a Dio non sarà presule, ma bestia. Per questo il Salmista canta che l'uomo ignavo è simile ai ronzini cocciuti e muore senza onore.[6] Al santo abbiamo offerto un canto notte e giorno e abbiamo celebrato un uomo illustre in poesia. Tu, copista, fa' la tua parte, trascrivendo scrupolosamente le parole e la punteggiatura, affinché la pagina da te vergata non serbi un'opera piena di errori...

In limine vitae Giovanni scrisse una vita di papa Clemente sulla base delle *Recognitiones* tradotte da Rufino di Aquileia: non portò

1. Orbán 2006.
2. In generale Haye 2009 e anche Miglio 2000.
3. Per Anastasio ved., da ultimo, Valtorta 2006, pp. 17-38. Sulla cultura a Roma nel sec. IX: Arnaldi 1956; Id. 1997; Bertini 2001.
4. Castaldi 2004.
5. *PL*, 75, coll. 59-62.
6. Ps. 32 (31), 9 «Nolite fieri sicut equus et mulus, quibus non est intellectus».

però a termine quest'ultima sua fatica, che fu compiuta da Gauderico di Velletri.[7] In poesia rinnovò poco dopo l'875 la *Cena Cypriani*, strano testo di età tardoantica che presenta sulla scena un banchetto in casa di re Gioele a Cana di Galilea, con la partecipazione di una folla di personaggi del Vecchio e del Nuovo Testamento con aperture anche agli apocrifi. Preceduta da un breve prologo a Giovanni VIII, in distici elegiaci, la *Cena Iohannis* che dispiega la materia in quindicinari, nelle intenzioni dell'autore fu scritta per essere rappresentata per la festa romana della Cornomannia (che si svolgeva alla presenza del papa il primo sabato dopo Pasqua davanti al Laterano) o per vivacizzare i banchetti della corte imperiale in occasioni solenni.[8]

Non è facile rintracciare successivamente poeti di sangue romano; resta anonimo l'autore di un carme di 33 distici elegiaci che, come si legge nell'intitolazione, era rivolto a commemorare una cerimonia della Roma medievale: la processione che si svolgeva nella notte tra 14 e 15 agosto per la festa dell'Assunzione, di cui è ricordo nel *Liber pontificalis* («Sancta Maria, quid est? Si cęli climata scandis, / esto benigna tuis! Sancta Maria, quid est?»).[9] Il bel testo è trasmesso da alcuni manoscritti del *Pontificale* romano-germanico, un libro liturgico composto a Magonza intorno alla metà del sec. X, che si diffuse progressivamente in Italia. Il breve poemetto fu scritto a Roma al declinare del sec. X o poco dopo, durante il pontificato di Gregorio V o, meglio ancora, ai tempi di Silvestro II, prima comunque del 1002, anno di morte di Ottone III, il cui impero è ricordato nella parte conclusiva. Durante la spettacolare processione notturna il papa guidava il sacro corteo con l'immagine acheropita del Salvatore, custodita nel *Sancta Sanctorum* del Laterano. Il divino ritratto percorreva le vie dell'Urbe per incontrare all'alba un'altra icona non dipinta da mano umana, quella conservata in Santa Maria Maggiore e conosciuta come *Salus populi Romani*. A una sorta di introduzione di 8 versi, in cui l'autore si chiede stupito perché nella notte agostana il popolo percorra con fiaccole le vie di Roma, segue

7. Orlandi 1968.

8. Orlandi 1979; Arnaldi 1990, pp. 109-114; Monti 1993; Rosati, Mosetti Casaretto 2002, pp. 163-183; Valtorta 2006, pp. 149-152.

9. Strecker 1937-1979, pp. 465-468.

un discorso rivolto all'Urbe: qui le glorie del passato sono accostate alla *renovatio* cristiana. La risposta di Roma, che si sviluppa in 14 distici, è tutta tesa a respingere le infamie dei tempi antichi e a descrivere la processione del Volto Santo custodito in Laterano. La conclusione è un invito alla preghiera: «Vergine Maria, guarda i tuoi figli con ogni clemenza; esaudisci i tuoi fedeli, Vergine Maria. Il popolo dell'Urbe è madido di lacrime supplichevoli, santa Maria, sii propizia alle lacrime supplichevoli... Santa madre di Dio, volgi i tuoi occhi al popolo di Roma e sii propizia a Ottone, santa madre di Dio... Ogni uomo gioisca, poiché regna il terzo Ottone, del suo impero ogni uomo gioisca».

Il secolo XII vide fiorire Nicola Maniacutia, che, dopo lungo oblio, gode ora di qualche rinomanza in virtù soprattutto dei suoi studi biblici e dei tentativi audaci di emendare i Sacri Testi, in particolare i Salmi, ben prima degli slanci umanistici di Lorenzo Valla ed Erasmo. Diacono di San Lorenzo in Damaso e cisterciense a Sant' Anastasio alle Tre Fontane, quando reggeva quel monastero Bernardo, futuro papa Eugenio III (1145-1153), la sua vita si protrasse fino al pontificato di Alessandro III.[10] Della sua produzione, soprattutto in prosa, non poco è giunto ai nostri giorni: a parte alcune opere agiografiche, tra cui occorre ricordare almeno la dotta biografia di san Girolamo, meritano speciale menzione il *Suffraganeus bibliothecae*, una sorta di introduzione al suo lavoro critico sulla Bibbia, in particolare sul Salterio *iuxta Hebraeos*,[11] e il *Libellus de corruptione et correctione psalmorum et aliarum quorundam scripturarum*,[12] una dichiarazione di metodo sulla sua impresa di correzione del Salterio gallicano. Per la già ricordata processione romana dell'Assunzione scrisse il *Tractatus de ymagine Lateranensis palatii*, una sorta di omelia che si propone il compito di ricostruire la storia autentica dell'Acheropita lateranense. Il Maniacutia fu però anche poeta; compose infatti versi memoriali sui nomi dei papi che si interrompono, nella redazione primigenia, al tempo di Eugenio III: soltanto le aggiunte, che si sospetta non essere d'autore, si spingono oltre.[13]

10. Chiesa 2007; Petoletti 2014.
11. Denifle 1888, pp. 270-277, 475-476; van den Gheyn 1899; Linde 2013.
12. Peri 1977. Per la traduzione parziale: Guglielmetti 2007.
13. Schmidinger 1963; Id. 1964, con edizione critica del testo.

Fu però soprattutto dal sec. XIII che all'ombra della curia pontificia scienziati, poeti, scrittori e traduttori trovarono un fertile terreno dove piantare i semi della propria arte: nel Duecento la corte dei papi divenne una fucina per le scienze naturali e la medicina. Vi gravitarono per esempio Campano da Novara e Witelo, sommi esperti di ottica, come testimoniano i documenti d'archivio.[14] Si pensi poi a Simone da Genova, personalità culturale svettante, almeno agli occhi dei moderni. Benché fosse il medico personale di Niccolò IV e, in seguito, sia attestato come cappellano di Bonifacio VIII, pochissimo si sa sulla sua vita: si ignora quando nacque né si conoscono le fasi della sua formazione culturale, che dovette essere di tutto rispetto. Canonico a Rouen e a Padova, dove è presente nel settembre del 1292, attese per oltre trent'anni alla composizione della *Clavis sanationis*, vero e proprio dizionario di termini medici, il primo in assoluto nel genere: si deve ancora consultare quest'opera nei manoscritti o nelle antiche stampe. Per l'elaborazione della sua *Clavis* Simone compulsò un numero incredibile di fonti: in latino, in greco e, addirittura, in arabo. Durante la sua carriera l'archiatra tradusse dall'arabo alcune opere mediche. Il documento più sconcertante, se così si può dire, che offre la misura della sua vasta cultura, è il prologo della *Clavis sanationis*, per l'acuto spirito critico che Simone dimostra: è un testo che meriterebbe la cura di un commento puntuale. Per di più, al fine di raccogliere materiale utile all'elaborazione del suo portentoso lessico medico, Simone da Genova non disdegnò di frequentare antiche biblioteche. A Milano, presso il monastero di Sant'Ambrogio, consultò un testimone fondamentale del *De medicina* di Celso (oggi Firenze, Bibl. Laurenziana, 73.1), sul quale solo in seguito si lanciarono gli interessi eruditi degli umanisti.[15] A Roma visitò antichi archivi dove stupefatto ammirò libri e documenti vergati su papiro in una scrittura non più decifrabile. Infine, con lo scopo di perfezionare la sua dottrina sul campo, intraprese viaggi *per montes arduos* che lo condussero fin nell'isola di Creta: lì una vecchietta, depositaria della saggezza popolare, gli svelò i nomi e le virtù di alcune erbe officinali.[16]

14. Paravicini Bagliani 1991, *passim*.
15. Billanovich 1975, p. 328.
16. Paravicini Bagliani 1991, in part. pp. 191-198.

Se la scienza trovò presso la curia orecchie non sorde, pure la poesia affascinò papi e cardinali: nel XIII fiorirono molti poeti che elaborarono i propri versi all'ombra del soglio di san Pietro o sotto la protezione della porpora dotta. Bonaiuto da Casentino con la sua opera entra di diritto in questa feconda schiera: però la sua produzione, non sovrabbondante, ha trovato solo di recente un po' più di fama. Ancora nel 1985 Paul Oskar Kristeller a proposito del nostro scrittore pontificio ebbe a dichiarare: «Bonaiuto da Casentino [...] non ha ancora fatto il suo passaggio dal codice Vaticano, in cui sopravvive, ai manuali di storia della letteratura medievale».[17] Ora, fortunatamente, la situazione è mutata e l'opera di Bonaiuto può essere apprezzata come espressione non secondaria della produzione poetica del Duecento in lingua latina, e in particolare come tassello fondamentale per ricostruire il mosaico della cultura a Roma nel Medioevo.

Un breve *excursus* sulla poesia del sec. XIII legata all'ambiente curiale consente di chiarire meglio la posizione di Bonaiuto in un panorama complesso e di intendere il valore del suo *Diversiloquium*: molti sono i personaggi, alcuni in primo piano, altri un po' in retroguardia, che abitano questo affresco; altrettanto numerose sono le terre che diedero i natali a questi dotti di curia, come ben giustifica la progressiva internazionalizzazione della corte dei papi.[18]

La grande lotta che contrappose nella prima metà del Duecento papa e imperatore vide impegnati, su fronti diversi, scrittori che affilarono il calamo per condannare il rispettivo nemico. Le lettere di Pier della Vigna e di Tommaso da Capua, cui si somma una costellazione di altre epistole composte secondo le consuetudini dell'*ars dictaminis*, sono preziosa testimonianza culturale di un'età in fermento. Nel 1245 un episodio triste di morte trovò un poeta pronto a tramandare la vicenda ai posteri. Il 15 settembre le milizie di Federico II, guidate da Vitale d'Anversa, si scontrarono con i prodi abitanti di Corneto, fedele al papa. La forze imperiali ebbero il sopravvento e molti Cornetani furono catturati o uccisi. Per piegare la fiera citta-

17. Kristeller 1985, pp. 13-14. Un cenno all'attività di Bonaiuto poeta in Franceschini 1952-1957, pp. 290-291. Ved. Petoletti 2001; Dellon 2003 e, da ultimo, Haye 2009, pp. 232-236.

18. Rehberg 2012.

dina qualche tempo dopo, il 4 novembre, una trentina di prigionieri furono trascinati fuori delle mura di Corneto: se le porte non fossero state aperte per consentire l'accesso agli imperiali, sarebbero stati giustiziati. Pur nello strazio e tra le lacrime, i Cornetani non si piegarono al ricatto e furono costretti dunque ad assistere all'esecuzione dei propri figli. Cantò questa strage Rolando, notaio di Corneto, che dedicò la sua fatica al cardinale Raniero Capozzi. Non fissò però la dolorosa vicenda nei solenni bagliori dell'esametro epico: scelse la forma ritmica dei chierici vaganti, che aveva raggiunto un secolo prima in alcuni componimenti dello sfuggente Archipoeta una vetta artistica.[19] La breve lettera prefatoria è un forte *j'accuse* contro la crudeltà di Federico II:[20]

> Ho il desiderio con le ginocchia piegate di esporre alla vostra santità prima che ad altri quelle vicende che con gli occhi bagnati di lacrime e tra i sospiri del cuore la piccolezza del mio ingegno ha pubblicato in forma ritmica sui Cornetani uccisi, fedeli figli della Chiesa, affinché, lette attentamente davanti a voi, che siete splendente luce mattutina, l'empietà e la durezza di cuore del deposto Federico siano note a tutti e il suo nome sia esecrato nei secoli in eterno.

Nello scorrere martellante del ritmo Rolando vuole indurre il cardinale dedicatario e più in generale i suoi lettori a biasimare la terribile strage cornetana del 1245, degna di essere fissata nello scritto a perpetuo biasimo di Federico II e dei suoi crudeli sgherri:[21]

19. Novati 1894. Il ritmo sulla strage di Corneto, sicuramente di Rolando, si accompagna a un altro più breve testo poetico, che Novati ipotizza composto dallo stesso notaio nel ms. Firenze, Bibl. Laurenziana, Ashburnham 1234 (sec. XIII), l'unico testimone medievale del testo.

20. Novati 1894, p. 18. Le campagne militari condotte da Federico II in Italia sono l'oggetto di altre prove poetiche. Per esempio, vale la pena di ricordare il poema esametrico di Ursone composto in ricordo della vittoria della flotta genovese contro quella imperiale, in gran parte costituita da navi pisane, nel 1242: Vallaurius 1853; Graziani 1857. Cfr. Cian 1936; Weiss 1949, p. 46. Non in esametri, ma in strofe goliardiche sono tre ritmi sulla sconfitta patita da Federico II a Vittoria nel 1248, copiati da Alberto Behaim nel suo zibaldone (München, Bayerische Staatsbibl., Clm 2574b, forse con interventi autografi): Bernini 1948; Frenz, Herde 2000, pp. 388-407.

21. Novati 1894, pp. 24-25. Conviene riportare il vivace latino di Rolando: «Terreant vos, populi, ista que auditis; / dum tiranni rabiem per orbem sentitis, eidem resistite, qui est actor litis. / Liberi poteritis esse, si velitis. [...] Ite, rithmi, propere: actum desolamen / nuntiate populis. Christus sit solamen / vobis; pacem

Vi spaventino, popoli, queste cose che ascoltate! Mentre udite per il mondo la furia del tiranno, resistetegli perché egli è la causa del conflitto. Se lo vorrete, potrete essere liberi! [...] Andate, ritmi, veloci! La triste storia annunciate alle genti. Cristo sia la vostra consolazione, dia pace a voi tutti il Santo Spirito. Addio. Il Creatore vi custodisca. Amen. Queste cose io Rolando, scriba di Corneto, manifesto, affinché vadano in rovina una dopo l'altra le milizie di Federico. Muoia il Siciliano che è compagno del diavolo e il popolo di Dio abbia la pace di Dio in questo mondo.

Uno scrittore d'oltralpe, Enrico di Würzburg, morto prima del 1265, al servizio del cardinale Giovanni Gaetano Orsini, che fu poi papa Niccolò III (1277-1280), compose un lungo poemetto in distici elegiaci (513 in tutto), consacrato alla rappresentazione del mondo che ruotava intorno alla curia pontificia. Il *De statu Romane curie* è infatti un dialogo tra *Gaufredus* o *Ganfredus*, alter ego dell'autore, in viaggio di ritorno da Roma, e lo spagnolo *Aprilis*, che per la prima volta si accingeva a oltrepassare le mura dell'Urbe, che non aveva ancora visto («Iste locum nondum Romane viderat Urbis»). *Aprilis*, curioso, interroga il suo interlocutore, che ben conosceva l'Urbe («tota cognitus Urbe diu»), sullo stato di quella realtà per lui ancora oscura, ma che intendeva frequentare; le risposte di *Gaufredus* magnificano, con un pizzico d'ironia, i pregi di Roma, descrivono meticolosamente gli uffici e i riti della curia e offrono saggi consigli su come ottenere udienza in quegli ambienti apparentemente inaccessibili.[22]

Il pastore apostolico, che ogni terra teme dal sorgere del sole fino alle onde del mare occidentale, al cui comando è pronta a ubbidire ogni terra per quanto lontana, dalle regioni calde fino alle plaghe del nord, mi ha detto: «Tu che poco fa hai cantato le lacrime della Chiesa, scrivi, riprendi in mano il calamo. Conia nuovi versi, componi carmi, scrivi libelli: infatti il torpore che illanguidisce nutre l'animo nel vizio. Canta in metro qual è la condizione dell'Urbe

tribuat cuntis sanctum flamen / et valete. Conditor vos conservet. Amen. / Hec Rollandus resero scriba Cornetanus, / ut tabescant singule Frederici manus. / Qui est consors diaboli pereat Sicanus / et quiescat populus Dei et mundanus».

22. Grauert 1912 (il *De statu Romane curie* si legge alle pp. 64-106: purtroppo proprio l'edizione del poemetto lascia un po' a desiderare). Inoltre: Lehmann 1914-1915; Wenck 1921; Worstbrock 1981; Haye 2009, pp. 213-218. Intorno al 1280 Ugo di Trimberg nel suo *Registrum multorum auctorum* ricorda l'opera di Enrico: «Adiciatur numero veterum auctorum / poeta qui temporibus scripsit modernorum...» («Si aggiunga alla schiera degli antichi autori / un poeta che scrisse nei tempi dei moderni...»): Langosch 1942, p. 188.

dei padri, la nostra curia sia l'argomento della tua opera». «Comincerò», ho detto. Chi infatti non farebbe subito quello che il papa ordina? Con la tua guida, santo padre, le nostre vele affronteranno l'alto mare né ci asterremo dal solcare acque pericolose... Voi, o signori, la cui pazienza è nota, perdonate se lo stile non è perfetto, di grazia. Sono numerosi i detrattori che criticano Roma e la stessa santa curia è esposta ai morsi di molti. Ma se la poesia ha qualche potere, quando l'arte si sforza, io sarò il difensore del papa e con metro immortale la mia Musa non cesserà di sostenere il santo padre.

Un francese della Lorena, Thierry de Vaucouleurs, cantò in molti distici elegiaci leonini la vita di Urbano IV, papa dal 1261 al 1264, su richiesta di Ancher Pantaléon, cardinale presbitero di Santa Prassede, nipote del defunto pontefice.[23] Il presule, originario di Troyes come l'illustre zio, commissionò anche una versione in prosa della vita del suo congiunto: si tratta della *Vita Urbani IV* di Gregorio di Napoli, che divenne vescovo di Bayeux, «la meno conosciuta» tra le biografie pontificie del sec. XIII.[24] Uno stretto rapporto lega l'opera di Gregorio e quella di Thierry, come si legge esplicitamente nel prologo della redazione poetica: «Gregorius prosam fecit, versus ego, glossam / qui volet apponat, sic mea Musa sonat». Insomma, Gregorio di Napoli scrisse la prosa, Thierry de Vaucouleurs i versi: chi vuole potrà aggiungere glosse esplicative, perché questa è la volontà della Musa ispiratrice. Affascinante è anche la trasmissione testuale di questi due esempi di biografia papale; come lo stesso Thierry informa, a qualche anno di distanza dalla morte di Urbano IV, la redazione prosastica di Gregorio e quella poetica furono copiate insieme da Gerardo, un altro lontano parente del papa defunto. Il *primum movens* dell'operazione fu naturalmente il cardinale Ancher. Il manoscritto fu quindi depositato nel tesoro della chiesa di Sant'Urbano a Troyes, fondata dallo stesso Urbano IV. Lì lo ritrovò, a qualche secolo di distanza, il dotto Papire Masson (1544-1611), che dunque procurò l'edizione delle opere di Gregorio e di Thierry

23. La si legga in *RIS* III/2, coll. 405-420. Le notizie su Thierry, autore anche di una *Legenda Iohannis* (Huber 1913), e sulla sua vita di Urbano IV sono raccolte da Sievert 1898 e, meglio, da Paravicini Bagliani 1969, pp. 74-78, con ulteriore bibliografia. In generale sulle biografie dei papi nel Duecento: Paravicini Bagliani 1976. La tomba di Ancher († 1286) in Santa Prassede a Roma è arricchita da un epitaffio metrico, costituito da un distico elegiaco più sei esametri leonini: *Grabmäler* 1994, pp. 165-168 n° 55; Guardo 2008, pp. 86-91.

24. Paravicini Bagliani 1969, p. 63.

nel suo *De episcopis Urbis*, pubblicato a Parigi nel 1586. Da allora il codice, probabilmente non più restituito a Sant'Urbano di Troyes, è andato smarrito, così che una futura e auspicabile edizione delle due preziose testimonianze biografiche non potrà che fondarsi sull'edizione del Masson.

Nel prologo, lungo e articolato, Thierry si rivolge al suo mecenate, affidandogli con la consueta dose di umiltà la propria creazione poetica: confida di aver fatto quel che poteva, togliendo il troppo e il vano e mantenendo soltanto il meglio («Quod potui feci, frustra superaddita ieci, / florida detineo codice scripta meo»). Soprattutto giustifica la propria scelta di fissare nel metro leonino le gesta del santo padre defunto e afferma di porsi nella sequela di Ovidio.

Un altro scrittore d'oltralpe, Alessandro di Roes, canonico a Colonia, intorno al 1280 si recò a Roma. Qui trovò la protezione del cardinale Giacomo Colonna, al quale dedicò un suo primo lavoro in prosa, il *De prerogativa Romani imperii memoriale*. All'incirca nel 1285 scrisse un curioso poemetto, il *Pavo*, per descrivere metaforicamente a qualche decennio di distanza il primo concilio di Lione del 1245, indetto da Innocenzo IV contro Federico II ribelle, come un'assemblea di uccelli, sotto la giurisdizione del pavone, figura del pontefice. Nel prologo il poeta spiega i motivi che lo hanno indotto a celare sotto un velo ornitologico lo scontro tra papato e impero ai tempi di Federico II. Dire la verità apertamente avrebbe potuto essere rischioso e dunque era meglio sviluppare la materia *in figuras*:[25]

> Ho paura di dire la verità, mi disgusta pronunciare menzogna, né tuttavia voglio essere come un cane muto che non latra.[26] Che fare, giunto a questo bivio? Insomma, con prudenza sviluppo l'argomento del carme metaforicamente, affinché, se per caso avrò svelato la dea con nude parole, io non sia divorato dai morsi dei cani...[27] La natura ha dato al pavone, insieme a una voce che incute timore, un piumaggio e un mantello d'amore più che agli altri uccelli. Siccome lo stormo delle colombe[28] non aveva una guida, nomina all'unanimità

25. Alexander von Roes 1958, pp. 104-123. Inoltre: Heimpel 1957; Hamm 1978. Alcuni versi attribuiti al cardinale Giovanni di Toledo (Grauert 1901) illustrano il conclave che portò all'elezione di papa Gregorio X nel 1271: Paravicini Bagliani 1970.

26. Cfr. Is. 56,10 «universi sunt canes muti non valentes latrare».

27. Il riferimento è al mito di Atteone, che avendo spiato la dea Diana mentre faceva nuda il bagno fu mutato in cervo e sbranato dai cani (Ov. *Met.* 3, 155-252).

28. Simbolo dei cardinali e dei vescovi.

proprio signore colui che la voce rende terribile, il bel manto onora. Splendido di tanti doni per la generosità della natura, il pavone si gonfiò d'orgoglio. Subito questa condizione di grazia generò la colpa e da un buon inizio crebbe la radice dei vizi. Infatti ormai ha in animo di superare con forza gli uccelli rapaci[29] come un re che quelli più timorosi si sono scelti spontaneamente come padre. L'animo in ansia dunque brucia per la brama di dominare e bruciando s'ingegna per cercare il mezzo di ottenere quanto brama. Alla fine gli piacque di radunare un concilio generale per poter coinvolgere tutti gli uccelli.

Sul fronte italiano in Puglia fiorì Gregorio, abate del monastero di Santa Trinità di Monte Sacro, morto nel 1250, autore eccezionalmente fecondo di versi. La sua opera maggiore, un lunghissimo poema che comprende più di 13.000 esametri, *De hominum deificatione*, o, alla greca, *Peri ton anthropon theopysis*, è dedicata al potente cardinale Tommaso da Capua. Questo componimento, che ripercorre la storia dell'umanità dalla creazione ai tempi del poeta, risale agli anni trenta del XIII secolo; papa Gregorio IX, morto nel 1241, è presentato come ancora in vita e si allude alla canonizzazione di san Francesco (1228). L'opera è custodita da due codici: Città del Vaticano, Bibl. Apostolica Vaticana, Vat. lat. 5977 e Barb. lat. 2089.[30] Anche Tommaso da Capua, destinatario del lunghissimo epos di Gregorio di Monte Sacro e cardinale di Santa Sabina, morto nel 1245, scrisse inni, per la Vergine e san Francesco, e fu soprattutto autore prolifico di lettere, raccolte come modello di *ars dictaminis*.[31] Salimbene de Adam nella sua *Cronica* ne lasciò un appassionato ritratto:

Il signor Tommaso cardinale, che fu di Capua, fu il più bravo dettatore in curia e compose quella lettera che il sommo pontefice mandò al signore Federico un tempo imperatore, per rimproverarlo dei molti e diversi eccessi e per difendere se stesso e la Chiesa di Roma dalle accuse e per rinfacciargli i benefici concessi. Questo è l'inizio della lettera: «Mirabile al tuo intelletto è giunta la nostra epistola, come hai scritto, ma ancor più mirabile la tua è giunta al nostro». Inoltre compose un inno in onore del beato Francesco, «In celesti collegio», e un altro inno «Decus morum» e il responsorio «Carnis spicam». Compose ancora quella sequenza sulla beata Vergine, ovvero «Virgo parens

29. L'imperatore nel *Pavo* è l'aquila; gli altri uccelli rapaci sono i tedeschi.
30. Silvagni 1901; Tamburini 1987; Kindermann 1989; Id. 1990; Pabst 2002.
31. Heller 1935; Schaller 1965; Szövérffy 1965, pp. 212-213; Delle Donne 2004; Heller, Schaller 2011 (la lettera citata da Salimbene, «Miranda tuis sensibus», è quella di esordio della raccolta epistolare di Tommaso da Capua).

gaudet», il testo soltanto. Il canto infatti per suo incarico lo scrisse frate Enrico Pisano, che fu custode del mio convento e mio maestro in canto.[32]

Altro poeta della seconda metà del Duecento fu il veronese Bonifacio, appartenente alla famiglia dei Principi, che, originaria di Bologna, trovò rifugio e prosperità in Verona. Bonifacio, esule da Verona a seguito delle purghe ordinate da Ezzelino da Romano, prestò servizio presso l'imperatore Rodolfo d'Asburgo.[33] Nel 1293 il consiglio del Comune di Perugia approvò una sua proposta: stendere un'opera in esametri a glorificazione della città umbra che lo aveva accolto.[34] Il 16 novembre dello stesso anno Bonifacio presentò la sua *Eulistea* e gli fu corrisposto, su giudizio di un'apposita commissione, un compenso di 25 fiorini d'oro, cui altrettanti se ne sarebbero aggiunti quando avesse volto in prosa latina la sua creazione poetica, secondo una consuetudine attestata anche per altri epos storici. Nella biblioteca domenicana di San Giacomo a Forlì, in base alla testimonianza di un inventario redatto da Fabio Vigili prima dell'aprile 1512, era conservato un volume così descritto: «Bonifatii Veronei opus heroico carmine de Corradino, Carolo, Groffo etc., quod vocatur Divina Bonifatii Veronei».[35] L'opera purtroppo risulta perduta: così noi posteri non possiamo verificare se non solo nel titolo, ma pure nella forma il poema, chiaramente di argomento storico, avrebbe meritato l'appellativo di *Divina*. Invano si cercherebbe un'altra creazione di Bonifacio, registrata nell'inventario dei libri posseduti da Niccolò III d'Este, risalente al 1436: «Libro uno chiamado la magnanimità del Marchionato da Est compilado da M° Bonifacio Veroneo, in pizolo volume, in membrana, coverto de uno curame verde».[36]

32. Salimbene 1999, p. 580.

33. Arnaldi 1970; Schmidt 1986, e soprattutto Billanovich 1997, pp. 122-124.

34. Bonaini, Fabretti, Polidori 1859, pp. XII-XIX e 3-52, con edizione parziale dell'opera; Galletti 1970. Al manoscritto perugino già noto con l'*Eulistea* di Bonifacio da Verona si aggiunga il codice Firenze, Bibl. Nazionale Centrale, Landau Finaly 245, sec. XV, già Phillipps 6374: Kristeller 1967, p. 171; Lazzi, Rolih Scarlino 1994, II, pp. 420-422.

35. Kaeppeli 1966, p. 21. Sul Vigili: Laurent 1943, pp. VIII-XXV.

36. Cappelli 1889, p. 16 n° 54.

Prima di consacrare a Perugia la sua opera maggiore, Bonifacio frequentò non soltanto l'aula imperiale e le corti dei potenti, ma pure la curia pontificia. Al cardinale Ottaviano degli Ubaldini, eletto nel 1245, dedicò infatti un breve poema sulla Vergine e sant'Anna, l'*Annayde*, conservato in un unico, magnifico codice del XIII secolo, Paris, Bibl. Nationale de France, lat. 8114, transitato per la biblioteca viscontea del castello di Pavia.[37] A epilogo dell'opera, Bonifacio loda il committente porporato e rivendica orgogliosamente l'altezza della materia oggetto dei suoi versi, tale da superare le antiche creazioni, fino al punto da imporre il silenzio, alla maniera di Dante nel canto XXV dell'*Inferno*, ai poeti del passato. Né Omero né Virgilio poterono cantare simili gesta; Lucano, Ovidio e Stazio devono, se non tacere, almeno piegare la testa o accontentarsi della loro fama. Solo a Verona e al suo moderno poeta, lo stesso Bonifacio, autore di altri epos storici, è riservata lunga vita:

> Ma tu padre, per la cui virtù ho composto questo poema, Ottaviano, godi, mentre Ne veneri il nome e ti sottoscrivi con titolo della chiesa a Lei dedicata (verrà il tempo che forse ne avrai mercede). Procedi, di questo solo pago: che è stato permesso a un poeta di cantare a tuo nome la vita della Vergine. Nulla di più nobile mai e in nessun luogo il meonide Omero o l'antica Eneide hanno celebrato. Desistano dai propri progetti i poeti; qui l'iberica fama stia paga del suo Cesare; tacciano in schiera tutte le altre gazze, Sulmona abbassi il capo; qui dorma l'infiammata Tebaide e ormai viva a lungo la nostra Verona, il nostro Adige, fiume amato, e la giocosa Arena. Essa infatti ha tessuto i marziali trionfi di Carlo, le stragi dei Cesari e le tremende battaglie dei re.

Al cardinale francescano Guglielmo de Braye, morto nel 1282 e sepolto nella chiesa di San Domenico a Orvieto in uno splendido monumento, opera del grande Arnolfo da Cambio,[38] Bonifacio destinò un più lungo componimento, la *Veronica*, in due libri. Il poemetto, che si fonda su narrazioni apocrife che ebbero fortuna nel Medioevo, sviluppa in versi la leggenda di Abgaro, re di Edessa, gravemente malato e sanato grazie al miracoloso sudario ove era rimasto impresso il volto di Cristo, madido di sangue e di sudore. In Bonifacio Veronica è la moglie di Abgaro, costretta a fuggire con il prezioso lino da Edessa a

37. Piastra 1954, con edizione parziale. Per il Par. lat. 8114: Pellegrin 1955, pp. 28 e 81 n° 35; Ead. 1967, p. 7 e tav. 52; Avril, Gousset 1984, p. 130 n° 156 e tav. LXXXVII; Albertini Ottolenghi 1991, p. 75 n° 339.

38. Romanini 1980, pp. 31-47.

Gerusalemme per l'apostasia del figlio. Nella città santa la pia donna attende la vendetta del Salvatore, che si realizzerà dopo le miracolose guarigioni di Tito e Vespasiano. Anche questa creazione è salvata da un solo manoscritto, Paris, Bibl. Nationale de France, lat. 8229, sec. XV ex.[39] A Guglielmo inoltre è affidato un incarico grande e nobile, portare al papa, allora Gregorio X, la creazione poetica:

> Insomma, Muse, non abbiate timore di alcuna impresa. C'è chi guiderà la nave con remo ben leggero, l'eroe Guglielmo, asperso delle acque castalie, illustrato dallo splendido onore del titolo cardinalizio di S. Marco, mandato dagli abitanti del cielo, chiamato anche dalla vostra sede. Egli a lungo volle conoscere i vostri passi, ha fissato il giorno in cui possa qui venire, ora guarda gli allori e i serti promessi. Ha riservato un dono molto grande, cosa che non sarebbe stato lecito pensare: egli vi condurrà alle altezze del santo presule e al grembo del sommo figlio che è una nuova luce per il mondo, come un raggio balena nella volta celeste, come la stella polare fissata nel mezzo del cielo, Gregorio, padre egregio e successore nella navicella di Pietro…

Bonifacio infine compose, come testimonia l'inventario della biblioteca papale risalente al 1295, una perduta *Oda* a Giovanni XXII, il dotto Pietro Ispano, strappato nel 1277 al soglio del «maggior Piero» e alla vita di questo mondo, dopo sei giorni di agonia, dal crollo del soffitto nel suo studiolo a Viterbo.[40]

Una delle figure più eminenti della cultura romana tra Due e Trecento fu il potente cardinale Iacopo Stefaneschi, committente di preziose opere d'arte e autore di prose e, soprattutto, di versi.[41] Più giovane di Bonaiuto, nacque intorno al 1260; canonico di San Pietro dal 1294, fu creato cardinale di San Giorgio al Velabro da Bonifacio VIII nel 1295. Attivo tra Roma e Avignone, nuova sede papale, morì nella città sul Rodano nel 1341. Lesse da autodidatta gli antichi poeti, mentre attendeva agli studi giuridici, come con orgoglio ricordò nel prologo, risalente al 1315, del suo lavoro maggiore.[42] Legò la sua fama di poeta a un'ambiziosa creazione in esametri, l'*Opus metri-*

39. Piastra 1959, con edizione parziale.

40. Ehrle 1885, p. 33 n° 225: «Item oda Bonifacii Veronensis ad Joannem papam»; Id. 1890, p. 103; Pelzer 1947, p. 15; Schmidt 1986, p. 225.

41. Per lo Stefaneschi e la sua opera: Hösl 1908; Seppelt 1921 (edizione critica dell'*Opus metricum*); Morghen 1931; Frugoni 1950 (quindi in Id. 1954, pp. 69-124); Maier 1967 (= Maier 1977, pp. 249-279); Dykmans 1975; Condello 1987; Ead. 1989; Ead. 2002; Licitra 1989; Id. 1990; De Vincentiis 2009.

42. Seppelt 1921, p. 6.

cum, elaborato nel corso di lunghi anni, che consta di tre sezioni. La prima, il *De electione*, in tre libri, fu completata prima dell'ascesa alla dignità cardinalizia, tra 1294 e 1295: si rievoca la scelta di Pietro del Morrone, eletto papa con il nome di Celestino V, il breve pontificato dell'eremita e la sua famosa rinuncia. La seconda, il *De coronatione*, in due libri, risale a qualche anno dopo, intorno al 1298-1299: è a glorificazione di Bonifacio VIII, chiamato alla somma dignità alla fine del 1294 a Napoli e nel gennaio dell'anno seguente solennemente consacrato pontefice. Con cura meticolosa lo Stefaneschi descrive le fasi della cerimonia. Dopo ben quindici anni il cardinale ritornò sul suo lavoro. Nel 1313 Celestino V fu canonizzato da papa Clemente V: dopo la morte di quest'ultimo papa (20 aprile 1314), durante la lunga vacanza pontificia, che si risolse nell'agosto 1316 con l'elezione di Giovanni XXII, lo Stefaneschi a Valenza sul Rodano, non lontano da Avignone, attese alla stesura della terza parte del suo *Opus metricum*, il *De canonizatione*, in tre libri. Qui si narrano vita e miracoli di Celestino V dal «gran rifiuto» fino all'ascesa alla gloria degli altari. La prefazione generale all'*Opus*, scritta per l'occasione, è datata 1315. L'intero *Opus metricum* è tramandato da un bellissimo codice, Città del Vaticano, Bibl. Apostolica Vaticana, Vat. lat. 4932, vergato da un unico copista al servizio del cardinale tra 1295 e 1315: questo manoscritto accompagnò lo Stefaneschi nella stesura del suo lavoro.[43] Negli anni successivi il mecenate romano ritornò ancora sui suoi versi per correggere e integrare: ne nacque una seconda redazione. Con un'epistola scritta ad Avignone il 28 gennaio 1319 il cardinale inviò una copia definitiva del suo *Opus* al generale dei Celestiniani per il monastero di Santo Spirito a Sulmona. Grande interesse riveste, oltre al Vat. lat. 4932, il ms. Vat. lat. 4933, ornato di belle miniature, che tramanda solamente il *De coronatione*, probabilmente il codice di dedica a Bonifacio VIII. Questo manoscritto è registrato nell'inventario perugino del 1311:

> Item unum parvum libellum, scriptum de bona lictera in pellibus edinis, factum de promotione et commendatione domini Bonifatii, qui incipit in secundo folio: *ecclesiam*, et finit in penultimo: *superbos*, et est in tabulis cohopertis de samito rubeo et habet duo clausoria de serico fornita de argento deaurato.[44]

43. Condello 1987, pp. 27-34.

44. «Inoltre un piccolo libretto, scritto in bei caratteri su pergamena, compo-

Per altro la mano che ha esemplato sul finire del XIII secolo il Vat. lat. 4933 presenta una fortissima affinità con quella di *G. de Romandiola*, copista del Vat. lat. 2854, testimone unico del *Diversiloquium* di Bonaiuto.[45] Agli esametri, un po' involuti e contorti, dell'*Opus metricum* si affianca un grazioso libretto in prosa, con qualche allegato poetico, il *De centesimo anno seu de iubileo*, tràdito dal ms. Città della Vaticano, Bibl. Apostolica Vaticana, Archivio di S. Pietro G.3: la breve opera fu scritta intorno al 1301-1303 per una circostanza grandiosa, celebrare il primo giubileo indetto da Bonifacio VIII nel 1300 con la bolla *Antiquorum habet fida relatio*.[46] L'attività letteraria dello Stefaneschi comprende ancora l'inedito *De miraculo Avenionensi*, in versi, tramandato esclusivamente dal ms. Paris, Bibl. Nationale de France, lat. 5931, ff. 95-102:

> Iacobi Sancti Georgii ad Velum Aureum diaconi cardinalis de miraculo gloriose Dei genitricis Virginis Marie, quo in civitate Avinionensi Romano pontifice tunc cum sua curia inibi moram trahente puerum ignibus ob delictum sententia iudicis dampnatum e medio flammarum illesum liberavit primum heroicum carmen.[47]

Vi si racconta di un miracolo avvenuto ad Avignone nel 1320, quando la Vergine apparve per salvare un povero giovane condannato al rogo per sodomia: il fanciullo in realtà era stato vittima

sto in esaltazione e lode di Bonifacio, che comincia nel secondo foglio con la parola *ecclesiam*, e finisce nel penultimo con la parola *superbos*; la legatura è in tavole di legno rivestite di seta rossa e ha due fermagli di seta e argento dorato»: Ehrle 1890, I, p. 31 n° 52; Pelzer 1947, p. 88. Per il codice: Condello 1987, pp. 34-39.

45. Frugoni 1956, p. 248 nota 4: «Il codice ci ricorda da vicino quelli usciti dallo *scriptorium* del card. Stefaneschi». Da accostare a questi codici anche il ms. Paris, Bibl. Nationale de France, lat. 8073, con le *Satire* di Giovenale, vergato dal copista Nicola di Perugia nel 1307 e postillato dal senatore romano Gentile Orsini: Petoletti 2002. Sulla produzione libraria nella Roma del tempo: Supino Martini 1993, pp. 87-99.

46. Quattrocchi 1900; Frugoni 1949; Id. 1950[3]; Ilari 1997; Ragionieri 1997; Stefaneschi 2001; Miglio 2009. Per il Vat. Arch. S. Pietro G.3: Condello 1987, pp. 39-44.

47. «Primo carme eroico di Iacopo diacono cardinale di S. Giorgio al Velabro sul miracolo della gloriosa madre di Dio la Vergine Maria, per cui nella città di Avignone, mentre il papa di Roma con la sua curia risiedeva allora in quel luogo, liberò e serbò illeso dal bel mezzo delle fiamme un fanciullo condannato al rogo dalla sentenza di un giudice per un crimine». Di questa breve opera ho pronta l'edizione critica che spero di pubblicare a breve.

dell'abuso e per questo Maria volle preservarlo da un castigo cui era stato ingiustamente destinato. Il manoscritto offre inoltre a f. 95r un disegno, a commemorazione del prodigio, che alcuni critici hanno assegnato alla mano di Simone Martini.[48] Si aggiunge il *De sancto Georgio*, in prosa, ancora inedito nel ms. Città del Vaticano, Bibl. Apostolica Vaticana, Archivio di S. Pietro C.129, ff. 69v-82v,[49] ove si narrano le imprese di san Giorgio. Il prologo, un notevole esempio di prosa d'arte che indulge a tutte le Veneri della retorica duecentesca e che ben rappresenta la maniera di scrivere dello Stefaneschi, amante delle contorsioni sintattiche, merita di essere qui presentato e tradotto:

> Etsi gloriosi martyris et athlete Christi beati Georgii gesta, laudes, pugnam palmeque victoriam maiorum nobis scripta texuerint, quibus ex hoc gratiarum eis actio, honoris reverentia, meritorum cumulus evenit, nos tamen, horum minimum, hec eadem vel ipsorum unum aliquod scriptitasse animo iuvabit, quatenus, veritatis huius servata fide, illorum subsequi, non calcare vestigia possimus. Nam sequendo veritas, non calcando suavitas aliquibus forsitan lucebit. Lucebit aliquibus, multis forsitan lucebit. Eo autem in hoc laboris nostri fructus precipue, quo eius decus, aliquid parvum minimumque dixerimus, excrescet. Nec presumptioni quod poscimus quisque, set devotioni quod desideramus discretus hoc lector attribuat, cum et minora interdum proprio resonasse calamo delectet, quamvis longe maiora per alios, longe per illos fecundiora relata sint, presertim cum et in ipsius martyris nostri resultet laudem sui quamplures invenisse laudatores. Nostri vero debitum parumper exsolvatur, si eiusdem martyris utcumque preconia psallamus, qui licet immeriti venerabili eius dyaconie Rome ipsius insignite vocabulo ad velum aureum serviendo presidemus.

> Benché gli scritti dei nostri avi, cui è giunto per questo il ringraziamento, la reverenza onorifica e abbondanza di meriti, abbiano per noi intrecciato le gesta, le lodi, il combattimento e il trionfo del beato Giorgio, martire glorioso e atleta di Cristo, a noi tuttavia, il più piccolo tra di loro, piacerà di scrivere queste stesse cose o almeno qualcosa di esse, affinché, tenendo fede a questa verità, possiamo seguire le loro orme, non ricalcarle perfettamente. Infatti seguendole, non ricalcandole, verità e bellezza forse brilleranno per qualcuno. Brilleranno per qualcuno, forse brilleranno per molti. In questo soprattutto dovrà consistere il frutto della nostra fatica: che l'onore del santo, per quanto poco o niente io dica, possa crescere. E ciascun prudente lettore non attribuisca a presunzione quanto chiediamo, ma alla devozione quanto desideriamo,

48. Degenhart 1975.
49. Ciardi Dupré dal Poggetto 1981. Vedrò di procurare al più presto l'edizione anche di quest'interessante opera agiografica dello Stefaneschi.

poiché talvolta può essere un piacere far risuonare con il proprio calamo cose di minor momento, benché siano state riferite cose di gran lunga più grandi da alcuni, di gran lunga più feconde da altri, soprattutto perché a lode del nostro martire risulti evidente che ci sono stati moltissimi lodatori. Il nostro debito un poco sia pagato, se in qualche modo cantiamo le lodi di quel martire noi che, benché immeritatamente, come servi guidiamo a Roma la sua venerabile diaconia insignita dal nome di «al velo aureo».

Lo Stefaneschi piegò il suo fecondo calamo anche alla produzione liturgica: a lui si deve un complesso *Cerimoniale*.[50] Il cardinale inoltre elaborò distici latini a didascalia degli abbaglianti mosaici e di altre opere d'arte da lui commissionate a Roma in Santa Maria in Trastevere e in San Clemente, e ad Avignone.[51]

Oltrepassando un poco i confini cronologici del pontificato di Bonifacio VIII, merita di essere ricordato un poema dedicato alla difesa della memoria infangata del defunto pontefice, lo *Speculum pontificale*. È un testo molto poco conosciuto: relegato in un solo testimone vicinissimo ai tempi della stesura, Madrid, Bibl. Nacional 5888, sec. XIV (Francia meridionale), non è stato riscattato ancora da cure editoriali degne di questo nome.[52] È rimasto anzi inedito fino a qualche tempo fa, quando l'unico codice che lo conserva è stato trascritto, a volte in maniera un po' imprecisa, dal suo scopritore. Ma il primo volenteroso editore si è dimenticato di aggiungere la punteggiatura secondo le moderne consuetudini e si è astenuto dal copiare le molte glosse che accompagnano l'opera, e che consentono molto spesso di risolvere i non pochi problemi interpretativi che il poema pone allo studioso. Lo *Speculum pontificale* è un carme in distici elegiaci di 1430 versi, preceduto da una lettera in prosa. L'autore, Giovanni, si cela dietro lo schermo di un aggettivo poco trasparente, *ignotus*; il dedicatario è il cardinale diacono Francesco Caetani († 1317), nipote di Bonifacio VIII, che gli aveva assegnato il titolo di Santa Maria in Cosmedin nel 1295. Fu composto in occasione del processo postumo per screditare la fama e accusare i delitti di papa Caetani. Come suggerisce l'*explicit*, fu presentato al concilio di Vienne, 1311-1312, al tempo di Clemente V: un piccolo contributo poetico da allegare a tutela dell'ingombrante pontefice.

50. Dykmans 1981.
51. Boyle 1964; Condello 1987, p. 25 nota 18.
52. de Andrés 1985; Id. 1987, p. 48; Id. 1992; Mazzanti 2006, pp. 158-160.

Bonifacio VIII, su cui gravavano molti sospetti, tra cui quello di occulte pratiche negromantiche, è infatti difeso come sommo custode dell'ortodossia e acerrimo nemico dell'eresia.

Un'altra testimonianza efficace e visibile di poesia legata all'Urbe è costituita dagli epigrammi, per lo più sepolcrali, incisi sui marmi a Roma e nelle città limitrofe: epitaffi metrici di papi, di cardinali e di altri uomini illustri.[53] La feconda tradizione affonda le sue origini nell'evo antico fin da quando papa Damaso (366-384) decise di rinnovare la gloriosa tradizione epigrafica di Roma, fissando nel marmo – e in poesia – le gesta dei nuovi *viri illustres*, i martiri cristiani; affidò la realizzazione materiale delle iscrizioni a un esperto calligrafo, Furio Dionisio Filocalo, che elaborò una splendida scrittura capitale, ornata di grazie e apicature, come qualche esempio, completo o frammentario, ancora testimonia.[54] Per tutto il medioevo la voce di epigrafi metriche non accompagna soltanto le ultime dimore di chi aveva reso l'Urbe nuovamente grande, ma rende anche omaggio, nel marmo, nei mosaici o nelle pitture murali ai munifici committenti di opere d'arte. Né tacque ovviamente nel XIII secolo. Nella basilica di San Giovanni in Laterano albergano le tombe monumentali del cardinale milanese Conte Casati († 1287) e del notaio romano Riccardo Annibaldi († 1289), entrambe illustrate da iscrizioni metriche.[55] Consta di ben 30 esametri la poesia in memoria del celebre vescovo domenicano Guglielmo Durante, autore del diffuso *Rationale divinorum officiorum* e dello *Speculum iuris*, morto nel 1296; l'ultima dimora del presule è a Roma in Santa Maria sopra Minerva.[56] In San Lorenzo fuori le mura si erge la tomba del cardinale Guglielmo Fieschi, deceduto nel 1256; un carme di 13 esametri leonini dal sonoro inizio, «Siste gradum, clama, qui perlegis hoc epigrama», ne ripercorre vita e imprese.[57] Addirittura i primi quattro versi di quest'elogio funebre furono riutilizzati con minime varianti a Rochester, nel remoto Kent, per rinnovare l'epitaffio del vescovo Paolino († 644).[58]

53. Numerosi esempi in *Grabmäler* 1994 (cfr. anche Guardo 2008). Per l'epigrafia romana del sec. XIII in generale: Koch 1981; Id. 1990; Guardo 1999.

54. Ferrua 1942; Cardin 2008, pp. 17 e 29.

55. *Grabmäler* 1994, pp. 37-41 n° 7 e 41-49 n° 8; Guardo 2008, pp. 92-107.

56. *Grabmäler* 1994, pp. 90-95 n° 27; Guardo 2008, pp. 112-124.

57. *Grabmäler* 1994, pp. 60-63 n° 15; Guardo 2008, pp. 33-41.

58. Dugdale 1817, p. 153; Favreau 1990, p. 80; Id. 1997, pp. 155-156.

Anche una donna, Luciana Felici, moglie di Tebaldo, morta intorno al 1300, fu commemorata con un'epigrafe sepolcrale metrica nella chiesa di Santa Maria in Aracoeli: «Humilis et plana tumulo iacet hic Luciana...».[59] In altre circostanze soltanto la tradizione indiretta ha conservato la memoria dei carmi incisi sulle tombe dei potenti: così, per esempio, il cronista bolognese Francesco Pipino, nella sua vasta cronaca che risale ai primi decenni del Trecento, ha copiato la lunga epigrafe metrica per papa Niccolò III († 1280).[60]

59. *Grabmäler* 1991, pp. 117-118. Ancora al 1300 circa risale l'esempio illustre dell'epitaffio di Niccolò Buonsignori, nel chiostro di San Clemente: *Grabmäler* 1994, pp. 36-37 n° 6.

60. *Ibidem*, pp. 131-135 n° 41; Guardo 2008, pp. 76-85. Per il domenicano Francesco Pipino: Kaeppeli 1970, pp. 392-395; Paolini 1991.

II

Bonaiuto da Casentino, uomo di curia e poeta

Nel 1295 Bonifacio VIII, da poco eletto in seguito alla rinuncia di Celestino V, ordinò di descrivere il tesoro pontificio; in quell'occasione fu redatto un inventario. Questa puntuale rassegna di preziosi oggetti comprendeva anche i libri.[1] Nel settembre del 1303 il tesoro era, insieme con il papa, ad Anagni, dove Bonifacio patì il celebre oltraggio. Parte dei ricchi beni andò allora dispersa. Poco dopo, l'11 ottobre 1303, il pontefice morì. Benedetto XI, suo successore, si trasferì a Perugia, e lì finì i suoi giorni il 7 luglio 1304; il tesoro pontificio trovò quindi alloggio nella città umbra. Con l'elezione di Clemente V la sede di Pietro fu trasferita in Francia, e Avignone divenne presto la nuova Roma sul Rodano. Nel 1311 il papa comandò di stendere un inventario dei beni rimasti a Perugia, in vista di un loro trasferimento in terra di Provenza. Ad allora risale un elenco, particolarmente curato e preciso, dei libri di pertinenza pontificia; quest'inventario ben raffigura la consistenza della biblioteca papale dei tempi di Bonifacio VIII.[2] Tra i codici lì descritti compare questo volume:

1. L'inventario dei preziosi fu pubblicato da Molinier 1882, 1884, 1885 (si veda anche Pomarici 1997); quello dei libri da Ehrle 1885, in particolare pp. 24-41, quindi riproposto in Pelzer 1947, pp. 4-24. In generale su questi inventari: Le Pogam 2005[2]. Uno sguardo d'insieme sulla cultura artistica fiorita all'ombra del Laterano nel Medioevo è offerto ora da Bilotta 2011.

2. Ehrle 1890, pp. 26-102. L'inventario del 1311 fu segnalato per primo da Wenck 1885, subito ripreso da Ehrle 1885, pp. 149-151. Inoltre, a proposito della biblioteca dei papi nel periodo che qui interessa: De Rossi 1884, pp. 348-353; Id.

> Item unum opusculum diversarum locutionum et materiarum Bonaiuti de Casentino, nunc metrice nunc prosaice, ad Dominum Bonifacium directum, quod incipit in secundo folio: *sed quam vitanda*, et finit in penultimo: *super petram et habet copertorium de corio rubeo.*[3]

Il codice in questione è identificabile con sicurezza nel ms. Città del Vaticano, Bibl. Apostolica Vaticana, Vat. lat. 2854, che trasmette il *Diversiloquium* di Bonaiuto da Casentino.[4] L'attuale f. 3, che, con l'esclusione del f. 1 destinato ad accogliere il sommario del volume e forse – come si vedrà descrivendo il manoscritto – aggiunto successivamente, costituisce il secondo foglio, comincia infatti con le parole *sed quam vitanda* [I 13]; inoltre alla fine di f. 54v, il penultimo scritto, si trova *super petram* [XV 135].[5]

> Membr., sec. XIII ex., I (cart.) + 57 + I' (cart.), numerazione a inchiostro del XVI secolo, mm 320 × 245 (35|210|75 × 35|10|161|44). Fasc. $1^{1\,(2,\,-2°)}$, $2\text{-}7^{8}$. Affrontamento regolare della pergamena con lato carne esterno; parola d'ordine nel margine inferiore di ogni fascicolo sull'ultimo foglio verso al centro, in alcuni casi rifilata; 18 righe per pagina, «below top line». Scrittura: solenne gotica libraria del XIII ex. (dopo 1297, prima del 1300) di un solo copista, *G. de Romandiola*. Rigatura a crayon. Eleganti iniziali alternativamente in blu e rosso con filigrane ed elementi decorativi a cascata. Del secondo foglio del primo fascicolo resta solo un lembo piegato; questo fascicolo presenta il lato

1886, pp. CII-CVIII. Sulla biblioteca di Bonifacio VIII e i suoi codici greci: Paravicini Bagliani 1983, ripubblicato in Id. 1991, pp. 409-454.

3. Ehrle 1890, p. 39 n° 127: «Inoltre un opuscolo di Bonaiuto da Casentino con diversi pezzi e materie, parte in versi, parte in prosa, indirizzato a Bonifacio, che inizia nel secondo foglio con le parole *sed quam vitanda* e finisce nel penultimo con le parole *super petram*; e ha una legatura di cuoio rosso».

4. Billanovich 1964, p. 308 nota 1. Il codice è registrato in Kristeller 1967, p. 354. Del Vat. lat. 2854 parlò in una comunicazione orale Augusto Campana nel corso del Congresso internazionale di storia dell'arte medioevale, *Roma anno 1300* (1980), i cui atti vennero stampati nel 1983 per cura di A.M. Romanini: Paravicini Bagliani 1991, p. 257 nota 87. Il contributo di Campana, però, non è mai stato stampato. Si veda anche Condello 2000, pp. 84-85; Ead. 2006, pp. 144-145.

5. Nell'inventario perugino del 1311 si incontrano sovente formulazioni del tipo: «Item unum librum parvum et grossum in quo continentur themata et distinctiones per ordinem Biblie conscripta […], qui incipit in secundo folio post themata…» (Ehrle 1890, p. 77 n° 438); «Item quendam librum de ortu et differentia ecclesiarum ad Clementem quartum papam, scriptum de subtili nota in cartis pecudinis, qui incipit in secundo folio post proemium et capitula…» (*Ibidem*, p. 88 n° 532); «Item exempla Virgilii per versus, qui incipiunt in secundo folio post capitula… » (*Ibidem*, p. 93 n° 572).

pelo all'esterno; si può ipotizzare che sia stato aggiunto in un secondo momento per alloggiare l'indice analitico del volume. Inchiostro scuro a fondo verde cupo; rubriche in inchiostro rosso. Stato di conservazione piuttosto buono, sebbene si intravedano tracce di umidità. Legatura in cartone e pelle rossa (sec. XIX). Glosse marginali in gotica corsiva di un'unica mano, *manus A*, che interviene spesso anche per correggere gli eventuali errori del copista.[6] I ff. 30r-33v e 55r-57v sono bianchi. A f. 2r si scorge una rasura tanto profonda da non permettere la lettura della scrittura sottostante neppure con l'ausilio della lampada di Wood. A f. 34r in alto la mano corsiva ha scritto al centro «prosa». A f. 57v sono rimaste impresse a specchio tracce di scrittura del XII-XIII secolo; mi è possibile leggere con chiarezza solamente la parola «breviter».
Il volume è ancora registrato nel 1375 in un inventario stilato ai tempi di Gregorio IX: «Item in volumine signato per CXLVII quedam cronica vel diversiloquium Bonaviti».[7]

Ma chi è Bonaiuto e in che cosa consiste il suo *Diversiloquium*? Una bussola sicura per seguire vita e carriera di questo funzionario di curia attivo tra il tramonto del Duecento e l'inizio del Trecento è costituita dalla ricca documentazione pontificia; altre tracce archivistiche permettono di aggiungere qualche tassello. Infine, le notizie affidate dallo stesso Bonaiuto ai suoi versi e le preziose rubriche del suo copista di fiducia, il cui nome è celato dietro un'iniziale puntata, *G. de Romandiola*, consentono di delineare un ritratto abbastanza preciso di questo piccolo letterato, che consacrò la sua musa alla lode di Bonifacio VIII. È un quadro appena tratteggiato, ma che consente di scorgere Bonaiuto nella sua attività di curia e nelle sue relazioni con alcune figure che segnarono la storia del tempo.[8] Il nostro poeta proveniva da Borgo alla Collina nei pressi di Poppi:[9] si ignora la data della nascita, da collocare presumibilmente a metà

6. Non è da escludere l'ipotesi che in questo correttore coevo alla stesura del codice si possa riconoscere lo stesso Bonaiuto.

7. Ehrle 1890, n° 1307, con la precisazione: «sitne legendum Bonaiuti?».

8. Petrucci 1969. E inoltre: Barbiche 1970, p. 130: «Bonajutus ou Bonavito de Casentino (Cosenza) [*sic*] ne semble pas avoir exercé effectivement les fonctions de scribe sous le pontificat de Boniface VIII, bien que ce titre lui soit donné dans les quatres bulles de ce pape qui le concernent»; Nüske 1974, pp. 190-191; Herde 2000, pp. 255-258; Dellon 2003; Boesplug 2005, pp. 108-109 n° 149, con qualche imprecisione.

9. Maccarrone 1991, p. 1219 nota 38. Bonaiuto è ricordato in Paravicini Bagliani 1991, pp. 41, 257 nota 87, 358; Id. 1994, p. 321; Id. 1996, pp. 88-89; Id. 2003, *passim*.

del XIII secolo. Almeno dal 1291 si trovava a Roma: il suo copista segnala nella prima rubrica del *Diversiloquium* le circostanze di composizione del carme di esordio, un lungo poemetto di 153 esametri che descrive la pestilenza che si abbatté su Roma nell'estate del 1292, mentre la sede pontificia era vacante per la morte di papa Niccolò IV. La malattia causò molte morti anche tra i curiali e alla fine Bonaiuto, che si era trattenuto in città fino alla metà del mese di agosto con il suo signore, come informa *G. de Romandiola* (*cum domino suo*), abbandonò i pericoli dell'Urbe e si trasferì nella più amena e salubre Rieti. Il *dominus* qui evocato è il cardinale Matteo d'Acquasparta:[10] lo conferma una serie di atti relativi alle controversie insorte tra i comuni umbri di Narni e Stroncone del 1293. Nel luglio di quell'anno, di fronte alla potenza degli eserciti ostili, i Narnesi decisero di scendere a patti con Matteo d'Acquasparta, delegato dal collegio cardinalizio a dirimere la questione, e rinunciarono alle proprie pretese su Stroncone. Bonaiuto, che allora si trovava a Rieti con il suo signore, fu incaricato di stendere almeno in parte gli atti relativi alla fine della contesa.[11] Altre piccole notizie autobiografiche sono affidate ai versi del secondo carme: qui Bonaiuto racconta al lettore le circostanze che lo indussero nell'inverno del 1291-1292 a restare a Roma, in cui si era recato allora per la prima volta attratto dalla fama: il clima temperato e – è da credere – il favore dei potenti lo convinsero a rimanere. Fu probabilmente Berardo da Camerino a introdurlo in seno alla corte dei papi: a lui non a caso con un delizioso biglietto in prosa è dedicato il primo carme del *Diversiloquium*. Berardo, camerario e cappellano pontificio, fu impegnato presso la curia, secondo la testimonianza dei documenti, dal 1279 almeno fino al 1290.[12] I registri pontifici permettono di seguire la carriera di questo funzionario dai tempi di Niccolò III a quelli di Niccolò IV. Nel 1279 Berardo, «plebanus plebis de Faverio», è incaricato di acqui-

10. Su di lui: *Matteo d'Acquasparta* 1993, in part. i contributi di P. Herde, *Matteo d'Aquasparta cardinale*, pp. 79-108; E. Menestò, *La biblioteca di Matteo d'Acquasparta*, pp. 257-289; O. Capitani, *L'allusione dantesca a Matteo d'Acquasparta*, pp. 291-310.

11. Calpini 1975: grazie a questi documenti siamo informati che Bonaiuto proveniva da Borgo alla Collina.

12. Petrucci 1969, p. 520. Per Berardo da Camerino: Rusch 1936, p. 140; Elze 1950, p. 196.

stare «vice domini pape et camere sue» diversi appezzamenti di terreno siti intorno al Vaticano per l'ampliamento del parco progettato da Niccolò III «propter nova palatia que nunc construi fecit apud palatium basilice beati Petri».[13] Nel *Liber Censuum* sono ben quindici i documenti a proposito, stilati tra il 20 febbraio e il 27 giugno 1279, in cui Berardo compare come «camerarius domini pape».[14] La sua attività come camerario è attestata ancora sotto il pontificato di Martino IV e di Onorio IV: un documento del 12 giugno 1284 informa inoltre che Berardo era canonico di York.[15] Fu attivo anche sotto Niccolò IV: almeno a partire dall'8 gennaio 1290 è indicato come suo cappellano. L'ultimo documento in cui è menzionato, con la qualifica di cappellano pontificio e di tesoriere della chiesa di Tours, risale al 10 luglio 1290.[16] Morì prima del 7 giugno 1295: allora in un documento pontificio indirizzato da Anagni a Guido *de Caritate*, professore di diritto civile, tesoriere e canonico di Tours, cappellano pontificio, chierico di Filippo re di Francia, Bonifacio VIII spiega che «nella chiesa di Tours il tesoro, il canonicato e la prebenda, a seguito della morte del fu maestro Berardo da Camerino, un tempo tesoriere e canonico della stessa chiesa, il quale dalla Sicilia, in cui si era recato per incarico nostro per svolgere alcuni affari per conto della Chiesa romana, ritornando alla Sede apostolica presso la città di Isola del Liri finì i suoi giorni, sono vacanti...».[17] Dunque

13. *Liber Censuum* 1910, p. 52. Per le vicende costruttive del palazzo pontificio sul Vaticano: Ehrle, Egger 1935; Steinke 1984; Voci 1992; Gigliozzi 2003; Le Pogam 2005; Brancone 2010, pp. 33-74.

14. *Liber Censuum* 1910, pp. 43-49 e 54-57.

15. *Reg. Martin IV*, n° 350 (6 luglio 1283); n° 351 (stessa data); n° 433 (12 gennaio 1284); n° 560 (12 giugno 1284): quest'ultimo documento è indirizzato «dilecto filio Berardo, camerario nostro, canonico Eboracensi»; Prou 1888, n° 278 (17 febbraio 1286); n° 827 (17 aprile 1285).

16. *Liber Censuum* 1905, n° CCCLVIII (5 maggio 1288); *Reg. Nicolas IV*, n° 7003 (22 aprile 1288): interessante documento a proposito di derrate alimentari, nella fattispecie carni, acquistate in Sicilia «pro pontificis coquinis», da liberare da qualsiasi forma di dazio e tassazione; n° 7113 (29 agosto 1288); n° 7202 (25 ottobre 1288); n° 7185 (27 ottobre 1288); n° 7199 (13 dicembre 1288); n° 7244 (8 gennaio 1290): qui si specifica «Dilecto filio Berardo da Camerino, quondam camerario, capellano nostro, salutem et apostolicam benedictionem»; n° 2871 (10 luglio 1290), indirizzato «Magistro Berardo de Camerino, capellano nostro, thesaurario ecclesie Turonensis».

17. *Reg. Boniface VIII*, n° 156.

Berardo, inviato in Sicilia per conto della Sede apostolica, morì durante il rientro a Roma nella città di Isola del Liri. L'appoggio del camerario con cui Bonaiuto fu in relazione, stante la testimonianza dell'epistola dedicatoria copiata di seguito al primo poemetto del *Diversiloquium*, favorì probabilmente l'ingresso del nostro poeta in curia nell'inverno del 1291.

La feroce calura dell'estate successiva, che generò una mortifera pestilenza, convinse Bonaiuto ad abbandonare momentaneamente la città funestata dal caldo e dalla morte: fu Rieti il suo asilo, dove altri cardinali non romani si erano rifugiati, Ugo Séguien, Matteo d'Acquasparta suo patrono, Gerardo Bianchi e Pietro Peregrossi. Dopo il rientro in città, questa volta per sfuggire i rigori dell'inverno reatino e per approfittare del più mite clima romano, nell'estate successiva – siamo nel 1293 – non i presagi di un'imminente pestilenza, come era stato per l'anno precedente, ma i preparativi di una guerra che si accingeva a funestare Roma, lo indussero nuovamente alla fuga. Così Bonaiuto afferma nel secondo carme, che resta interrotto: i versi che aveva composto sui conflitti romani del 1293-1294 andarono perduti e non si poté più ritrovarli. Fu comunque ancora una volta Rieti il rifugio di Bonaiuto, e lì per incarico di Matteo d'Acquasparta stese i già ricordati documenti relativi alla pacificazione tra Narni e Stroncone. La carriera in seno alla curia papale sotto gli auspici di un così potente patrono si poteva dire assicurata. Infatti, qualche anno più tardi, nel giugno 1299, Bonaiuto compare di nuovo, questa volta nei registri di papa Bonifacio VIII, in compagnia di Matteo d'Acquasparta: si tratta di una sentenza del papa, intervenuto per appianare una controversia tra Gubbio e Sassoferrato a proposito del «castrum Dolii sive Montisguardie». Quest'importante testimonianza indica che Bonaiuto allora era scrittore pontificio e canonico della chiesa di Le Mans: un beneficio che non implicava la residenza, ma garantiva una generosa prebenda.[18] Nel settembre 1301 Bonaiuto, già canonico di Aquileia, ricevette un altro prestigioso incarico: Bonifacio VIII lo nominò collettore per le province, città e diocesi tedesche di

18. *Ibidem*, n° 3130 (1 giugno 1299): «In e. m. dilecto filio magistro Bonavito [*sic*] de Casentino scriptori nostro». Il testo completo si legge in Theiner 1861, n° DXXXI: «In e. m. dilecto filio magistro Bonavico [*sic*] de Casentino canonico Cenomanensi, scriptori nostro». Cfr. Göring 1934, p. 28.

Magonza, Treviri, Colonia, Brema, Magdeburgo, Salisburgo, Eichstätt e Bamberga, per i regni di Ungheria e Boemia, per il ducato di Polonia e il marchesato di Moravia.[19]

In quest'ufficio egli operò anche ai tempi di Benedetto XI: nei documenti è indicato come cappellano e nunzio del pontefice.[20] Al 20 febbraio 1304 risale un'ulteriore preziosa testimonianza su Bonaiuto, collettore in terra di Boemia, Ungheria, Polonia e Moravia: il papa ingiunge al suo funzionario di far pervenire nella sua integrità la somma di denaro raccolta nelle mani di alcuni soci della società bancaria dei Cerchi, attiva a Firenze:

> A maestro Bonaiuto da Casentino, canonico di Aquileia, cappellano e nunzio nostro. Dal momento che Noi ti mandiamo nei regni di Boemia e di Ungheria, al ducato di Polonia e al marchesato di Moravia, con l'incarico di raccogliere ed esigere in quelle terre le decime, le tasse e i sussidi dovuti tanto per la Chiesa di Roma quanto in aiuto alla Terra Santa, affinché possiamo avere subito a disposizione il denaro che ti occorre di ricevere dalle predette decime, comandiamo alla tua discrezione attraverso questo scritto apostolico di assegnare nella sua integrità ai diletti figli Olivieri Lippo, Naddo di Gherardino dei Cerchi e Bonaccolso di Bonincontro, cittadini e mercanti di Firenze della società dei Cerchi, mercanti della nostra camera [...] tutto il denaro che capiterà di pervenire dalle predette decime nelle mani tue o di coloro che avrai delegato a quest'ufficio.[21]

Ai tempi di Clemente V Bonaiuto è menzionato, per via del suo ufficio, in alcuni documenti del 1306-1307 indirizzati dal pontefice a membri delle potenti società mercantili fiorentine, i Bardi, gli Spini e i Cerchi.[22] Nel 1308 il poeta è ancora attivo al servizio della Santa Sede come collettore.[23] L'11 maggio 1309 è registrato il ricevimento

19. *Reg. Boniface VIII*, n[i] 4408-4410; Petrucci 1969, p. 521. Un documento dell'11 settembre 1301 a proposito è registrato anche in Potthast 1875, n° 25073.

20. *Reg. Benoît XI*, n[i] 1155-1162 e 1164; Petrucci 1969, p. 521.

21. *Reg. Benoît XI*, n° 1233.

22. *Reg. Clementis V*, n° 1151 (25 ottobre 1306): «Dilectis filiis Gerardo Lanfredini et Andree Gualterocci sociis et mercatoribus de societate Bardorum de Florentia»; n° 1152 (25 ottobre 1306): «Dilectis filiis Symoni Guidi et Iohanni Maffei ac Bonseniori Iacobi sociis et mercatoribus de societate Spinorum de Florentia»; n° 2271 (11 luglio 1307): «Dilectis filiis Nicolao Philippi et Bonsignori Lambertuccii sociis et mercatoribus de societate Circulorum de Florentia»; Hledíková 2003, pp. 7 n° 8, 10 n° 12.

23. *Reg. Clementis V*, n° 10395 (26 marzo 1308); Hledíková 2003, pp. 19-20 n° 24 (e anche *ibidem*, pp. 18-19 n° 22); Artner 2004, pp. 40-41 n° 52.

di una somma di denaro da parte di Bonaiuto da Casentino, cappellano pontificio: «Inoltre ho ricevuto dal signor maestro Bonaiuto da Camerino, cappellano pontificio, collettore delle decime e dei censi dovuti alla Chiesa di Roma nei regni di Boemia, Moravia, Polonia e Ungheria, incaricato dalla sede apostolica, 2840 fiorini d'oro e mezzo, per la camera».[24]

Il ricordo di Bonaiuto, collettore di decime in terra di Boemia, emerge ancora in alcune lettere di papa Giovanni XXII del 1319-1321.[25] Ma allora il nostro poeta aveva già abbandonato questo mondo. Bonaiuto morì infatti prima del 29 aprile 1312. A quella data risale un documento, conservato nel registro di Clemente V: il pontefice, dietro il pagamento di un censo annuo di tre fiorini d'oro, da versare in occasione della Pasqua, assegnava al chierico Francesco *de Orticaria* e al laico Niccolò *de Ulixbona* (Lisbona), «qui obsequiis Bonaiuti decem et septem annis fideliter instaterant», le terre, site in territorio bolognese, e annessi che furono di Bonaiuto da Casentino, cappellano del papa. Il poeta nel suo testamento aveva destinato questi suoi beni alla Chiesa «pro subsidio Terrae Sanctae».[26]

24. Kirsch 1894, p. 381 (che propone come data l'8 aprile 1311); Hledíková 2003, pp. 28 n° 31, 28 n° 32 (1° giugno 1309), 30 n° 35 (26 agosto 1309).

25. Artner 2004, pp. 43-44 n° 54 (7 dicembre 1317); Hledíková 2003, pp. 119-120 n° 133 (21 aprile 1319), 120-121 n° 134 (21 aprile 1319), 156-157 n° 190 (23 agosto 1320), 166-167 n° 204 (1° settembre 1321).

26. *Reg. Clementis V*, n° 8187.

III

Il *Diversiloquium* di Bonaiuto da Casentino

Bonaiuto merita un posto di rilievo tra i poeti legati alla curia vissuti alla fine del XIII secolo. Un minimo di fama sfiorò il nostro scrittore pontificio perché compose un carme esametrico (*carmen iubilare*), per un totale di 52 versi, sul giubileo indetto da papa Bonifacio per il 1300. Questo breve esercizio poetico finora era conosciuto soltanto attraverso la tradizione indiretta: infatti è copiato all'interno degli *Annales Caesenates*, pubblicati nel 1729 all'interno dei muratoriani *Rerum Italicarum Scriptores*, nella sezione compilata nel 1334 dal canonico Francesco sulla base di fonti preesistenti.[27] All'inizio del XX secolo Vittorio Cian, traendolo dall'edizione settecentesca, lo divulgò, cercando inconsistenti e improbabili affinità tra il testo di Bonaiuto e l'ispirazione dantesca.[28] È questa ancor oggi la poesia più nota del nostro autore, soprattutto dopo l'accurata edizione offerta da Arsenio Frugoni, sulla base di una nuova escussione dell'unico testimone degli *Annales Caesenates* (Forlì, Bibl. Comunale Aurelio Saffi, Raccolta Piancastelli, Sala O, III/10 [codice Brandolini], sec. XV ex.).[29] Fortunatamente esiste un altro mano-

27. *RIS* XIV, coll. 1119-1120; Angiolini 2003, pp. 65-67. Per gli *Annales Caesenates* e la loro complessa genesi: Ortalli 1976-1977; Id. 1991; Angiolini 2003, in part. pp. LVIII-LX.

28. Cian 1900; di qui, credo, un brevissimo cenno in Petronio 1950, p. 16.

29. Frugoni 1956, pp. 247-258, con una presentazione anche del *Diversiloquium*; Placanica 2001, pp. 129-131, che riprende il testo fissato da Arsenio Frugoni, suggerendo qualche utile emendazione. Bonaiuto è ricordato in Frugoni 1950², p. 109 (ved. anche la riedizione Frugoni 1999, pp. 14 e 115 nota 119). Recentemente è stata pubblicata una traduzione del carme giubilare di Bonaiuto per cura

scritto che trasmette il *carmen iubilare*, Milano, Bibl. Ambrosiana, O 146 sup., sec. XIV[1], f. 98r-v, un'interessante raccolta di *exempla epistolarum*, che comprende testi di Pier della Vigna, Tommaso da Capua e altre lettere, ancora tutte da studiare, di provenienza marchigiana (Ancona e soprattutto Camerino sono sovente ricordate come città d'origine dei mittenti o dei destinatari, spesso studenti a Bologna). Una micro sezione, ff. 95v-98v, trasmette materiale relativo al giubileo del 1300: per esempio la bolla di proclamazione, *Antiquorum habet fida relatio*, il breve epigramma di 3 esametri sul giubileo («Annus centenus Rome semper est iubilenus. / Crimina laxantur, cui penitet ista donantur. / Hoc declaravit Bonifacius et roboravit»), la "circolare" di propaganda dello scrittore papale Silvestro (*Miranda nostris sensibus*),[30] e appunto il *carmen* di Bonaiuto. Questa seconda copia, indipendente dagli *Annales Caesenates*, permette di migliorare in alcuni punti l'edizione del testo.[31]

Ma soprattutto il *Diversiloquium*, composto prima ancora del 1300, consente di apprezzare fino in fondo le virtù di Bonaiuto come letterato attivo a servizio della curia romana. Le utilissime rubriche, che il copista *G. de Romandiola* ebbe cura di apporre all'inizio di ogni componimento del *Diversiloquium*, informano sulle circostanze e le occasioni per cui i vari pezzi furono scritti.

Il primo poemetto, di 153 esametri, fu composto nell'estate del 1292, la prima dopo la morte di Niccolò IV: allora alcuni cardinali non romani, tra cui Ugo Séguin, Matteo d'Acquasparta, Gerardo Bianchi e Pietro Peregrossi, abbandonarono la città afflitta da una grave epidemia, che causò molti decessi;[32] anche Bonaiuto si rifugiò a Rieti, molto più fresca e salutare. Lo scrittore papale nel carme descrive dunque i terribili segni premonitori che annunciavano l'arrivo di febbri mortifere, contro le quali neppure i medici più esperti potevano trovare alcun rimedio. La calura insopportabile di Roma, sferzata per di più da un vento mefitico portatore di malattie, lo induce a congedarsi dalla città per dirigersi a Rieti, passando per

di Modestino Cerra in Frugoni 1999[2], pp. 153-154. Non si tratta però, come si legge, della prima versione in lingua italiana del componimento; si veda infatti Perali 1928, p. 1208.

30. Mercati 1928; Perali 1949.

31. Petoletti, c.s.

32. Frugoni 1956, p. 249 nota 2.

le verdeggianti colline solcate da limpidi rivi. Gli spostamenti della curia fuori Roma, soprattutto nella stagione estiva, non sono del resto una novità per il Duecento. Fin dal pontificato di Innocenzo III (1198-1216) i papi ebbero la consuetudine di trascorrere l'estate lontano dall'Urbe, in condizioni climatiche migliori.[33] Per esempio, nella *Vita* di Gregorio IX, papa dal 1227 al 1241, che per lunghi periodi non soggiornò a Roma, si legge come il pontefice per sfuggire l'eccessiva calura e la conseguente insalubrità dell'aria passasse l'estate ad Anagni: «Ma passato lì un po' di tempo, poiché la condizione insalubre dell'aria di Roma minacciava malattie estive, nel primo anno del suo pontificato, a mezz'estate si traferì ad Anagni».[34] Nella stessa biografia pontificia si accenna al clima favorevole di Rieti in estate, abbondante di acque, che in alcune circostanze, però, erano causa di problemi reumatici: «Lo stesso papa, preoccupato per l'estate, nel quinto anno del suo pontificato si recò a Rieti, dove trascorse molto tempo in virtù dell'altitudine del luogo e dell'abbondanza di acque correnti, godendo della condiscendenza del clima, e lì trattò molti e diversi affari ecclesiastici»;[35] inoltre: «nel nono anno di pontificato... nel mese di agosto si diresse a Rieti. Ma poiché quel luogo palustre gli sembrava troppo nocivo per i reumatismi di cui soffriva, fece costruire a Terni vicino ad acque correnti, dopo aver fatto disporre dappertutto degli alberi in ordine, un palazzo con ogni comodità, non indegno delle necessità del papa».[36] Come si è anticipato, è possibile identificare il «dominus B. de Camerino», cui Bonaiuto indirizza con una letterina il suo primo carme, nel già ricordato Berardo da Camerino.

Nel secondo carme di 155 versi Bonaiuto si accinge a narrare i conflitti e le stragi che funestarono Roma dopo la morte di Niccolò IV. Prima però ricorda di essersi recato nell'Urbe, attirato dalla sua fama, nel 1291; lì, durante la mite stagione invernale del 1291-1292, gli piacque restare. Ma all'arrivo dell'estate 1292 la situazione mutò, come già aveva raccontato nel precedente poema. In una lunga di-

33. Paravicini Bagliani 1988; Id. 1994, pp. 257-278; Id. 1996, pp. 23-24.

34. *Liber Censuum* 1910, p. 19. Per la vita di papa Gregorio IX: Marx 1889; Paravicini Bagliani 1995, pp. 167-171.

35. *Liber Censuum* 1910, pp. 23-24.

36. *Ibidem*, p. 27.

gressione l'estate personificata, adirata per le eccessive lodi tributate all'inverno e alla primavera, si presenta sul proscenio e prorompe in una lunga invettiva contro l'ingratitudine degli uomini, immemori dei molti suoi benefici: per questo scatena la sua atroce vendetta. Così Bonaiuto si trasferì nella più amena Rieti, nell'attesa che i fervori estivi a Roma cessassero. L'inverno reatino, algente, turbato dalla furia degli elementi, lo induce a desiderare il ritorno nell'Urbe. Ma qui nel 1293 trovò la guerra. A questo punto, purtroppo, il carme si interrompe, proprio poco prima di descrivere la dura lotta che funestò Roma tra 1293 e 1294. Come informa una rubrica di *G. de Romandiola*, i versi per caso perduti non vennero più recuperati: «Hic deficiunt versus de descriptione belli inter Romanos tunc temporis habiti, qui casu amissi nequiverunt postea reperiri».

Il 4 aprile 1292 Niccolò IV morì nel palazzo di Santa Maria Maggiore; si aprì per la Chiesa un lungo e tormentato periodo di vacanza pontificia, destinato a chiudersi soltanto il 5 luglio 1294 con la scelta di Pietro del Morrone come papa. Frattanto la vita della città di Roma era agitata da torbidi; nel 1293 sono attestati come senatori, almeno nei primi mesi dell'anno, Matteo Orsini e Riccardo di Tebaldo, poi un altro esponente degli Orsini (forse Orso), insieme con Agapito Colonna. Quando improvvisamente l'Orsini morì, Agapito Colonna rinunciò alla carica, divenuta troppo scomoda, approfittando di una situazione contingente: infatti i parenti del suo collega rifiutarono di riconsegnare secondo la consuetudine le insegne senatorie del proprio congiunto defunto.[37] Per sei mesi, come ricorda Iacopo Stefaneschi, Roma fu senza senatori, in preda a disordini e tumulti: «Questo basti dire: per sei mesi, ahimè, Roma fu senza senatori e si attese alla guerra...».[38] Addirittura una remota cronaca compilata a Colmar da un domenicano tra 1277 e 1305 ricorda come in occasione della Pasqua del 1294 proprio a Roma nella chiesa di San Pietro ben undici pellegrini fossero uccisi da membri della famiglia Orsini: «Intorno al giorno di Pasqua alcuni della famiglia Orsini uccisero undici pellegrini nella chiesa di S. Pietro».[39] Comunque, benché la situazione non si fosse

37. Neumann 1916, pp. 37-38; Duprè Theseider 1952, pp. 271-278.

38. Seppelt 1921, pp. 23-24, sotto la significativa rubrica: «De senatu urbis et bello, quod fuit tempore vacationis».

39. Jaffé 1861, p. 221.

ancora ristabilita, dall'ottobre del 1293 è attestata la presenza a Roma dei senatori Pietro Stefaneschi e Oddone della famiglia dei Sant'Eustachio.[40] I conflitti cui Bonaiuto si riferisce nel poemetto riguardano appunto questo travagliato periodo.

I tre componimenti che seguono, rispettivamente di 77, 55 e ancora 77 esametri, sono dedicati all'elezione e alla consacrazione del cardinale Benedetto Caetani, papa col nome di Bonifacio VIII.[41] Il 5 luglio 1294 era stato scelto come successore di san Pietro l'eremita Pietro del Morrone che, dopo pochi mesi di pontificato, mentre risiedeva a Napoli, il 13 dicembre 1294, giorno di santa Lucia, depose le somme chiavi. Secondo le normative i cardinali si riunirono, dieci giorni dopo la rinuncia, nel Castel Nuovo, giovedì 23 dicembre. Nel terzo carme del suo *Diversiloquium* Bonaiuto si rivolge ai cardinali affinché prudentemente provvedano al mondo con la scelta di un papa che possa risollevare la Chiesa dalla polvere in cui giace. Così le pretese dei superbi saranno ridotte al silenzio e i tumulti bellici che affannano la cristianità taceranno. Bonaiuto nasconde il proprio nome in un facile enigma degli ultimi versi. Per altro nella rubrica si legge che il carme fu addirittura collocato nella sala del Castel Nuovo, dove i cardinali furono rinchiusi per eleggere il pontefice, in posizione elevata, quasi un monito costante perché i presuli non tradissero il loro alto ufficio con una scelta sconsiderata.

Il quarto poemetto fu scritto in occasione dell'elezione di Bonifacio VIII, venerdì 24 dicembre 1294. Dopo aver celebrato, secondo le consuetudini, la messa dello Spirito Santo, i cardinali riuniti in conclave scelsero Benedetto Caetani come successore di Celestino V. Il carme è una lode dello Spirito Santo che ha ispirato una così saggia soluzione ai mali del mondo; è un'esaltazione delle virtù del novello pontefice, baluardo della Chiesa in rovina.

La quinta poesia celebra la solenne cerimonia di incoronazione di papa Bonifacio, il 23 gennaio 1295 a Roma. Anche Iacopo Stefaneschi, come si è visto, dedicò qualche anno più tardi l'intera seconda sezione del suo *Opus metricum*, il *De coronatione*, alla festa.[42] Bona-

40. Salimei 1935, p. 88.

41. Per l'elezione di Bonifacio VIII: Souchon 1888, pp. 15-23; Denifle 1889; Herde 1981, pp. 33-35; Id. 1994; Paravicini Bagliani 2003, pp. 67-72.

42. Seppelt 1921, pp. 84-109.

iuto saluta il pontefice come restauratore dell'antica armonia e della pace. I vizi di fronte all'incedere del papa sono costretti alla fuga e così la simonia e l'eresia sono bandite dalla Chiesa. Non manca un cenno agli infedeli, che all'avvento del nuovo pastore cominceranno a temere la vendetta celeste. Al di là della retorica in esaltazione del nuovo papa, destinato a portare la pace sulla terra, la parte più interessante del componimento è costituita dai vv. 59-77: si tratta di un appello alla bolla che, finalmente, dopo l'incoronazione nella sua integrità potrà elargire i suoi doni ai meritevoli e sottrarli agli indegni, percorrendo in lungo e in largo il mondo: «Plumbea que tantum latuisti bulla, patere / digneris, media nullis dignata videri, / ex quo laudanda, gravis et matura fuisti, / nulli prepropera, levis aut festina notanda» («O bolla di piombo, che così a lungo non ti sei fatta vedere, degnati di far mostra di te. Non ti sei degnata di rivelarti ad alcuno impressa solo da una parte: per questo sei stata meritevole di lode, saggia e matura; nessuno ti biasima per essere arrivata prima del tempo, perché avventata e confezionata troppo in fretta» (vv. 59-62).[43] Appare chiaro un riferimento all'uso della così detta *bulla dimidia* (semibolla). La bolla indica propriamente il sigillo plumbeo appeso ai documenti. A partire dal pontificato di Pasquale II (1099) si impose la tipologia che perdurò nei secoli: sul recto sono impressi i volti dei santi Pietro e Paolo, sul verso è inciso il nome del papa al nominativo.[44] Alla morte del pontefice la matrice della bolla era infranta: per esempio nel cerimoniale funebre di Francesco Conzié, camerlengo tra 1383 e 1421, sono descritte con dettagli le operazioni relative alla rottura della matrice al momento del decesso del pontefice.[45] La *bulla dimidia* o *defectiva* era impressa solamente sul recto con i ritratti degli apostoli Pietro e Paolo, il verso restava vuoto. Di questa bolla si faceva uso quando i pontefici appena eletti non erano ancora stati coronati; il documento si chiudeva con la significativa formula di rito: «Nec mireris quod bulla non exprimens nomen nostrum est appensa praesentibus» («E non stupirti che la bolla senza il nostro nome sia appesa a questa lettera»).[46]

43. Paravicini Bagliani 2003, p. 84.

44. Bresslau 1958, II, pp. 548-624, in part. pp. 608-612.

45. Dykmans 1983, pp. 264-265; Paravicini Bagliani 1994, pp. 166-167.

46. Baumgarten 1907, pp. 37-47; Id. 1907[2], pp. 158-174; Fürst 1977; Barbiche 1979; Rabikauskas 1980, p. 53.

Fin dalla *littera coronationis* del 24 gennaio 1295 Bonifacio VIII sancì la nullità degli atti che incautamente il suo predecessore, Celestino V, «vinto dall'insistenza e dall'eccessiva ambizione di molti, nell'ignoranza di quelle cose che il diritto e la gravità dell'ufficio pastorale cui era preposto pretendevano, sedotto inoltre e ingannato dalla capziosa e fraudolente astuzia di alcuni», aveva emanato prima di rinunciare al pontificato. Il papa ricorda che Celestino «aveva chiesto umilmente e voluto che il suo successore prudentemente revocasse tutti gli atti che improvvidamente aveva emesso e, dopo che fummo innalzati al sommo pontificato, mentre eravamo a Napoli, ci pregò di provvedere a revocare quanto imprudentemente era stato fatto da lui». Prima ancora della consacrazione, a tutela della Chiesa, Bonifacio VIII annullò gli atti del suo antecessore «alla presenza dei nostri confratelli il giorno 27 dicembre, mentre ancora eravamo a Napoli»; ma il provvedimento non era stato ufficializzato con una bolla. Non a caso in un documento emesso dalla curia l'8 aprile 1295, la «revocatio gratiarum factarum per dominum Celestinum», Bonifacio rammenta che la nullità degli atti del suo predecessore, espressa davanti ai cardinali in forma orale, prima della consacrazione, non era stata ancora *sub bulla posita*:

> Poiché le disposizioni emanate da Noi a Napoli, come si è detto, prima della nostra solenne consacrazione non erano state ratificate in un documento corroborato dalla nostra bolla (*sub bulla nostra*), ricevuta la consacrazione secondo il rito nella Basilica del principe degli apostoli a Roma, le abbiamo fatte mettere per iscritto in quest'atto, a cui vogliamo assegnare piena fede...[47]

Prima del 23 gennaio 1295 nessuna *bulla dimidia* era uscita dalla cancelleria pontificia, tanto che nell'*Historia Anglicana* di Bartolomeo Cotton si legge: «Il 23 di gennaio fu coronato a Roma; prima di quel tempo nessuna sua bolla uscì dalla curia, perché ordinò che nessuna semibolla (*dimidia bulla*) uscisse dalla curia».[48] Un riflesso di questa preoccupazione di Bonifacio, affinché prima dell'incoronazione dalla cancelleria pontificia non uscisse alcun documento con la bolla imperfetta, è nelle parole di Bonaiuto.

Le informazioni allegate da *G. de Romandiola* nelle rubriche a questi tre carmi coincidono alla perfezione con la descrizione delle

47. *Reg. Boniface VIII*, n° 770.
48. Liebermann 1888, p. 613.

fasi che portarono alla nomina di Bonifacio VIII, come si può leggere nella *littera coronationis*:

> Poiché la Chiesa di Roma era senza papa a causa della libera e spontanea rinuncia del diletto figlio frate Pietro del Morrone, un tempo romano pontefice, rimessa nelle mani dei nostri venerabili fratelli, i cardinali vescovi, e dei diletti figli nostri, i cardinali preti e diaconi, al cui novero allora Noi appartenevamo, rinuncia fatta dallo stesso sul fondamento di ragioni certe e cause legittime nel giorno della festa della beata Lucia vergine e ammessa dai predetti cardinali, dal momento che le gesta e le costituzioni dei pontefici del passato dichiarano senza ombra di dubbio che la si possa fare in piena legittimità e per di più si è aggiunto l'espresso assenso dei predetti cardinali a farla, gli stessi cardinali, considerando con ogni cura quanto l'assenza prolungata del papa sia carica di danni e quanti gravi incomodi trascini con sé e desiderando ardentemente per questo motivo rimediare a questi pericoli con soluzioni veloci ed efficaci, giovedì 23 dicembre dopo la festa di cui si è detto, celebrate le messe solenni in onore dello Spirito Santo, cantato l'inno consueto con devozione, si chiusero in conclave in Castel Nuovo presso la città di Napoli, dove allora frate Pietro risiedeva con la sua famiglia, per poter provvedere alla Chiesa quanto più celermente possibile attraverso colloqui reciproci ed efficaci, con l'aiuto della virtù divina. Il venerdì immediatamente successivo i predetti cardinali, rivolti gli occhi della mente al Signore che accoglie i buoni desideri con ogni benevolenza, nella questione dell'elezione per mezzo di scrutinio, volgendo con ogni cura l'animo attento alla nostra persona, benché non meritevole, anche se tra di loro ce n'erano di più idonei e più degni, elessero canonicamente Noi, allora cardinale prete del titolo di San Martino, sommo pontefice, imponendo sulle nostre deboli spalle un grave peso.[49]

Seguono due componimenti ritmici, rispettivamente una sequenza (VI) e un inno (VII), indirizzati con una lettera ad Accursino da Pistoia, medico personale di Bonifacio VIII: l'archiatra pontificio tradusse dall'arabo in latino il *De virtutibus cibariorum* di Galeno nel 1295 a Roma (l'opera è conservata nel ms. Paris, Bibl. Nationale de France, lat. 6885) e la sua presenza presso la curia romana è attestata dal 1296 al 1302.[50] Nel codice Vat. lat. 2854 i

49. *Reg. Boniface VIII*, n° 1. Le fasi che portarono all'elezione di Bonifacio VIII dopo la rinuncia di Celestino V sono narrate con grande precisione in uno scritto dei cardinali rimasti fedeli al pontefice, elaborato come replica ai manifesti antibonifaciani di Pietro e Giacomo Colonna (il più celebre fu quello emanato a Lunghezza il 10 maggio 1297): Denifle 1889, pp. 506-509 e 524-529.

50. Per Accursino da Pistoia: Marini 1784, pp. 32-34; Paravicini Bagliani 1991, pp. 41 e 198-199; Id. 2003, p. 263. Per la *cura corporis* ai tempi di Bonifacio VIII: Id. 1994, pp. 334-348.

due carmi sono arricchiti da notazione musicale, «reliquia preziosa della produzione polifonica ducentesca».[51] La sequenza, composta per una purga del papa, si compone di un ritornello di tre versi e di cinque strofe di nove versi secondo lo schema: 2 x 8a, 7b; 2 x 8c, 7d, 2 x 8e, 7d, 2 x 8f, 7b. L'inno, scritto in occasione di un salasso subito da Bonifacio, consta di otto strofe di sei versi secondo il seguente schema metrico: 2 x 4a, 8b, 2 x 4c, 8b. Per di più l'ultimo verso di ogni strofa ricalca l'*incipit* di un famoso inno ecclesiastico, secondo il procedimento, diffuso soprattutto nella poesia goliardica, dei *versus cum auctoritate*.[52]

Grande interesse riveste il *Doctrinale carmen* (VIII), di 28 esametri, scritto quando Bonifacio VIII ordinò, ancora in vita, la costruzione del proprio sepolcro. Il papa desiderò che la cappella fosse intitolata a un suo predecessore dell'Alto Medioevo, Bonifacio IV (608-615), sepolto in San Pietro, la cui fama di santità è attestata nella Roma medievale.[53] Per di più sue «reliquie erano state traslate all'interno della basilica di San Pietro ma anche in altre chiese romane, in momenti di particolare intensità per i rapporti con l'impero»:[54] nel 1123 un braccio di Bonifacio IV era stato deposto in Santa Maria in Cosmedin per volontà di Callisto II, e nel 1246 reliquie dell'antico papa avevano trovato alloggio nella cappella di San Silvestro ai SS. Quattro Coronati. Per altro Bonifacio IV aveva ottenuto dall'imperatore Foca in donazione il Pantheon, consacrato a Santa Maria *ad Martyres*. Un'epigrafe metrica, di cui l'originale è

51. Vecchi 1960, p. 521; alle pp. 518-523 edizione dei due testi con traduzione italiana e trascrizione moderna della musica. Il primo ritmo era già stato pubblicato in AH, 40, pp. 17-18. E inoltre: Bannister 1913, pp. 188-189 n° 836: «Una sequenza "Hec medela corporalis" per due voci ed un inno "Sanguis demptus et retemptus", senza la melodia per la seconda voce, composti da Bonavito de Casentino ed offerti al papa Bonifacio VIII verso l'anno 1300 [...] Quattro o cinque ll. rosse; chiave *c* (quadrato); guida; *pes* angolare; il *b molle* ha una forma strana. Le forme delle note della prima melodia significano il cominciamento della musica misurata; il contrappunto deriva da moto contrario; la seconda è la solita notazione quadrata»; Wolf 1937; Vecchi 1960², pp. 16-21 e tavv. V-VII; Anglés 1962, p. 38; Gallo 1992.

52. Schmidt 1990. Anche un inno di Iacopo Stefaneschi in onore di san Giorgio, *O athleta victor, laeta*, presenta la stessa struttura: AH, 40, p. 626 n° 406.

53. Maccarrone 1991, pp. 1207-1247, in part. pp. 1219-1221, con edizione del carme e acute osservazioni storiche; Paravicini Bagliani 2003, pp. 114-115.

54. Id. 1994, p. 320.

perduto, ricordava la tumulazione di Bonifacio IV;[55] Pietro di Mallio nella sua descrizione della Basilica Vaticana copiò l'iscrizione, attribuendola però a Bonifacio II.[56] L'antico epitaffio, che consta di nove distici elegiaci, fu trascritto nella silloge di Lorsch, Vat. Pal. lat. 833, f. 38r-v, sec. IX, risalente però a un modello più antico.[57]

La solenne consacrazione del mirabile monumento di Bonifacio VIII, oggi smembrato, al quale avevano lavorato Arnolfo da Cambio e Iacopo Torriti, risale a domenica 6 maggio 1296: il cardinale Matteo d'Acquasparta ebbe l'onore di presiedere alla cerimonia.[58] Intorno a questa data si colloca evidentemente la stesura del *Doctrinale carmen* di Bonaiuto sulla tomba del suo patrono.[59] Qui il poeta induce i lettori a riflettere sulla vanità del mondo. Michele Maccarrone ha visto in questa poesia possibili riprese dall'epitaffio per papa Bonifacio IV.[60] I motivi di fondo del *contemptus mundi*, come si sa, sono una costante nella produzione latina medievale. Per esempio, per ricordare un'altra creazione poetica del XIII secolo, gli stessi temi si incontrano in un poemetto in esametri leonini di argomento morale, il *De recte vivendi doctrina*, ove tra le ammonizioni si scova una tetra meditazione sull'incombenza della morte: «E, perché il ricordo della tomba nella quale manderai il cattivo odore della decomposizione, quando giacerai morto, sia come un segreto guadagno, tu che vuoi vincere la tua natura mortale tieni a mente in che orrendo fetore starai nel sepolcro: sarai pallido, oscuro e cibo per i vermi».[61]

55. Montini 1957, p. 117.

56. De Rossi 1888, p. 208; Valentini, Zucchetti 1946, pp. 401-402. Per la tradizione manoscritta della *Descriptio Basilicae Vaticanae*: Della Schiava 2007, pp. 265-269. Si conserva un'altra iscrizione più recente per Bonifacio IV, del sec. XII, ancora custodita nelle grotte Vaticane, dal significato non proprio perspicuo. Fu in seguito collocata nel nuovo sepolcro di Bonifacio VIII che vi fece aggiungere due versi in calce: «Octavus titulo hoc Bonifatius ossa reperta / hac locat erecta Bonifatii nominis ara». A proposito: Montini 1957, pp. 116-118 e *Grabmäler* 1994, pp. 136-145 n° 44.

57. De Rossi 1888, p. 128; De Rossi, Silvagni 1935, pp. 27-28 n° 4159. Per il Vat. Pal. lat. 833: Vircillo Franklin 1998.

58. Maccarrone 1991, pp. 1212-1215.

59. Per la tomba di Bonifacio VIII: Gardner 1992, p. 57 e figg. 106-108 e 110-112; D'Achille 1997. Per il sepolcro di Bonifacio IV: Picard 1998, pp. 235-236.

60. Maccarrone 1991, p. 1221.

61. Walther 1969, n° 16456. Ho consultato il *De recte vivendi doctrina* nel ms. Milano, Bibl. Nazionale Braidense, AD.IX.14, sec. XV, ff. 107r-116v, proveniente

Dopo il *Doctrinale carmen* si legge un epitaffio di 23 esametri (IX) per il fratello di Bonifacio VIII, Roffredo II, nato intorno al 1225, nominato conte di Caserta nel 1295 da Carlo II d'Angiò; morì prima del 21 agosto 1296.[62] Anche qui il poeta insiste sulla fugace gloria di questo mondo. Roffredo in prima persona si rivolge ai lettori con queste parole: «Ille ego quem quondam fingebat vitrea mundi / gloria felicem, doceo nunc firmiter esse / fallacem plausum terrene prosperitatis» («Sono proprio io quel che un tempo la gloria ingannevole del mondo, fragile come il cristallo, dipingeva felice, a insegnare ora con ferma convinzione essere vana chimera il plauso della prosperità terrena»).[63] Bonaiuto trova occasione per ricordare il papa regnante, di cui Roffredo è definito *unicus... germanus*. Effettivamente un altro fratello di Bonifacio, Giovanni, era probabilmente già morto da tempo, dopo comunque il 1278: di altri due fratelli del papa non conosciamo neppure i nomi.[64] Nel prosieguo del breve carme il conte di Caserta rammenta i vanti della sua famiglia: un suo figlio, Francesco, dopo aver ripudiato la consorte, Maria di Supino, si dedicò alla carriera ecclesiastica e il 17 dicembre 1295 fu creato cardinale diacono di Santa Maria in Cosmedin.[65] Altri due nipoti di Roffredo Caetani furono elevati alla dignità cardinalizia: Giacomo Gaetani Tomasi, figlio di Gualcando Tomasi e di una sorella di Roffredo, fu cardinale di San Giovanni in Velabro e San Clemente;

dalla Certosa di Pavia: Gargan 1998, pp. 69-71. Estratti dal *De recte vivendi doctrina*, tra cui anche i versi qui citati, sono editi da Novati 1905, pp. 40-43. Saccheggiò il *De recte vivendi doctrina* per comporre i suoi versi un altro poeta, il francescano Bongiovanni da Cavriana, ingenuo ammiratore di Virgilio, attivo nella prima metà del Trecento: nel suo *Anticerberus*, salvato da un unico manoscritto Vat. Chig. H.V.151, sec. XIV, in quattro libri, associò pii ammaestramenti con la visione di un oltretomba abitato dalle creature dell'Averno classico (Novati 1905; Rotondi 1930; Ragni 1970; Schmidt 1986², pp. 155-159; Bongiovanni da Cavriana 1995; per il ms. Chigiano: *Les manuscrits classiques* 1975, pp. 310-311).

62. Caetani 1920, p. 46, per Roffredo II; Waley 1973⁵; Boespflug 2005, pp. 399-400 n° 1012.

63. L'inizio di questo epitaffio richiama immediatamente i presunti versi incipitari dell'*Eneide* virgiliana secondo la testimonianza di Servio e di Elio Donato: «Ille ego qui quondam gracili modulatus avena...» (Schaller, Könsgen 1977, n° 7713).

64. Si veda l'albero genealogico della famiglia Caetani in Paravicini Bagliani 2003, p. 416.

65. Waley 1973³.

Benedetto, nipote prediletto di Bonifacio VIII, fu creato cardinale dei SS. Cosma e Damiano. Inoltre Pietro, altro figlio di Roffredo II Caetani, fu rettore della marca Anconitana e consigliere regio di Carlo II d'Angiò.[66] Illustri furono pure Benedetto III Caetani, figlio di Pietro II, capostipite dei conti palatini, e Roffredo III.[67]

I due successivi carmi (X e XI), di cui il secondo *leonice et brevius*, cioè secondo la tecnica dell'esametro leonino e con sintesi, come rilevò *G. de Romandiola*, rispettivamente di 20 e 6 esametri, sono consacrati al già menzionato nipote di Bonifacio VIII, Benedetto, figlio di Giovanni, fratello del pontefice, e cardinale diacono del titolo dei SS. Cosma e Damiano, non di Sant'Adriano, come si legge nella didascalia dell'epitaffio più lungo.[68] La perdita improvvisa del giovane, che morì il 13 o il 14 dicembre 1296, suscitò il cordoglio del papa. Il cardinale Pietro Colonna, durante il processo contro la memoria di Bonifacio VIII del 1311, ricorda come a seguito della morte di Benedetto Caetani, nipote diletto, il pontefice pronunciasse parole indegne del gran manto. La testimonianza di un fiero nemico del Caetani quale Pietro Colonna non è esente da sospetto – egli accusa il defunto papa di altre scelleratezze tra cui la dedizione all'arte negromantica –, ma è comunque rappresentativa del legame d'affetto che doveva unire gli omonimi zio e nipote, quest'ultimo precocemente sottratto alla strada luminosa che gli si apriva sotto la protezione del suo così potente congiunto. Pietro Colonna afferma infatti che Bonifacio, colpito della perdita ravvicinata di alcuni suoi parenti, il fratello Roffredo II e il nipote Benedetto, pronunciò alla presenza di alcuni cardinali parole scellerate:

> Inoltre ho sentito talvolta pronunciare dallo stesso Bonifacio parole disordinate e lontane dal timore di Dio e dall'integrità della fede cattolica, come quando, al tempo della morte del signor cardinale Benedetto, suo nipote, alla presenza di sei od otto cardinali andati da lui per consolarlo, disse nella sua stanza in S. Pietro che Dio gli aveva recato il maggior danno possibile, perché peggio non avrebbe potuto fargli, dal momento che gli aveva portato via il fratello e due nipoti, da lui molto amati. Queste parole non suonarono bene alle orecchie di chi lo ascoltava e allora correva voce, come credo di avere

66. Id. 1973[4].
67. Id. 1973[2] e 1973[6].
68. Caetani 1920, pp. 49-50; Waley 1973. Allora era cardinale diacono di Sant'Adriano Napoleone Orsini: Eubel 1913, p. 48.

ascoltato, che Dio non avrebbe mai potuto metterlo nell'inferno. Queste non sono parole buone.[69]

Il dodicesimo componimento del *Diversiloquium* è una *dilatatio* dell'antifona *Ave regina celorum*;[70] a ogni parola di questa lode per la Vergine corrispondono tre frasi con chiusa identica: il numero di sillabe però è variabile.

Sono veramente straordinari i quattro brevi carmi (XIII), di sei esametri ciascuno, che costituiscono una silloge poetica scritta in occasione della presa di una rocca della famiglia Colonna, nemica di papa Bonifacio. Le didascalie informano che, quando la fortezza fu smantellata, furono reperiti sei versi incisi sulla pietra con ogni cura formale, in modo da essere oggetto di ammirazione. Questi leonini, che orgogliosamente vantavano la gloria di Colonna e del suo fondatore Giovanni,[71] per ordine di papa Caetani furono presi come modello antifrastico da Bonaiuto per scrivere tre brevi componimenti che rievocassero la fine umiliante del castello. Il drammatico conflitto tra Bonifacio VIII e i Colonna, che già da tempo covava sotto le ceneri, si aprì ufficialmente quando venerdì 3 maggio 1297 Stefano Colonna si impadronì del tesoro Caetani:[72] da allora si scatenò una vera e propria guerra che assunse i toni di una crociata.[73]

Credo ancora che i versi accolti dal devoto copista *G. de Romandiola* nel Vat. lat. 2854 si riferiscano non già alla caduta di Palestrina, nel settembre 1298, quanto alla conquista del *Castrum Columpne* in territorio romano, nell'estate 1297.[74] È pur vero che il culmine del conflitto è costituito dalla presa di Palestrina: per l'in-

69. Mohler 1914, p. 263; Coste 1995, pp. 816-817. Per il processo postumo contro la memoria di Bonifacio VIII: Schmidt 1989.

70. Hesbert 1968, p. 64 n° 1542.

71. Per Giovanni Colonna, figlio di Oddone e Margherita Orsini, fratello del cardinale Giacomo e padre del cardinale Pietro, morto tra l'aprile del 1292 e il 1294: Waley 1982; Paravicini Bagliani 2003, p. 417 (albero genealogico dei Colonna di Palestrina).

72. Waley 1982[2].

73. Per la guerra contro i Colonna: Mohler 1914; Neumann 1916, pp. 64-93; Boase 1933, pp. 161-185; Duprè Theseider 1952, pp. 307-336; Paravicini Bagliani 2003, pp. 137-204, con bibliografia. La crociata anticolonnese fu bandita da Bonifacio VIII con una bolla del 14 dicembre 1297: *Reg. Boniface VIII*, n° 2376.

74. Per la storia del *Castrum Columpne*: Tomassetti 1979, pp. 500-507. La fortezza è ricordata nei margini dei codici di Livio: Billanovich 1989, pp. 76-78.

fluenza esercitata nell'immaginario collettivo dai potenti versi della *Commedia* dantesca (*Inf.* XXVII 100-102: «Tuo cuor non sospetti / finor t'assolvo, e tu m'insegna fare / sì come Penestrino in terra getti»), fu la caduta di quest'ultima rocca il medicamento che guarì papa Bonifacio dalla superba febbre che lo affliggeva. Ma, se si immagina che i versi di Bonaiuto siano stati dettati a partire dall'iscrizione ritrovata tra le rovine della rocca distrutta, in occasione della fine di Palestrina, non riesco a capire perché né nella rubrica iniziale, dove è spiegata la genesi ideologica di questo piccolo gruppo di carmi, per così dire, epigrafici, né nel testo vi sia riferimento alcuno a Palestrina e sempre si parli apertamente del *Castrum Columpne*. La roccaforte di Colonna, la cui capitolazione nel 1297 è ricordata nelle fonti con particolare insistenza, non fu episodio di secondo piano nella storia del contrasto tra i Caetani e la famiglia che a quella fortezza diede il nome. Per di più, il resto dei componimenti trascritti nel *Diversiloquium* è proprio databile entro il 1297. Dunque, anche contro recenti proposte, mi sembra più economico considerare che queste brevi poesie furono scritte proprio in occasione della caduta di Colonna, e non di Palestrina, la cui rovina ha percorso i secoli sull'onda degli endecasillabi di Dante.[75]

Le fonti, ufficiali e non, sono ricche di informazioni sull'episodio. In un documento emanato da Orvieto il 21 luglio 1297 Bonifacio VIII ricorda la fine di Colonna: nel territorio spettante alla chiesa di San Terenziano «sita in districtu seu territorio vel pertinentiis castri montis Casuli seu loco vicino eidem Balneoregensis diocesis, ad monasterium Sancti Silvestri de Capite de Urbe spectans», sorgeva una roccaforte, *quedam munitio sive castrum*, comunemente chiamata Colonna, tenuta dai cardinali Pietro e Giacomo Colonna, figli di Giovanni. Ma costoro si erano ribellati all'autorità del papa e per questo furono privati della dignità cardinalizia e i loro beni confiscati. Bonifacio VIII rammenta di aver fatto distruggere il *Castrum Columpne*: «abbiamo ordinato di distruggere il castello di Colon-

75. Petoletti 2001, p. 403. Ved. Frugoni 1956, p. 253, per l'ipotesi che i versi di Bonaiuto siano stati composti per la presa di Palestrina. Le Pogam 2007, pp. 59-60, ripropone l'idea di Frugoni, ma senza argomenti dirimenti; Paravicini Bagliani 2003, pp. 170-172, accoglie la proposta che gli esametri si riferiscano alla distruzione di Colonna.

na affinché lì non si radunassero coloro che erano stati banditi e i malfattori e soprattutto i fautori e i seguaci della famiglia Colonna e affinché tali persone non trovassero ricettacolo in quelle terre». Stabilì dunque che nessuno mai potesse ricostruire la rocca degli odiati nemici: «abbiamo decretato che questo castello di Colonna mai possa essere ricostruito o in qualche modo riparato e, se qualcosa di contrario sarà fatto da qualcuno, di qualunque dignità, condizione, stato o eminenza, senza uno speciale permesso della Sede apostolica, messo per iscritto, stabiliamo che sia distrutto e d'ora in poi concediamo a ciascuno la libertà di distruggerlo e di impedire che venga ricostruito».[76]

Vale la pena di segnalare un altro documento pontificio risalente al 17 luglio 1300 «contro Giacomo Colonna e Pietro, suo nipote, un tempo cardinale della Santa Romana Chiesa, Giovanni detto di San Vito e Oddone, Agapito, Stefano e Giacomo detto Sciarra, figli di Giovanni Colonna, e gli altri discendenti dello stesso Giovanni», insomma contro l'*elata propago Iohannis*, per usare le parole di Bonaiuto. Il pontefice stabilì quanto segue: in considerazione del fatto che erano passati più di quarant'anni da quando morì Oddone Colonna, padre di Giovanni, di Giacomo e anche di Oddone, Matteo e Landolfo, poiché «a causa della crudeltà, della durezza e dell'astuzia dei medesimi Giovanni e Giacomo» i ricordati Oddone, Matteo e Landolfo non potevano godere dei beni paterni situati al di fuori della città di Roma in maniera debita, «noi, compatendo con paterno affetto le afflizioni e i dolori di Oddone, Matteo e Landolfo, abbiamo deliberato di dividere tra loro le proprietà, il territorio e l'area con annessi e connessi del fu castello di Colonna ora distrutto, nonché la rocca e il castello di Zagarolo con il territorio, l'area e le pertinenze». Bonifacio VIII comunque riservò la proprietà dell'area ove sorgeva il *castrum Columpne* alla Sede apostolica, di modo che mai nessuno osasse ricostruire il castello degli aborriti nemici: «riserviamo totalmente a noi e alla Santa Sede il monte di Colonna con le fondamenta delle mura, e il luogo dove c'erano la torre e la rocca, l'area e lo spazio del medesimo castello, i fossati così che pertengano di diritto e di fatto alla predetta Sede per sempre; né sia

76. *Reg. Boniface VIII*, n° 1984.

ricostruito né si edifichi o si ricostruisca alcunché in quelle aree entro la distanza di due colpi di balestra».[77]

Anche in uno scritto di lamento del cardinale Pietro Colonna contro i danni materiali patiti a seguito dell'azione del papa, si rievoca il triste fato della rocca:

> ...[altri guasti furono patiti] nel castello di Colonna, diocesi di Tuscolo, con la rocca bellissima, la torre e le costruzioni, con edifici bellissimi e con altre costruzioni e case dei vassalli, che erano nel territorio. Tutto quanto fu completamente distrutto e mandato in rovina e fino ad oggi si trova in questa situazione, né alcuno vi abita. Il signore cardinale Giovanni Colonna di buona memoria soltanto per la costruzione della rocca, della torre e dei muri nell'ambito del castello di Colonna, senza contare le case dei vassalli, spese tra i ventimila e i trentamila denari buoni allora in circolazione.[78]

Poco prima il cardinale Pietro aveva amaramente rammentato come la furia vendicatrice di Bonifacio VIII non avesse neppure risparmiato le vestigia del glorioso passato di cui Palestrina andava fiera:

> Nella città di Palestrina, che fu condannata completamente alla distruzione e alla rovina con i suoi palazzi nobilissimi e antichissimi e con il tempio grande e solenne, che era stato dedicato alla beata Vergine, costruiti dall'imperatore Giulio Cesare, al quale la città di Palestrina appartenne nell'antichità, e con le scalinate di nobilissimo marmo, ampie e larghe, attraverso le quali anche a cavallo si poteva salire al palazzo e al tempio, di cui si è detto; i gradini oltrepassavano il numero di cento. Il palazzo di Cesare era costruito a forma di C per la prima lettera del suo nome. E il tempio, confinante con il palazzo, era edificato con opera ricchissima e nobilissima alla maniera di S. Maria Rotonda [*cioè del Pantheon*]. Tutti questi edifici furono completamente esposti alla distruzione da Bonifacio e dalla sua crudeltà tirannica, con tutti gli altri palazzi, edifici e case della stessa città e con le mura antichissime fatte con pietre grandi e squadrate.[79]

Si sa che la campagna del pontefice contro i Colonna impressionò i contemporanei, come Dante mirabilmente testimonia per bocca di Guido da Montefeltro, e lasciò traccia anche nei margini dei codici: leggendo il suo Livio, Giovanni Cavallini, autore dell'erudita *Polistoria de virtutibus et dotibus Romanorum*, attivo tra Roma e Avignone nella prima metà del XIV secolo, sollecitato dalla poten-

77. *Ibidem*, n° 3862.
78. Mohler 1914, p. 216.
79. *Ibidem*.

te descrizione dell'uscita dei cittadini di Alba nell'imminenza della distruzione (Liv. 1, 29), rammentò: «Sicut Penestrini Bonifatii pape VIII tempore» (Vat. lat. 1846, f. 9v).[80]

In un frammento di *Cronica Urbevetana*, ove sono tratteggiate a tinte fosche la vita, la carriera e la superba febbre di Bonifacio VIII, si menziona tra l'altro la distruzione del *castrum Columpne*:

> Quindi circonda d'assedio la rocca di Colonna, dove Stefano si era rifugiato; da ogni dove c'è un accorrere di gente all'appello della crociata organizzata contro i Colonna. Dopo sei mesi di assedio con macchine belliche e scavi sotterranei i custodi abbandonano il castello, per salvarsi la vita, passando da esso alla rocca vicina di Zagarolo, e fuggono alla città di Palestrina. Il papa ordina di distruggere dalle fondamenta il castello di Colonna e lo fece radere al suolo una volta scacciati coloro che lo abitavano.[81]

L'ultimo componimento poetico del *Diversiloquium* (XIV) è un esercizio metrico di stile: un'ulteriore conferma dell'abilità tecnica di Bonaiuto. La lettura del *De consolatione philosophiae* di Boezio, allora, come per tutto il Medioevo, testo fortunatissimo, aveva indotto il nostro autore a notare che i 30 versi del metro «Felix nimium prior aetas» (II carm. 5), in dimetri anapestici catalettici, costituivano la perfetta fine di altrettanti esametri. Perciò, volendo «temptare aliquam novitatem», vi aggiunse un inizio adeguato in modo da trasformare i dimetri boeziani in esametri, senza però modificarne il significato. Oltretutto, per accrescere la difficoltà, non si accontentò di comporre versi semplici, ma leonini. Soltanto nel caso dei vv. 27 e 28, che iniziavano in Boezio rispettivamente con *heu* e *auri* e finivano con *ille* e *tuli*, non poté rispettare il suo progetto; la creazione di un leonino avrebbe di necessità comportato problemi metrici. Per cui, in questi due casi, decise di far rimare la prima parola e l'ultima del suo nuovo esametro costruito sui versi di Boezio. È un testo senz'anima e storia: un puro artificio che dimostra comunque come Bonaiuto avesse ben appreso la lezione delle *artes* di versificazione. L'identico gioco vir-

80. Petoletti 1996, p. 70. Alla bibliografia lì allegata si aggiunga ora Maddalo 1998.

81. Fumi 1902-1920, p. 201. Questo stralcio di cronaca medievale, che riguarda il periodo compreso tra 1294 e 1304, è salvato dal solo ms. München, Bayerische Staatsbibl., Clm 149, miscellanea allestita da Onofrio Panvinio con materiale estravagante sotto il titolo di *De varia Romani pontificis creatione* (e da lì già lo pubblicò Döllinger 1882, pp. 347-353).

tuosistico di *ars versificatoria*, elaborare esametri leonini a partire dai dimetri anapestici dello stesso *metrum* di Boezio (limitatamente tuttavia ai vv. 1-18 e 23-30), si riscontra in una sezione, i vv. 1070-95, del *De octo viciis* di un poeta del XII secolo, Bernardo Cluniacense, che al v. 1096 così sintetizzò il senso di questa sua prova versificatoria: «Nexa tuis feci metris mea, magne Boeci», dichiarando di aver scritto i propri esametri appoggiandosi appunto ai versi del grande Boezio.[82] L'esile fortuna manoscritta dei *carmina* di Bernardo Cluniacense, trasmessi esclusivamente dal ms. Città del Vaticano, Bibl. Apostolica Vaticana, Reg. lat. 132, sec. XIII (Francia), sembra escludere che Bonaiuto potesse conoscerne i versi.

Il *Diversiloquium* si chiude con un breve trattato in prosa sui vizi e le virtù (XV), lasciato incompiuto, in forma epistolare. Il testo si apre con una lettera, datata 15 febbraio 1293, con cui Bonaiuto, che non aveva avuto figli, adotta ufficialmente un giovane di provati costumi, Guglielmino, nato dal genovese Guglielmo della Torre. In una successiva epistola, assai breve, il figlio adottivo si rivolge al nuovo padre per chiedere a propria istruzione ed edificazione *moralia documenta*. La risposta dello scrittore papale si configura come un trattatello sulle quattro virtù cardinali: «Poiché, pur fanciullo, hai chiesto cose non da fanciullo, ma utili, ovvero il nitore dei costumi e la dottrina, per questo motivo ti scrivo in forma di compendio non un'opera propriamente nuova, bensì un trattatello morale in una forma quasi nuova». Bonaiuto dunque indirizza a Guglielmino un compendio di morale: una delle fonti più sfruttate, talvolta pedissequamente, anche se mai esplicitamente dichiarata, è la *Formula vitae honestae* di Martino da Braga, cui arrise nel Medioevo, con l'attribuzione a Seneca, amplissima popolarità.[83] Bonaiuto assegna a Guglielmino la prudenza in madre, la temperanza in moglie, la fortezza in nutrice e la giustizia in sorella. A questo punto il figlio nuovamente scrive in cerca di consigli; espone le sue paure e, soprattutto, racconta una visione notturna: sette donne diverse per aspetto e carattere gli apparvero mentre il suo vago spirito percorreva tra un pensiero e l'altro le strade della tentazione. Dietro le sette donne si celano naturalmente i vizi capitali. Tra tutte la più pericolosa è una

82. Halvarson 1963, pp. 128-129.
83. Barlow 1950, pp. 236-250.

domina bellissima, che alletta Guglielmino con varie lusinghe: soltanto l'intervento di Ippolito e Lucrezia, simboli di castità, lo inducono a rinunciare agli abbracci dell'ammaliante signora. Per questo il giovane, curiosamente, chiede a Bonaiuto di sciogliere il legame maritale che lo legava alla temperanza, per poter sposare la bella donna. Questa sezione è fortemente intrisa di citazioni scritturali. Nella replica Bonaiuto si accinge a spiegare la visione: ma qui il trattato si interrompe, come spiega una nota a margine, vergata dalla mano corsiva che interviene sul codice Vaticano a correggere o glossare: «Prosequitur de vitiis in communi et postmodum descendit ad spetiem, dicendo sibi qualiter prima dominarum illarum vocatur domina superbia, secunda avaritia et sic de singulis, dicendo etiam quantum et qualiter ipse domine sunt vitande, quousque pervenit ad tractatum de virtutibus theologicis et cetera». Così si interrompe il *Diversiloquium* di Bonaiuto da Casentino.

L'unica altra creazione superstite del nostro autore, la poesia sul giubileo del 1300, non è compresa nel Vat. lat. 2854; si può quindi concludere con grande probabilità che questo codice, che include carmi databili tra 1292 e 1297, fu scritto da *G. de Romandiola*, forse sotto la guida dello stesso Bonaiuto, tra il 1297 e il 1300 per essere destinato alla biblioteca di Bonifacio VIII. le osservazioni paleografiche e storiche portano agli stessi risultati.

Le imitazioni in clausola manifestano che Bonaiuto era familiare con la grande e diffusa poesia esametrica latina, con una predilezione per Virgilio, di cui sono palesemente ripresi alcuni celebri versi; non mancano rimandi a Ovidio e Lucano. Nel quarto carme del *Diversiloquium* c'è pure un verso incompiuto (v. 10). Nell'*Eneide*, com'è noto, rimangono interrotti 58 esametri, i così detti *tibicines*: l'autorità del modello fece scuola nei secoli del Medioevo e l'uso dei *tibicines* fu consentito nella produzione poetica.[84] Bonaiuto comunque è lettore non soltanto dei classici, ma anche degli autori mediolatini. È sicura, per esempio, la familiarità con l'*Ecloga Theoduli*: il v. 8 del primo carme, «que tua sunt, quia me tua fervida torruit estas», chiaramente esemplato sull'*incipit* del diffuso testo scolastico, «Aethiopum terras iam fervida torruit estas»; ma, come mostra l'apparato dei *loci paralleli*, anche altri passi del *Diversiloquium* sono debitori a questo testo

84. Viparelli 1990; Novara 1993.

scolastico del Medioevo.[85] Altrettanto certe sono le riprese da un testo normativo di grande successo come la *Poetria novella* di Goffredo di Vinsauf, composta all'inizio del sec. XIII e subito affermatasi nella scuola, come attesta il numero dei manoscritti ancora conservati e i commenti che si moltiplicarono su di essa.[86]

Il rispetto della prosodia e della metrica non presenta particolari problemi e conforta il giudizio lusinghiero del Frugoni su Bonaiuto: «Facile verseggiatore, di buona cultura, nell'ambito di quella rinascenza romana che ci appare sempre più considerevole».[87] Soltanto è da rilevare l'uso frequente degli allungamenti di sillabe brevi in arsi, per lo più in corrispondenza della cesura pentemimera maschile, secondo una tecnica comunque consentita fin dall'antichità e poi largamente sfruttata nel Medioevo.[88]

85. Anche la clausola «disrumpit abyssi» (v. 75 del primo componimento) ricorre nell'*Ecloga Theoduli*, v. 73: «Ultio digna Dei fontes disrupit abissi»; la lezione *disrumpit* per altro è attestata nella tradizione manoscritta, quanto mai abbondante, dell'*Ecloga*: Osternacher 1902, p. 34. E inoltre: Id. 1907; Bernard d'Utrechet 1977; Green 1982; Vredeveld 1987; Teodulo 1997. Si osservi che la clausola esametrica «dirupit abissi» occorre nell'*Annayde* di Bonifacio da Verona, I 102 (Piastra 1954, p. 509): «Hec tibi que portas vasti dirupit habissi». Il precedente biblico è Gn. 7, 11: «rupti sunt omnes fontes abyssi».

86. Faral, 1924, pp. 197-267; Curry Woods 1991; Ead. 2010.

87. Frugoni 1956, p. 253.

88. Munari 1970, pp. LXXIV-LXXV. Due problemi di ordine prosodico si incontrano nel primo dei quattro carmi di sei versi che costituiscono la breve silloge sulla caduta del *Castrum Columpne* (XIII): il testo che, secondo la testimonianza della rubrica, fu recuperato tra le rovine della rocca distrutta e fu preso a modello da Bonaiuto, per incarico pontificio, per scrivere gli altri tre epigrammi. Qui al v. 3 si trova «tīmore» (correttamente «tĭmor») e al v. 4 «lūto»; «lūtum -i» è un'erba, il guado, usata per tingere di giallo, e per estensione indica il colore giallo: invece il senso, contro la prosodia, richiede «lŭtum, -i», cioè «fango». Il secondo sostantivo è riproposto, in maniera corretta, nel primo dei carmi di replica di Bonaiuto (al v. 4): il poeta rinuncia invece ad adoperare il sostantivo *timor*. Insomma pare proprio che nel modificare gli orgogliosi esametri recuperati a Colonna, Bonaiuto abbia voluto in un certo senso raddrizzare la versificazione, pur riportando nei limiti del possibile i sostantivi dell'iscrizione poetica nella medesima posizione. Della confusione nel computo del lemma «lutum» è comunque eloquente testimonianza la voce di Uguccione da Pisa nelle *Derivationes*: «et nota quod invenitur hic lutus -ti pro quodam colore croceo et quasi rubeo, et differunt in tempore quia lutus pro colore primam producit, lutum pro ceno primam corripit, licet quandoque hec distinctio causa metri confundatur» (Uguccione 2004, p. 710).

Bonaiuti de Casentino Diversiloquium: *edizione e traduzione*

Note di edizione e di traduzione

Nota di edizione

Si offre qui di seguito l'edizione integrale con traduzione italiana del *Diversiloquium* di Bonaiuto da Casentino secondo la lezione dell'unico codice che lo tramanda, il Vat. lat. 2854, manoscritto di dedica a Bonifacio VIII.[1]

Le forme grafiche del manoscritto, così vicino all'autore, e del resto molto buone e stabili, sono state nei limiti del possibile rispettate. In particolare sono di rilievo le grafie: *aborret* per *abhorret* (XV 67), *habundat* per *abundat* (II 48), *hostium* per *ostium* (II 98; III 19; XV 21, 40 e 124); *nephas* per *nefas* (III 27); *orrore* per *horrore* (I *ep.* 3); *ymagine* per *imagine* (XIII II 2); *stridola frassinus* per *stidula fraxinus* (III 36); *yemps*, *yemis* per *hiems*, *hiemis* e derivati (I 51; II 17, 20, 30 e 94; in un solo caso, però, *iemare*, II 94). Nel codice si alternano le forme *ymber* (II 84 e IV 4) e *imber* (I 72 e II 9). Da segnalare inoltre l'alternanza, non ignota nel Medioevo e anche oltre, tra *sidera* (I 80; IX 21 e X 14) e *sydera* (II 32).[2] Ho mantenuto la grafia *Silla* per *Scylla* di XV 21, la famigerata figlia di Forco trasformata in mostro marino: le forme palatizzate del tipo *conscilium* per *consilium* sono tipiche nel basso Medioevo dei manoscritti dell'Italia settentrionale, ma nel caso del Vat. lat. 2854, alieno da queste "de-

1. Il testo già pubblicato in Petoletti 2001, pp. 409-448, è stato rivisto in base a una nuova collazione del codice Vaticano. Si è provveduto così a sanare qualche errore e, soprattutto, a una generale revisione dell'interpunzione.

2. Folengo 1987, p. 621.

generazioni" ortografiche, si tratta forse soltanto di ambiguità nella resa di un nome proprio, che potrebbe risalire all'autore stesso.

Sono rari i raddoppiamenti abusivi di consonanti scempie, che perciò sono stati regolarizzati, tranne nel caso di *consumare* (XV 45) e *consumatione* (XV 47) per *consummatione* e *consumatione* (la forma scempia è infatti molto presente nel Medioevo): *arrido* (XV 92) per *arido*; *Borree* (II 10) per *Boree* (qui pure per ragioni metriche); *callide* (II 94) per *calide* (anche per evitare confusioni); *dissertas* per *disertas* (XV 136); *narres* (II 77 e XV 100) per *nares*; *peccunias* per *pecunias* (XV 106); *sepellire* (I 40) per *sepelire*; *stillo* (XV 89) per *stilo*; *tollerantia* per *tolerantia* (XV 42 e 50). Così si è proceduto rispetto agli scempiamenti di consonanti doppie: *belum* per *bellum* (V 49); *comune* per *commune* (IV 4); *humilimam* per *humillimam* (VI IV 6); *miserime* per *miserrime* (XV 107); *opida* per *oppida* (XV 12); *velera* per *vellera* (XIV 8); *saluberime* per *saluberrime* (XV 37).

Sono state regolarizzate le forme: *Davit* per *David* (XV 136); *haut* per *haud* (XIV 6); *nequit* per *nequid* (VI IV 4); l'isolato *set* per *sed* (XV 49 e 136). Infine non si sono accolte le grafie *congnovi* per *cognovi* (XV 138) e *trhonum* (I 140) per *thronum*.

Il Vat. lat. 2854 è molto stabile per quanto riguarda la confusione, quasi congenita nei codici medievali, tra *ci* e *ti* davanti a vocale: il copista *G. de Romandiola* non mostra infatti di allontanarsi dall'uso classico. Uniche eccezioni, se ho visto bene, e dunque conservate in sede editoriale, sono le forme: *audatie* per *audacie* (XV 21), in alternanza però con *audaciam* (XV 41); *fidutia* per *fiducia* (II 72; X rubr. 2; XV 42, 45); *delitias* per *delicias* (XV 115); *offitium* (III 11) per *officium*; *sotie* per *socie* (XV 95).

Secondo gli usi medievali si è rispettata la grafia *archas* per *arcas* (II 46).[3] Ragioni metriche inducono a rifiutare la forma del plurale di *hic* e *haec* reso con doppia *i* e doppia *e*:[4] I 37 *hi*] *hii*; 78 *He*] *Hee*; 79 *hi*] *hii*; *he*] *hee*; 80 *hi*] *hii*; 81 *his*] *hiis*; III 73 *his*] *hiis*; 74 *his*] *hiis*; IX 19 *his*] *hiis*. Stabile nel manoscritto l'uso della *p* epentetica nel gruppo *mn*.[5] La così detta regola di Prisciano e di

3. Rajna 1896, p. CLXVIII.
4. *Ibidem*, pp. CLXXX-LXXXI.
5. *Ibidem*, pp. CLXXIII-LXXIV.

Giovanni da Genova, «ante *c*, *d*, *t*, *q*, *f* non est scribenda *m* sed *n*», è rispettata dal copista e mantenuta nell'edizione qui di seguito: questa norma, che si fonda su Prisc. *Inst.* I 38, è in genere seguita anche da Petrarca.[6]

Di ogni intervento sul testo, ma non dei minimi ritocchi grafici, già sopra elencati, si dà conto nell'apparato. Le rubriche di *G. de Romandiola* sono rese in corsivo.

(Marco Petoletti)

Nota di traduzione

La traduzione in lingua italiana vuole essere il più possibile rispettosa della lettera, sebbene di tanto in tanto si preferisca, per favorire la comprensione, ricorrere a soluzioni "esegetiche". In molti casi si cerca di riproporre nella traduzione i giochi fonici o etimologici frequentissimi nei versi e nelle prose di Bonaiuto, spesso scegliendo parole italiane foneticamente affini a quelle latine. Per alcuni dei *carmina*, in particolare la sequenza per la purga e l'inno per il giorno del salasso di Bonifacio VIII (già tradotti in Vecchi 1960), si è scelto di volgere in italiano salvaguardando il più possibile le rime, al fine di restituire al meglio lo spirito giocoso dei testi. Nella chiusa della lettera al maestro Accursino è infatti lo stesso Bonaiuto a mettere in rilievo questo aspetto faceto e spiritoso: «Credo enim quod scribentem vel ut devotum laudabit, vel ut fantasticum, quod citius posset esse, *ridebit*. Ex horum tamen altero, reverentie sanctitatis sue dignitate servata, per aliquantillum temporis spatium circumvento sopore *iocose* forsitan sue poterit adulare vigilie» («Credo infatti che o loderà l'autore per la sua devozione o lo deriderà – ipotesi più verosimile – perché fuori di senno. Tuttavia nella seconda delle alternative, nel pieno rispetto della dignità e riverenza per la sua santità, poco prima che prenda sonno, questo carme potrà forse giocosamente lusingare la sua veglia»: VI, 5-6). Per mantenere le rime si ricorre a qualche soluzione "eterodossa" (il plurale dell'italiano antico *intestina* per rendere la rima *intestina*/*sentina* ai vv. 1-2 della prima strofa), oppure a

6. *Ibidem*, pp. CLVIII-CLXII; Rossi 1933, p. CLXVI.

qualche aggiustamento o *tibicen* non strettamente necessario alla resa letterale. Anche per i carmi in esametri leonini, XI, XIII e XIV (quest'ultimo costruito su un componimento boeziano), esplicitamente caratterizzati come esercizi di versificazione, si è optato nei limiti del possibile per la traduzione rimata, per mettere meglio in rilievo l'artificiosità di questi testi.

(Angelo Piacentini)

Bonaiuti de Casentino

Diversiloquium

Rubrice huius libelli

I. De moribus Romani aeris, quos quedam estas maxime patefecit.
II. Replicatio illius precedentis estatis cum descriptione sequentis.
III. Allocutio Muse sive protestatio mundi ad cardinales inclusos.
IIII. Iubilosa de creatione summi pontificis actio gratiarum.
V. Exultativa post ipsius coronationem ad plura genera gentium et rerum apostrofatio.
VI. Notata sub duplici cantu sequentia, diei competens medicine.
VII. Ymnus cum simplici cantu pro die minutionis.
VIII. Doctrinale carmen appositum ad sepulcrum viventis pape.
VIIII. Epitaphyum comitis Caserte.
X. Lamentabile carmen de morte cardinalis etate iuvenis, mente senis.
XI. Ad idem brevius.
XII. Dilatatio laudis super «Ave regina celorum».
XIII. Versus inventi in diruitione castri Columpne et ad eos replicatio.
XIIII. Additio competens, non tamen necessaria, metris illis Boetii: «Felix nimium prior etas».
XV. Novellus modus de virtutibus et vitiis prosaice tractans, qui ad modum piramidalis forme quo ad intellectum incipit grosso modo et progreditur subtiliter in acutum.

XIII diruitione *corr. ex* dirutione *manus A ms.*

Bonaiuto da Casentino

Diversiloquio

Rubriche di questo libello

I. Gli effetti dell'aria di Roma, che quell'eccezionale estate manifestò al massimo grado.

II. Replica della precedente estate e descrizione della successiva.

III. Allocuzione alla Musa, ovvero preghiera del mondo ai cardinali in conclave.

IIII. Ringraziamento per la lieta elezione del sommo pontefice.

V. Apostrofe esultante ai tanti ordini di genti e al mondo per l'incoronazione del pontefice.

VI. Sequenza a due voci con notazione musicale per il giorno della purga.

VII. Inno a una sola voce per il giorno del salasso.

VIII. Poema dottrinale per il sepolcro del papa ancora vivente.

VIIII. Epitaffio per il conte di Caserta.

X. Compianto funebre per la morte di un cardinale giovane d'età, ma decano d'animo.

XI. Allo stesso più in breve.

XII. Rielaborazione ampliata della lode «Ave regina celorum».

XIII. Versi sulla distruzione di Rocca Colonna e relativa replica.

XIIII. Aggiunta inerente alla materia, sebbene non necessaria, ai versi di Boezio «Felix nimium prior etas».

XV. Nuovo genere di trattato in prosa su vizi e virtù che, per favorire l'intellegibilità, si articola secondo uno schema piramidale, incominciando con una riflessione di carattere generale e procedendo in modo sempre più sottile fino all'apice.

X *etate iuvenis, mente senis*: su questo topos ved. Curtius 1992, pp. 115-118.

I

1. *Collectio variorum, sed non omnium opusculorum que Bonaiutus de Casentino, nunc metrice, nunc prosaice, diversis temporibus super variis materiis scripsit, que quidem ego G. de Romandiola, ipsius Bonaiuti scriptor, sicut per diversas inveni petiolas, ne ipsorum deperiret memoria, diligenter in unum colligere procuravi.* 2. *Hic primo ponuntur versus, quos de Roma composuit propter mortalitatem que fuit ibi prima estate, tempore vacationis post dominum Nicolaum IIII*[m]*, ex qua innumeri curiales, qui ibi remanserant, mortui sunt, preter multos qui egrotantes ad terras alias confugerunt.* 3. *Dictus quidem Bonaiutus permansit ibi cum domino suo usque ad medium mensis augusti.* 4. *Postmodum, victus formidine et orrore infirmantium et morientium, cum ipso domino suo ad civitatem Reate confugit.* 5. *Qui dum egrederetur ab Urbe, incepit versus istos in portis eosque per viam prosecutus est et complevit intra menia Reatina.* 6. *Casentinensis fugientis a facie persequentis epidemie Romane poema incipit. Rubrica.*

Roma tuis gaude titulis, tua munera tolle
tu tibi, tu sine me te plena pace fruaris.
Sanctorum tumulis exceptis et venerandis
patribus ecclesie, qui mundi cardo notantur,
Romanisque viris animo vel sanguine claris
laudandisque tuis servatis moribus, ecce,
cedo tibi, tibi dico vale, tibi cuncta relinquo
que tua sunt, quia me tua fervida torruit estas.
Te satis aspexi. Qualis structura tuorum
murorum veterum fuit, indicat ipsa ruina;

rubr. Casentinensis] idest Bonaiuti de Casentino *interl. manus A*
1 Hic licentiat se poeta ab Urbe cum exceptione quorundam *mg. manus A*
3 tumulis] cumulis *ms.*: *con.* Fera
9 Dicit de bonitate terre et malignitate accidentium maxime in estate *mg. manus A*

I

1. *Raccolta di vari, ma non tutti, gli opuscoli che Bonaiuto da Casentino scrisse, ora in versi, ora in prosa, in tempi diversi su svariati argomenti, che io G. de Romandiola, copista di Bonaiuto, così come li ho ritrovati frammentari in diverse carte, ho avuto cura di raccogliere meticolosamente in un solo volume perché non se ne perdesse la memoria.* 2. *Qui per primi sono copiati i versi che compose sulla pestilenza che dilagò a Roma nel corso della prima estate, quando il soglio pontificio era vacante dopo il papato di Niccolò IV, per la quale morirono in gran numero i membri della curia che ivi erano rimasti, mentre molti altri, affetti dal contagio, fuggirono in altre terre.* 3. *Bonaiuto stesso rimase a Roma al servizio del suo signore fino alla metà di agosto.* 4. *Successivamente, sopraffatto dalla paura e dall'orrore alla vista di tanti che s'ammalavano e morivano, si rifugiò nella città di Rieti al seguito del suo patrono.* 5. *Mentre lasciava la città, alle sue porte, Bonaiuto cominciò a scrivere questi versi, proseguì la composizione nel corso del viaggio e li portò a termine tra le mura di Rieti.* 6. *Inizia il poema di Bonaiuto da Casentino che fugge di fronte all'incalzare della peste romana.*

[1-8] Godi, Roma, dei tuoi titoli, innalza per te stessa le tue benemerenze: senza di me disporrai di te stessa in tutta pace! Certo mi rincresce per le tombe dei martiri e i venerandi padri della Chiesa, che prendono il nome di cardini del mondo, per gli eroi romani, prodi d'animo e di sangue preclari, per i costumi commendevoli che il tempo ha serbato; ma ecco, rinuncio a te, a te dico addio, a te lascio tutto quel che è tuo, perché mi soffoca la tua torrida estate.

[9-17] Ti ho visto, mi basta: sono i ruderi stessi a rivelare quale fosse la struttura delle tue antiche mura; le vestigia manifestano a chiare

rubr. 1 L'espressione *in unum colligere* è molto usata nel Medioevo per indicare il lavoro compilatorio degli enciclopedisti: Guenée 1986.

1 *Roma tuis gaude titulis*: *cfr.* Prud. *Symm.* 1, 256. *tua munera tolle*: *cfr.* Pers. 4, 51 «tollat sua munera cerdo».

2 *pace fruaris*: *cfr.* Ov. *Pont.* 2, 5, 18 «pace fruatur humus».

5 *sanguine claris*: Lucan. 10, 382 «sanguine claro»; Stat. *Theb.* 9, 777 «sanguine clari».

7 *cuncta relinquo*: Ven. Fort. *Mart.* 2, 223 «cuncta relinquens».

8 *fervida torruit estas*: *Ecloga Theoduli* 1 «Aethiopum terras iam fervida torruit aestas».

9-10 Sui sentimenti dell'uomo del Medioevo di fronte alle rovine romane: Greenhalg 1984; Fossi 1997. Una celeberrima elegia di Ildeberto di Lavardin inizia con versi giustamente famosi: «Par tibi, Roma, nihil cum sis prope tota ruina. /

quam bona, quam grandis fueris vestigia plene
demonstrant et scripta canunt et templa recensent.
Sed quam vitanda modo sis, quam sis fugienda
mensibus estivis, nubes, caligo, vapores,
aer corruptus, corrumpens ventus et altus
cementi pulvis, stipularum fumus agrorum
clamant et late pestis vexilla revelant.
Si tamen interdum propono dissimulare
mentitusque michi loquor: «Hec sunt signa salutis»,
undique respondent econtra mille figure,
ex quibus et timor et rigor et sinthomata febris
procedunt morbosque parant, redolentque sepulcra.
Frigore concussus tremit hic, sudore liquescit
ille, sed hic membra protendit et oscitat ille.
Hic tussi quatitur, hunc stricto gutture reuma
suffocat multoque gulam langore fatigat.
Ille iacens victus faciem sibi mestus adaurat,
sed lento quod lenta gerit sua dextra flabello.
Ordea, far, pultes et amigdala, zuccara, limpha
fervida que sanos fugat infirmosque molestat,
multa suis campana sonis gemitusque virorum,
sulcans ungue genas et pugnis pectora tundens,
crine caput spolians, clamosa cohors mulierum,
turba sacerdotum populo plangente canentum,
thura, cruces feretrumque cadavera, lumina crebra,
quem non terrerent, quorum non corda ferirent?
Hec crux me cruciat, hi cantus exequiales
torquent, non mulcent animos sanisque minantur.
O quot precones, quot sunt prenuntia mortis,
quot sunt que vivos homines sepelire videntur!
Hic medicina silet, dormit natura, dieta
fallit, falluntur medici, quia non meliora
iura tenent aliis, si tecum, Roma, morentur.
Nam pariter cum non medicis languendo laborant
aut obeunt aut evadunt tamen absque capillis

20 Dicit qualiter ista representant et sapiunt sepulturam et exprimit signa que terrent eum. Nam videbat incipere febres *mg. manus A*

40 sepelire *corr. ex* sepellire *ms.*

41 Antipophoriçat super eo quod dici posset: «Recurre ad medicos» *mg. manus A*

lettere la tua bellezza e la tua magnificenza, i poemi le cantano, i templi ne recan testimonio. Ma le nubi, la caligine, i miasmi, l'aria infetta, il vento mefitico e le grevi folate di polvere, il fumo delle stoppie dei campi proclamano ora quanto occorra star lungi da te, quanto sia bene fuggirti nei mesi estivi, e fanno mostra in lungo e in largo dei vessilli del flagello.

[18-24] Se di tanto in tanto tuttavia mi propongo di far finta di nulla e, sapendo di mentire, dico a me stesso «Questi sono segni che qui si sta bene», ecco da ogni dove materializzarsi innanzi agli occhi mille spettri. Tra i tanti il timore, il tremore e i sintomi della febbre avanzano in corteo e preparano il corso ai morbi; e il tanfo di morte sale dalle tombe. Questo trema di freddo, quello si scioglie in un bagno di sudore: il primo ha le membra intirizzite, il secondo boccheggia.

[25-36] Questo è tormentato dalla tosse, lo soffoca il catarro occludendo le vie respiratorie e con dolore lancinante gli strazia la gola. Quello invece giace spossato a terra e mesto si fa aria in volto: con lenta mano muove un lento ventaglio. Ecco l'orzo, il farro, le farinate, ecco le mandorle, lo zucchero, la brodaglia bollente che mette in fuga i sani e ossessiona i malati! Chi non spaventerebbero, qual cuore non trafiggerebbero le campane che tante volte suonano a morto e il pianto degli uomini, le grida disperate di stuoli di donne che si graffiano in volto, si battono il petto e si strappano i capelli, la folla dei sacerdoti che intonano canti funebri mentre il popolo piange, l'incenso, le croci, i funerali, i morti, i ceri tante volte in processione?

[37-43] Questa croce mi crocifigge, questi canti di lutto mi straziano: non sono di conforto alcuno per gli animi e risuonano sinistri alle orecchie di chi è sano. O quanti sono i nunzi e i presagi di morte, quante le cose che sembrano scavare la fossa agli uomini ancora in vita! Qui la medicina tace, dorme la natura, la dieta inganna, s'ingannano i medici, perché non vantano diritti migliori degli altri, se restano con te, o Roma.

[44-50] I medici infatti patiscono il male insieme a quelli che medici non sono; o muoiono o scappano via dopo essersi rasati i capelli,

Quam magni fueris integra, fracta doces» (Hildeberti *Carmina* 1969, pp. 22-24 n° 36). Ancora validissime a proposito le pagine di Graf 1923, pp. 1-60.

19 *signa salutis*: *cfr*. Paulini Petricordiae *Vita Martini* 1, 162 e 3, 226; Arator *Act*. 1, 455.

20 *mille figure*: Ov. *Her*. 10, 81.

32 *ungue genas*: per es. Ov. *Ars* 2, 452; 3, 568 e 708; Stat. *Theb*. 10, 818. *pectora tundens*: *cfr*. Ov. *Met*. 8, 536; Lucan. 3, 733; Claud. *Carm*. 36, 129.

33 *crine caput*: Ov. *Ars* 3, 250 «et sine fronde frutex et sine crine caput».

quos resecant, ut spissa cuti nova lana resurgat;
vel faciunt ut morbo victo victima fiat.
Hos medicos Ypocras, hos decipit et Galienus;
hos fallunt tempus, pulsus, urina crisisque,
luna, dies, sol, constellatio, mensis et hora.
Hic aurora riget yemali frigore, brumam
presentans, rorisque locum tenet alta pruina.
Sol oriens vernam fragili splendore figurat
temperiem. Post veram tertia parturit hora
estatem, sed sexta suis fert estibus Ethnam.
Non est ille calor solis, sed flamma camini,
quam calidi sufflant exusto flamine venti.
Heu, solet in terris aliis homo sole coactus
auras expetere, quibus et refrigeret ustos
artus et solis torrentis temperet iram.
Sed non sic alme ventus facit impius Urbis:
nam si te lixat sol, ventus flammeus assat.
Si fugias solem, fugies de fauce leonis;
si queris ventum, te raptis fetibus urse
committis, facies iuxta proverbia vulgi,
de fervente petens vivas sartagine prunas.
Quantum se variet tempus, quot vestiat aer
formas, quot vultus mutent elementa referre
quis possit? Cum non in eodem puncta vel hora
actu stent, quia nulla volunt hic ordinis usum
vel ius nature nil vult parere planetis.
Tempus enim nunc imbre gemit, nunc luce serena
ridet, nunc alget glacie, nunc estibus ardet,
nunc terre pluvias sitienti pocula claudit,
nunc catharactarum vectes disrumpit abyssi,

58 Quod ea que adducunt alibi remedia addunt Rome lesionem *mg. manus A*
67 variet] varient *ms.* vestiat] vestiet *ms.*
72 Dicit varietatem et instabilitatem temporis *mg. manus A*

per far rispuntare folta in capo una nuova capigliatura, oppure s'impegnano a celebrare un sacrificio al morbo, una volta sconfitto. Ippocrate si fa beffe di questi medici, e così Galeno: li traggono in errore il tempo, il pulsare del cuore, l'urina, il decorso della malattia, la luna, il giorno, il sole, lo zodiaco, il mese e l'ora.

[51-57] Qui l'alba è gelida come d'inverno, regna la nebbia e al posto della rugiada c'è una spessa coltre di brina. Il sole che sorge col suo diafano chiarore annuncia il tepore primaverile; più tardi l'ora terza dà alla luce un'estate vera; e addirittura l'ora sesta porta l'Etna con le sue vampe: non si tratta del normale calore del sole, ma del fuoco di una fornace, che venti caldi alimentano col loro soffio torrido.

[58-66] Ahimè, in altre terre l'uomo costretto al sole cocente cerca il refrigerio dell'aria fresca, che porti sollievo alle membra riarse e mitighi la furia della canicola: ma così non fa l'empio vento dell'alma Urbe. Infatti se il sole ti cuoce, il vento infuocato ti arrostisce: qualora tu fugga il sole, fuggirai dalle fauci del leone; qualora tu vada in cerca del vento, ti affidi a un'orsa alla quale sono stati strappati i cuccioli: proverai come è vero il proverbio del volgo «dalla padella alla brace».

[67-71] Chi mai potrebbe dire quanto repentino cambi il tempo, quante forme assuma il cielo, quante volte gli elementi mutino d'aspetto? Questo perché non c'è momento né ora in cui tutto stia al suo posto, perché qui nulla vuole assecondare l'ordine consueto o le leggi della natura, niente vuole obbedire al corso dei pianeti.

[72-78] Il tempo infatti ora stilla lacrime di pioggia, ora ride col cielo sereno, ora gela col ghiaccio, ora brucia con la canicola, ora sigilla i boccali alla terra che ha sete di piogge, ora disserra le cataratte

47 *victima fiat*: *cfr*. Ov. *Pont*. 4, 9, 84.

51 *frigore, brumam*: *cfr*. Ov. *Trist*. 4, 7, 1 «post frigora brumae»; Iuvenc. 4, 129; Ven. Fort. *Carm*. 9, 3, 3 «frigora brumae».

56 *cfr*. Alan. *Anticlaud*. 9, 260-261 «Nunc alget meus, ille meus calor, imo caminus / qui solis flammas urit…». *flamma camini*: Sedul. *Paschal. carm*. 1, 205; Ven. Fort. *Mart*. 3, 293.

57 *flamine venti*: Iuvenc. 1, 724 e 3, 99.

60 *temperet iram*: Verg. *Aen*. 1, 57 «temperat iras».

64-65 Proverbialmente, fin dalla Bibbia, l'orsa era molto gelosa della sua prole: II Sm. 17, 8; Prv. 17, 12; Os. 13, 8.

65-66 *cfr*. Arthaber s.d., p. 103 n° 197: «Ne vitans cinerem in prunas incidas»; Walther 1963-1969, n° 38594d.

72 *luce serena*: *cfr*. per es. Iuvenc. 1, 480; Prosp. *Epigr*. 68, 7 (*PL* 51, 519).

75 *disrumpit abyssi*: *Ecloga Theoduli* 73 (*cfr*. Gn. 2, 11).

nunc in pace manet et nunc se nubibus armat,
nunc ad bella vocat nebulas aciesque vaporum
contra solares radios. He reddere noctem,
hi servare diem cupiunt; he claudere celum
pugnant, hi satagunt ut sidera clara videri
possint; sed ventus, his nubibus insidiator,
huc trahit et plenis exsufflans faucibus afflat
aera corruptis, quos traxit ab utre marino,
flatibus et, quamvis dispergat nubila, totam
inficit hanc patriam distinctam finibus Urbis.
O mare, quod largo Romanam gurgite terram
giras, cur toleras vel cur facis ut reputeris
efficiens causa Romane pestis inique?
Quid mare respondes? Mare, quid? Quid, pestis amara,
respondes? Dices fortasse quod hec tibi culpa
non a re nec ab effectu datur. Immo resultat
hinc, quia perflans aura marinis sumit ab oris
cursum, quando venit invadere menia Rome.
Sic faciente loco nomen capit atque marinus
flatus ab ore tuo veniens agnomine fertur.
Sed non excusat hoc te, quia semper in Urbe
cerno quod ista tuos mores infamia dampnat.
Ergo, Roma, vale! Calor, equor et aura valete
Romane patrie! Iam vestros linquere fines
gaudeo. Iam ridet aer, ‹iam› patet undique celum
iamque Reatini sua celsa cacumina montes
monstrant, iam redolet michi leto gramine campus,
iam spondent colles et valles signa salutis.

76 manet] manent *ms.*
86 Exclamat ad mare qui [*sic*] mictit ventum aeris infectivum *mg. manus A*
98 Hic gratulatur quia iam se percipit elongatum ab Urbe *mg. manus A*
102 redolet] redolent *ms.*

dell'abisso, ora se ne sta in pace e ora s'arma di nuvole, ora chiama alla battaglia le nebbie e una falange di vapori a far guerra ai raggi del sole.

[78-85] Le prime vogliono riportare la notte, gli altri mantenere il giorno. Le prime si battono per ostruire il cielo, gli altri s'affannano perché le stelle possano apparire nel loro splendore; ma il vento, tramando insidie a queste nubi, le trascina fin qui e spalanca la bocca soffiando a pieni polmoni folate venefiche, che ha tratto seco da quell'otre, che è il mare, e, per quanto disperda le nubi, appesta tutta questa mia patria cinta dalle mura dell'Urbe.

[86-97] O mare, che col tuo gorgo immenso circondi la terra di Roma, perché sopporti l'infamia e perché dai adito al sospetto di essere considerato la causa efficiente dell'iniqua peste romana? Mare, cosa rispondi? Mare, cosa dici? Cosa rispondi, peste crudele? Dirai forse che ti è imputata la colpa senza che tu sia la causa e nemmeno l'effetto. Al contrario risulta evidente che da qui, soffiando dalle rive del mare, il vento prende il suo corso, allorché giunge a invadere le mura di Roma. Così in ragione del luogo che lo genera prende il nome e il soffio si chiama «marino» perché proviene dalla tua bocca. Ma questa considerazione non vale come attenuante, perché sempre constato nell'Urbe che questa infausta fama condanna il tuo agire.

[98-103] Addio dunque, Roma! Afa, mare e aria di Roma, mia patria, addio! Sono felice ormai di lasciare le vostre terre; l'aria già sorride, il cielo da ogni parte è terso e i monti reatini sfoggiano le loro alte cime, la campagna già m'inebria col profumo dell'erba rigogliosa, già i colli e le valli fanno presagire salubrità.

79 *claudere celum*: Alan. *Anticlaud.* 7, 306.

80 *sidera clara*: Ven. Fort. *Carm.* 3, 9, 8.

85 *finibus Urbis*: Ov. *Met.* 15, 59.

88 *pestis inique*: *Ilias Latina* 51.

93 *menia Rome*: clausola esametrica molto frequente, per es. Verg. *Aen.* 1, 7; Lucan. 3, 90; 3, 99 e 3, 298.

96 *semper in urbe*: si trova, ma non in clausola finale, in Ov. *Fasti* 2, 616 e 4, 248.

99 *linquere fines*: Verg. *Ecl.* 1, 3 «Nos patriae fines, nos dulcia linquimus arva»; Ov. *Met.* 10, 341 «patriaeque relinquere fines».

101 *cacumina montes*: *cfr*. Verg. *Aen.* 3, 274; Ov. *Met.* 6, 311 e 8, 797.

102 *gramine campus*: Hor. *Ars* 162 «gramine campi»; Ov. *Ars* 3, 249 «gramine campus» e *Fasti* 6, 237 «gramine campi»; Lucan. 4, 412 «gramine campum».

103 La stessa clausola esametrica in I 19.

Iam iuvat, o Balbina, tuo de colle videre
amplos discursus oculi sine tegmine nubis,
ni mea fortassis retrorsum terga revolvam.
Precipitem rupes cum murmure parturientes
undam, que rapidos argentea construit amnes,
o quantum prestare tuis scio Roma cavernis.
Plus iuvat umbrose thalamos hic visere silve
quam crebras rupte tenebras testudinis Urbis.
Visu poma placent, gustu sapiunt nec ab ore
sumpta modestorum possunt, ut cerno, nocere.
Si noceant re, spe prosunt: spes sepe triumphant
contra rem, sicut plus quam res imperet ipse
sepe timor casum facit acceleratque ruinam.
Urbs, tua poma placent, nec sunt fortasse nociva
plus aliis, sed suspecta pinguedine turgent,
propter quod febres dant illa, sed ista salutem.
Terra Reatina, cui desuper ethera plaudit,
aer arridet, quam frigida flumina cingunt,
quam colles alacres armant, quam fertilis ornat
planicies, quam viva lacus piscina refercit,
quam mirandus aque gurges salientis honorat,
dum paritur glacies, ubi garrula Bullica bullit:
salve, pulcra parens et grata ministra salutis!
Ad te confugio, me sume, salutis asilum,
suscipe me fugientem, quem sic cernis anelum,
pallentem, trepidum, Romana clade fugatum.
In te pausare venio per devia fractus,
pulverulenta tuis mea fontibus ora lavabo,
alleviare meos gravidatos nubibus artus
digneris; repara compagem corporis, arcem
spirituum releva, collapse menia mentis
erige, nativi reddas vexilla coloris
de cute, qui fugiens timidus sub tabe latebat,

104 Hic pervenit ad Sanctam Balbinam *mg. manus A*

107 Videt fontes scaturire et cum impetu descendere in convallibus *mg. manus A*

110 Prefet que invenit in montaneis vetustatibus Urbis *mg. manus A*

120 Hic appropinquat Reate, iam conspicit eam, invocat nomen eius et laudes suas extollit *mg. manus A*

[104-111] È bello ormai in cima al tuo colle, santa Balbina, far correre lo sguardo nel cielo senza nubi, tranne forse quando mi volgo alle mie spalle. È bello vedere le rupi dove sgorga l'acqua che si lancia a precipizio gorgogliando e, tingendosi d'argento, scava l'alveo di torrenti impetuosi: mi rendo conto, Roma, quanto siano meglio delle tue buie caverne! È più bello visitare qui le stanze delle selve ombreggiate, piuttosto delle tenebre dense sotto le diroccate volte dell'Urbe.

[112-119] Piacciono i frutti belli d'aspetto, sono saporosi al gusto e, come vedo, non possono far male, mangiandone in modica quantità. Se di fatto fanno male, fanno bene per la speranza che dispensano: la speranza spesso esce vittoriosa nel confronto con la realtà dei fatti così come, più di quanto gli eventi impongano, è la paura stessa a far cadere e portare più in fretta la rovina. Roma, mi piacciono i tuoi frutti: forse non fanno più male degli altri, ma sono così turgidi da destare il sospetto che siano quelli a portare le febbri, mentre questi la buona salute.

[120-126] O terra reatina, sopra di te il cielo è in festa, sorride l'aere, freschi corsi d'acqua ti cingono, i colli ti sono saldo baluardo, ti fa bella la fertile pianura, il lago ti nutre col suo pescoso bacino, ti onora il mirabile gorgo delle acque che zampillano, laddove la garrula Bullica ribolle anche quando si forma il ghiaccio: salve, madre bella e grata dispensatrice di salvezza!

[127-141] Mi rifugio tra le tue braccia: ricevimi, asilo di salvezza, accogli me che fuggo, quando mi vedi in affanno, pallido e tremante, costretto a fuggire dalla strage di Roma. Vengo a soggiornare da te: spossato dal viaggio per ignote contrade, laverò ai tuoi fonti la polvere dal mio volto. Degnati di lenire il dolore delle mie membra affaticate da tanti rovesci; rimetti insieme il mio corpo a pezzi, ripristina la roccaforte dello spirito, erigi le mura dell'anima crollata, restituisci i vessilli del bel colore natio che, intimorito, andandosene via dalla pelle, si

104 La chiesa di Santa Balbina, di origini antichissime, si trova sul così detto piccolo Aventino, sopra le terme di Caracalla: Krautheimer 1937, pp. 84-93; Armellini 1942, pp. 724-726.

121 *frigida flumina*: Verg. *Buc*. 5, 25.

125 *Bullica*: dovrebbe trattarsi del nome proprio di un corso d'acqua, come quello citato tra le pertinenze del monastero di Santa Scolastica a Subiaco in una lettera di Gregorio I all'abate Onorato: «in aqua que dicitur Bullica» (*Il regesto* 1885, p. 253).

126 *salve, pulchra parens*: Verg. *Georg*. 2, 173 e *Aen*. 5, 80.

131 *cfr*. Claud. *Carm*. 24, 245-246.

interni tepida fac ferveat olla caloris.
Nam calor exterior carbones interioris
expugnat, vires minuit munitque timorem,
qui cameras aulamque, thronum, penetralia cordis
anticipat, regnat, regit, imperat et dominatur.
Musa, tibi grates refero, que me fugientem
associando meam voluisti ducere vitam,
que te ductrice Romani temporis actus
iam cecinit dixitque parum de more Reate.
Vade, salutis iter assume domumque reverte,
expecta, donec vigeam paulumque quiescam,
et sit pacifica mens turbida, nubila clara,
tuta timens, solida fluitans, quassata quieta,
limpida caligans, sit languida plena salute
rectaque subversa, que iudicet omnia vere:
tunc revocabo tuos, o mater Musa, regressus
et fortasse meis aliter resonabo Camenis.

1. *Cum dominus B. de Camerino, sciens opus istud inceptum, rogasset ipsum Bonaiutum ut illud compleret sibique transmitteret, idem Bonaiutus versus ipsos completos, nondum tamen correctos, cum infrascripta epistola destinavit eidem.*

1. Domino B. Bonaiutus se. 2. Illud opusculum, quinimmo ridiculum, quod expleri iussistis, dominationi vestre transmitto, supplicans ut, quamprimum vobis aliquis probus versificator occurrerit, velitis eidem illud ostendere corrigendum, proviso ne talis sit ille qui tenerum

142 Hic licentiat se a Musa et promictit eam cito revocare ac si intendat mutare que dixit vel maiora canere et cetera *mg. manus A*
146 reverte] reversa *ms.*
147 vigeam] videam *ms.*

celava sotto il pallore del morbo. Fa' che quell'olla che è il corpo, ormai intiepidita, riprenda a scaldarsi del calore interno. Infatti la bassa temperatura di fuori l'ha avuta vinta sul calore che ha dentro: toglie le forze, ma dà forza alla paura che, in men che non si dica, arriva nelle camere, regna nel palazzo, regge il trono, detta legge e impone la sua tirannia nell'intimo del cuore.

[142-153] Ti rendo grazie, Musa: compagna delle mie traversie di uomo in fuga, hai voluto guidare la mia vita, che sotto la tua guida ha già cantato le sciagure del clima di Roma e raccontato un poco di quel che accade a Rieti. Vai, prendi la via che ti porta alla salvezza. Torna a casa, attendi fin quando riprenderò le forze e ritroverò un poco di tranquillità. Possa l'anima sconvolta trovare la pace, offuscata il sereno, timorosa la tranquillità, vacillante la stabilità, sconquassata la quiete, ottenebrata la luce, malata la piena salute, sbalestrata il giusto corso, così da giudicare tutto secondo verità. Allora Musa, madre mia, invocherò il tuo ritorno e forse con altra voce risuoneranno le corde della mia cetra.

1. *Dopo che B. da Camerino, venuto a sapere che era stata incominciata quest'opera, chiese allo stesso Bonaiuto di completarla e di mandargliela, l'autore medesimo gli inviò questi stessi versi completati, sebbene non ancora revisionati, accompagnandoli con l'epistola riportata qui di seguito:*

1. Bonaiuto si raccomanda a B. da Camerino. 2. Invio alla signoria vostra l'opuscolo, anzi più che altro una cosa da ridere, che mi avete ordinato di portare a termine, supplicandovi che, quanto prima abbiate a vostra disposizione un buon versificatore, vogliate mostrarglielo

140 *penetralia cordis*: Iuvenc. 4, 7; *cfr.* anche IV 39. È significativo rilevare che questa clausola esametrica si recupera anche nell'iscrizione assegnata, ma con scarso fondamento, alla tomba di papa Marco († 336) al v. 4: «Intima sed virtus tenuit penetralia cordis» (Bonavenia 1911). Quest'epitaffio è però tramandato soltanto dal Vat. Pal. lat. 833, f. 69r: De Rossi 1888, p. 108; Ferrua 1942, pp. 200-201 n° 50.

143 Verg. *Aen.* 2, 641 «voluissent ducere vitam» e 4, 340; Pers. 5, 83.

146 *salutis iter*: Verg. *Aen.* 2, 387-388.

148 *mens turbida*: Prud. *Psych.* 1, 773-774.

eorundem versuum corticem mordeat vel ipsorum curtas tenuesque radices ligone detractionis evellat, cum sua debilitate favore potius indigeant quam livore. 3. Infantiam vero stili, cachinnum materie, levitatem sententie, arrogantiam tituli, prolixitatis fastidium, gravitatis exilium in opere memorato non curet, quia, si hoc emendare, condire, protegere vel ornare contenderet, aggrederetur laborem non facile finiendum.

ep. 2 evellat *corr. ex* evelat *ms.*

perché lo sottoponga a revisione, facendo attenzione che non sia uno di quelli che infieriscono nella tenera corteccia di quei versi o ne divellano le radici corte e fragili con la vanga della malignità, proprio perché, in ragione della loro debolezza, hanno bisogno più di favore che di livore. 3. Non si dia cura per lo stile acerbo, la materia da ridere, le frasi futili, la pompa del titolo, la fastidiosa lungaggine, la mancanza di solennità nell'opera suddetta, perché intraprenderebbe un'impresa non facile a compiersi, qualora si prendesse la briga di emendare, addolcire, rinvigorire o infiorettare questi versi.

II

1. *De sequenti anno. Narrato in superiori poemate de morbosa precedentis sequitur de bellica tempestate sequentis anni, in qua non solum Romani cives, sed machine, domus et turres invicem dimicabant.* 2. *Ex quo dictus Bonaiutus plus ferro pugnantium quam farre febricitantium tremefactus, tunc existens in Urbe sic scribit:*

Hactenus aerias queruloso carmine clades
Urbis deflevi; nunc arma virumque canendo
eiusdem cogor furiosas dicere pugnas.
Immensum quondam discurrens fama per orbem,
quod caput orbis erat mensura, nobilitate,
sanguine sanctorum, papali sede celebris,
Roma, meum traxit animum sua tecta videre.
Ivi, complacuit, tenuit nos tempore brume,
in quo non nubes, non celi sensimus imbres,
non rapidos Boree flatus, non etheris iras.
Non ibi tecta ferit grando, non fulmina turres,
non nive canet humus, glacie non clauditur unda,
frigoribus non membra rigent, non clausa medulla
pigret in osse gelu, sed quadam spiritus omnis
temperie letatur ibi, quasi tempora veris
regnent et brume faciant dormire procellas.
Sed si transit yemps placabilis atque serenus
vultibus arrisit, estatis torva sequentis
compensat facies, solitos exuta decores.

4-7 Narrat poeta qualiter ad Urbem venit propter fama suam, quomodo auxit presentia famam [*cfr*. Claud. *Carm*. 15, 385] pensato hiemis tempore quod invenit in ea *mg. manus A*

17-24 Dicit qualiter adveniente estate versa est cithara in luctum [Iob 30, 31]. Nam ipsa estas, irata de laudibus hiemis et veris precedentium, sevit in habitatores Urbis *mg. manus A*

II

1. *L'anno successivo. Dopo aver raccontato nel precedente poema la pestilenza, il poeta prosegue con la guerra dell'anno successivo, in cui non soltanto i cittadini di Roma, ma ogni macchina bellica, casa e torre si facevano guerra l'una contro l'altra.* 2. *Per questa ragione Bonaiuto, terrorizzato più dal ferro dei belligeranti che dal farro dei febbricitanti, trovandosi allora nell'Urbe, così scrive:*

[1-7] Fin qui ho pianto col mio carme dolente i flagelli del cielo che funestarono l'Urbe; adesso, cantando l'armi e l'eroe, mi tocca raccontare la furia delle lotte intestine che ne fecero strazio. Un tempo per l'immenso mondo correva la fama che del mondo ella fosse la città capitale, per estensione, nobiltà, il sangue dei santi, celebre per il soglio pontificio: così Roma mi suscitò il desiderio di vedere i suoi palazzi.

[8-16] Ivi mi recai; mi piacque. Ci accolse in tempo d'inverno: non una nube, né piogge, non i turbinosi soffi di Borea; la furia del cielo non ci toccò. Colà non si abbatte sui tetti la grandine, né i fulmini sulle torri; non s'imbianca di neve la terra, la morsa del ghiaccio non serra le acque, non tremano le membra di freddo, il midollo non intorpidisce al gelo chiuso nelle ossa, ma lo spirito tutto si allieta in quel clima ameno, come fosse quello il regno della primavera e riuscisse a sopire le burrasche dell'inverno.

[17-22] Ma se l'inverno è trascorso in pace e sereno ha sorriso ai nostri occhi, ecco sull'altro piatto della bilancia il ghigno sini-

rubr. 2 La farina di farro era l'ingrediente base di cataplasmi applicati ai malati a scopo medicinale.

2 *arma virumque canendo*: Verg. *Aen.* 1, 1.

4 *discurrens fama per orbem*: Lucan. 4, 574.

7 *tecta videre*: *cfr.* Ov. *Fasti* 6, 261; *Her.* 16, 179 e *Met.* 8, 702.

8 *tempore brume*: clausola già presente nei classici (Properzio, Calpurnio, Marziale), poi fortunata nel Medioevo; ricordo per es. Arrigo da Settimello, *Elegia* 1, 135 «tempora brume».

12 *clauditur unda*: Lucan. 2, 433 «clauditur undis»; Gaufr. Vinos. *Poetria* 806: «glacies incarcerat undas».

15 *tempora veris*: Ov. *Met.* 1, 116; Gaufr. Vinos. *Poetria* 781 e 791.

16 *dormire procellas*: Gaufr. Vinos. *Poetria* 793-94 «dormire procellas / cessantes».

Protinus hec estas, yemis clementis honorem
et placidi famosa videns preconia veris,
invida certavit eius prosternere famam.
Nam velut igne bonis alienis invidus ardet,
ergo, non tolerans candentis pectoris iras,
talia flammato secum sermone monetat:
«Ingratas hominum mentes variasque loquelas,
iudicium preceps, leve cor, sine pondere linguas
vidimus et celeri poterunt hec tempore scire.
Ipsa quidem mundi pecualis turma virorum
pro modico veris, yemis quoque tempore grato
dante serenatas horas noctesque diesque,
prodiga laxavit stolidas ad sydera laudes.
Pro nostris autem longevis perpetuisque
muneribus de more datis obmutuit ipsa
plebs hominum, nullas dignata rependere nobis
grates, que leto redimimus rura virore.
Cogimus in partum glebas et cedere flores
fructibus urgemus maturaque spargere poma
precipimus ramis et frondea tecta iubemus
silvis construere, quo possit agricola Phebi
declinare faces et in umbra fingere lectum.
Formamus spicas, gravidas torremus aristas
et ieiuna piis saturavimus horrea granis.
Per nos evigilant falces et rastra resurgunt
et neglecta suam iuvenescens area barbam
deponit; patitur fustes ut farciat archas.
Omnia luxuriant in nobis, omnia per nos
ditescunt: etiam pannosus pauper habundat
quique tremens cecos gelidus iactare solebat
taxillos, per nos confidit ludere vestes».

26 Estas accensa sic loquitur *mg. manus A*
37-50 Computat estas beneficia que ministrat *mg. manus A*
43 saturaviums] *fortasse* saturabimus

stro della successiva estate, spogliata della consueta bellezza. Subito quest'estate, vedendo l'onore tributato all'inverno clemente e le lodi per la mite primavera, rodendosi d'invidia, si batté in ogni modo per rovesciarne la fama.

[23-28] Infatti come l'invidioso brucia per gli averi altrui, l'estate dunque, incapace di trattenere l'ira che le infiamma il cuore, tra sé conia parole di fuoco: «Io ho visto quanto sono ingrate le menti degli uomini, incostanti le parole, avventato il giudizio, leggero il cuore, sconsiderate le bocche; e in men che non si dica queste considerazioni potranno manifestarsi nella loro evidenza.

[29-36] Davvero gli uomini, gregge di pecore, per un poco di primavera, e pure per il bel tempo d'inverno, munifico notte e giorno di ore serene, a briglia sciolta hanno levato al cielo lodi dissennate. Invece per i durevoli e immancabili doni che d'abitudine sono io a dispensare, questa plebaglia non fa motto, non si degna di riconoscenza alcuna verso di me che faccio germogliare i campi di lieti virgulti.

[37-46] Sono io che faccio rigenerare le zolle e sollecito i fiori a cedere il posto ai frutti, comando ai rami di spargere a terra i pomi maturi e ordino di costruire tetti di fronde, laddove il contadino possa fuggire i raggi cocenti di Febo e accomodare all'ombra un giaciglio. Sono io a dar forma alle spighe, a portarle a maturazione ricolme di chicchi e a riempire di provvidi raccolti gli esausti granai. Per me le falci son deste, si svegliano i rastrelli e l'aia, lasciata nel disordine, si rade la barba ringiovanendo d'aspetto; patisce le sferze dei correggiati per stipare di grano le madie.

[47-51] In me tutto è lussureggiante, tutto grazie a me si arricchisce: persino il povero ridotto in cenci trova l'abbondanza e pure chi, battendo i denti per il freddo, suole sfidare ai dadi la cieca fortuna, quando ci sono io, si gioca a cuor leggero gli abiti che porta». Ave-

24 *pectoris iras*: è clausola esametrica attestata, ma in autori praticamenti ignoti al Medioevo latino: Catullo e Silio Italico.

25 *monetat*: per il verbo mediolatino *monetare*, usato spesso da Alano da Lilla (per es. *Anticlaud.* 1, 135; 2, 351; 7,34): Blatt 1959-1969, coll. 778-779; Niermeyer 1976, p. 703.

29 *turma virorum*: *cfr*. per es. Ven. Fort. *Carm.* 10, 17, 35.

31 *noctesque diesque*: clausola molto frequente nella poesia esametrica latina, condivisa da tutti i più grandi autori: Verg. *Aen.* 6, 556; Hor. *Sat.* 1, 1, 76; Lucan. 8, 292; Stat. *Theb.* 7, 503.

Dixerat; et subito tumidis accincta pharetris
vibravit furibunda caput curvumque tetendit
ossea materies quem durum fecerat arcum;
fixa sinistra tenet hunc arcum, dextra sagittas,
commendat corde mittenti nuntia mortis
spicula per populum, qui sic laudaverat hostem
ipsius. Cadit hic, iacet ille; cadavera fiunt
illi, presbiteris concentus et esca sepulcris.
Sed cur infandum cogor renovare dolorem?
Quis cladem narrare potest, quis funera fando
illius estatis referat, quis prelia febris
explicet? Hec animus merito meminisse perhorret.
Sed cui tantus amor memoratas noscere plagas,
is legat et discat Casentinense poema.
Prorsus nos fracti morbis fatisque repulsi
fugimus ad turmas veluti devicta recedunt
agmina de campo post prelia dura recepto
conflictu, multis gladiosa morte retentis,
multis semineci suspensis sanguine vita
et multis servante fuga de strage reductis.
Urbe Reatina nos suscipiente redivit
leta salus, sanguis, color et fidutia vite,
quos a corde timor, tabes a carne fugarat.
Nam siccas gelido potamus flumine venas
cordis et ad virides spatiamur in agmina campos,
quos florum varius color et fragamen odoris
purpurat et reficit nares et pascit ocellos.
Hic arbusta sonant avibus pulsata canoris
et zephiris agitata leves sufflantibus auras
parturiunt et cuncta viris nova gaudia prestant.

51-54 Superbe locuta, crudeliter operatur *mg. manus A*
53 arcum *corr. ex* archum *ms.*
63-64 Dicit de poemate precedenti *mg. manus A*
65-70 Verba auctoris *mg. manus A*
69 vite] vita *ms.*
71-80 Explicat amenitates que invenit Reate *mg. manus A*

va appena pronunciato queste parole quando, [51-58] armata di faretra copiosa di frecce, d'un tratto, furiosa, scosse il capo e tese il curvo suo arco, fabbricato con materia ossea dura a flettersi. La sinistra tiene l'arco ben saldo, la destra le frecce: affida i suoi dardi nunzi di morte alla corda pronta a scoccarli in direzione di quella gente che aveva cantato le lodi del suo nemico. Cade trafitto questo, giace a terra quell'altro; eccoli ridotti a cadaveri, messe da morto per i preti e alimento per i sepolcri.

[59-64] Ma perché mi tocca rinnovare un dolore che non si può sciogliere in parole? Chi mai potrebbe narrare la strage, chi potrebbe rievocare quell'estate di lutti, chi potrebbe riferire le sofferenze dell'epidemia? Davvero inorridisce il cuore al solo ricordo. Ma chi brama così tanto di conoscere le piaghe prima ricordate, costui si legga e s'impari il poema del casentinese.

[65-70] Ecco, ridotti allo stremo dalla peste e scacciati dall'avverso destino, siamo fuggiti in massa come le schiere, subìto l'urto del nemico, sbaragliate dopo aspri combattimenti, si ritirano dal campo: molti sono a terra trafitti di spada, molti aggrappati con le ultime forze alla vita, molti in fuga per scampare alla strage.

[71-80] Quando ci accolse la città di Rieti, ritornò la salute che dispensa letizia, il sangue, il colorito in volto e la fiducia nella vita, che la paura aveva bandito dal cuore e il morbo dalle carni. Delle acque fresche di un ruscello dissetiamo le vene inaridite del cuore e percorriamo, a guisa di colonne in marcia, prati ridenti di verde, che i fiori variopinti imporporano pascendo la vista, con il profumo fragrante che rinfranca l'olfatto. Qui i cespugli vibrando risuonano del canto degli uccelli, agitati dal soffio di Zefiro spirano aure leggere, e tutti quanti gli elementi procurano gioie sconosciute agli uomini.

51 Moltissimi esametri di Virgilio, Ovidio, Lucano e Stazio iniziano con le parole *dixerat et*.

59-65 Questi versi sono chiaramente costruiti ricorrendo all'inizio del secondo libro dell'*Eneide*, in particolare: 59 *renovare dolorem*: Verg. *Aen.* 2, 3 «Infandum, regina, iubes renovare dolorem»; 60 *quis funera fando*: Verg. *Aen.* 2, 6 «quis talia fando»; 62 *meminisse perhorret*: Verg. *Aen.* 2, 12 «quamquam animus meminisse horret luctuque refugit»; 63 *tantus amor*: Verg. Aen. 2, 10 «sed si tantus amor casus cognoscere nostros»; 65 *fracti morbis fatisque repulsi*: Verg. *Aen.* 2, 13 «fracti bello fatisque repulsi».

69 *sanguine vita*: Verg. *Aen.* 7, 534 «sanguine vitam». Nel verso si colleghi *semineci* (da *seminex*, *-necis* = morente) con *vita*.

78 *cfr*. Verg. *Georg.* 2, 328 «avia tum resonant avibus virgulta canoris».

79 *leves... auras*: per es. Ov. *Met.* 3, 43.

80 *nova gaudia*: Verg. *Aen.* 10, 325.

At sicut rerum mos est et norma locorum,
multa placent hodie que cras non apta placere
inspicimus. Cepit ridens discedere tempus
et celerare gemens. Nam celum prodigus ymber
occupat: aut niveos insultus cana pruina
nuntiat aut glaciem properantem predicat Auster
et sevus Boreas, transfigens frigore nervos,
mentitur sedem brume, regnante benigno
autumpno. Citius Ianus venisse videtur
quam pius october socio vexilla resignet.
Sic quicumque probus volet expectare Reate
imperium gelidi mores et iura decembris,
sepe – scio – dicet: «O terque quaterque beati,
quos iemare modo calide sub menibus Urbis
novimus. Hec domus est yemis!» Latet hic furibundus
Eolus et teneris incumbens vultibus Eurus
pumicat ille genas hominum, stridens Aquilonis
impetus evellit silvas, Nothus hostia claudit,
tecta quatit, turres agitat rumpitque fenestras.
Nix tenet hanc patriam solo que perficit actu
multa simul visu. Nam disgregat ossa, rigere
cogit et aspectus ignis pigrumque cubile
suggerit et celat stratas et aratra recondit.
Festinum tardat cursorem, pascua claudit,
a gregibus mestos balatus exigit, artat
in caulis armenta; feras, loca ceca petentes,
ieiunare iubet querulosque famere volucres
et predas hominum fieri verubusque revolvi
urget et in requie saturos marcere bubulcos
compellit. Sed, cum discedit, mittere falces
audet in alterius messes, rapiens sibi celse
offitium pluvie. Nam, dum nix ipsa liquescit

81-90 Hic incipit sentire qualis est Reate tempore hiemis *mg. manus A*
96-99 Describit actus ventorum *mg. manus A*
100-115 Actus nivium *mg. manus A*
100 solo que] soloque *ms.*
101 visu] visum *ms.*

[81-90] Ma come è uso e norma in ogni dove, constatiamo che quel che piace oggi finisce col non piacere domani. Il tempo del sorriso incominciò ad andarsene via e ad approssimarsi precipitoso quello del pianto. Infatti nuvoloni gonfi di pioggia si fanno padroni del cielo; il manto bianco della brina annuncia l'impetuoso arrivo della neve, l'Austro predice il gelo che sopraggiunge in tutta fretta e Borea crudele, trafiggendo i nervi coi dardi del freddo, vuol far credere che è già tempo d'inverno quando ancora è l'autunno benevolo a regnare. Pare che gennaio sia giunto prima che il buon ottobre abbia ceduto i vessilli al suo successore.

[91-99] Così l'uomo probo che vorrà aspettare a Rieti il regno, le usanze e le leggi del gelido dicembre, spesso – ne sono certo – dirà: «Oh tre, quattro volte beati loro, che sappiamo stanno svernando al caldo tra le mura dell'Urbe. Questa è la dimora giusta per l'inverno!». Qui s'asconde Eolo furibondo, Euro graffia le gote degli uomini piombando sui loro volti delicati, stridendo l'impeto di Aquilone sradica le piante, Noto fa sbattere le porte, sconquassa i tetti, fa vacillare le torri e manda in frantumi le finestre.

[100-110] La neve stringe d'assedio questa terra e in un sol colpo provoca una lunga serie di fenomeni singolari: infatti sgretola le ossa, fa tremare di freddo, consiglia di starsene vicini al fuoco o nel letto inerti, cela le strade e fa riporre gli aratri. Rallenta il passo al veloce corriere, imprigiona i pascoli, reclama tristi belati alle greggi, costringe negli stabbioli gli armenti. Fa sì che le fiere, rifugiandosi nel buio delle tane, non abbiano di che sfamarsi e che gli uccelli patiscano la fame pigolando lamentosi: li spinge a diventare preda degli uomini e finire infilzati sullo spiedo, e invoglia i bifolchi satolli a poltrire nell'ozio.

[110-119] Ma, non appena se ne va, ha l'ardire di mietere nella messe altrui, arrogandosi gli uffici della pioggia scrosciante dal cielo. Così, quando la neve si scioglie ai raggi del sole, s'allaga la terra,

84 *prodigus ymber*: Gaufr. Vinos. *Poetria* 865 «et prodigus imber».

85 *cana pruina*: Verg. *Georg.* 2, 376; Ov. *Her.* 5, 16, non in clausola.

87-88 *transfigens... brume*: *cfr.* Gaufr. Vinos. *Poetria* 805: «transfigit bruma medullas».

93 *O terque quaterque beati*: Verg. *Aen.* 1, 94.

103-104 *cfr.* Gaufr. Vinos. *Poetria* 805: «Nix claudit stratas».

in rutili solis conspectu, terra lavatur,
strata fluit, sevit torrens et flumina turgent
et blandum per tecta cadens dat stillula sompnum.
Hanc etiam terram fluviis undantibus ambit
obsessamque diu pluvie violentia monstrat,
sic quod sepe latent superati gurgite pontes
et nat parva ratis, ubi vir peditare solebat.
O quam sepe, Deus, volvuntur corda virorum
et quam curta manent in eodem tempora cursu!
Ecce gelu liquidos cogit nos tempnere fontes
et prius optatos compellit odire virores.
Non sic qui fugiens correptus ab ede parentum
parvulus et visis aliorum vultibus optat
ad propriam remeare domum matremque videre,
ut nos tunc cupimus moderati frigoris Urbis
sceptra subire citi. Nec plus tardamus, in actum
ducimus affectum, Romam sic inde redimus.
Intramus portas. Cives sic ore saluto:
«Vivite felices quibus est Urbs ista parata;
hec domus, hec patria est, in qua quicumque morantur
sunt fortunati, si iam non leva fuisset
estas preterita. Sed erit purgatior aer
et mora sana magis multos secura per annos.
Vivimus hic alacres nullo bachante gravati
frigore. Nam vernum pretendunt omnia tempus
perpetuamque moram suadebat copia rerum».
Sed cum fata suos letentur volvere casus
sitque malum primum gradus et suadela secundi,

113 rutili] rutuli *ms.*
116-119 De pluvia *mg. manus A*
120-123 Desiderat ad Urbem redire *mg. manus A*
124-128 Comparatio de puero qui vapulans fugit a patre *mg. manus A*
133-134 Improperat iocose epidimiam precedentis estatis *mg. manus A*

le strade si trasformano in corsi d'acqua, infuria il torrente, i fiumi s'ingrossano e il gocciolare dell'acqua che stilla dalla grondaia concilia il dolce sonno. Anche la violenza delle piogge per lungo tempo cinge d'assedio questa landa: tante volte nemmeno i ponti si vedono più, superati dal livello delle acque, e la piccola barca galleggia laddove l'uomo soleva andare a piedi.

[120-128] O Dio, quanto spesso sono incostanti i cuori degli uomini e quanto poco le loro menti rimangono salde sulla medesima rotta! Ecco che il gelo ci fa avere in spregio le limpide fonti e provare odio per la natura in rigoglio che prima andavamo cercando! Non così tanto il fanciullo che, quando sgridato, scappa di casa e, una volta viste le facce di sconosciuti, vuole di tornarsene nella propria dimora e rivedere la mamma, così come noi vagheggiamo di sottometterci al più presto allo scettro dell'Urbe, dove il clima è meno rigido.

[128-138] Non indugiamo un istante: diamo corso al nostro proposito e torniamo così a Roma. Facciamo ingresso dalle sue porte; con queste parole ne saluto gli abitanti: «Vivete felici voi, per cui è stata innalzata questa città: questa è la casa, questa la patria, nella quale la Fortuna sorride a chiunque vi abiti, purché non capiti un'estate infausta come la passata. Ma d'ora in poi l'aria sarà più pura e il soggiorno più salutare e sicuro per anni. Viviamo qui solerti senza patire la furia del gelo. Infatti tutto promette primavera e l'abbondanza consiglia di rimanere per sempre».

[139-147] Ma poiché la Fortuna se la gode a volgere la ruota dei suoi casi e non c'è disgrazia a cui non ne segua un'altra, il flagello dell'anno prima non poté stornare il successivo. Infatti se l'anno passato è stato il cielo ad accanirsi, quest'anno infuriano gli animi, le mani, le armi e le case. Quell'estate costrinse molti a ricorrere ai medicamenti di farro, questa fa sì che i concittadini brandiscano il ferro trepidanti: allora gli umori

118 *gurgite pontes*: piuttosto *gurgite pontus* è clausola frequente (Verg. *Aen.* 11, 624; Lucan. 7, 813; Stat. *Theb.* 7, 143).

120 *corda virorum*: Prud. *Psych.* 564; *Symm.* 1, 44; Paulini Petricordiae *Vita Martini* 2, 403.

122 *liquidos... fontes*: Verg. *Georg.* 2, 200; 3, 529 e 4, 18 «liquidi fontes».

131 *Vivite felices*: Verg. *Aen.* 3, 493.

132 Verg. *Aen.* 7, 122 «hic domus, haec patria est».

133 *leva fuisset*: Verg. *Ecl.* 1, 16; *Aen.* 2, 54.

138 *copia rerum*: per es. Ov. *Met.* 8, 792 e Iuvenc. 1, 653.

139 *volvere casus*: Verg. *Aen.* 1, 9.

non potuit pestis transacta levare sequentem.
Nam, si preterito fuit anno concitus aer,
hoc anno furiunt animi, manus, arma domusque.
Estas illa dedit multis medicamina farre,
ista facit trepidum vicinos stringere ferrum.
Tunc simul humores secreto in corpore pugnant,
nunc patulo cives, acies, urbs, machina certant.
O quotiens valet esse malum medicina malorum!
Nunc et enim febres elapsas impius ensis
laudat et alleviat habitas sine sanguine mortes.
Tutius est sudasse thoro, tenuisse labores
febris et ad tempus languere medentis in ulnis
vel gremio matris, animam committere clero,
quam sevos belli stolide miscere tumultus,
e gelido subitum complecti vulnere letum.

1. *Hic deficiunt versus de descriptione belli inter Romanos tunc temporis habiti, qui casu amissi nequiverunt postea reperiri.*

142-155 Hic narrare parat de preliis que insurrexerunt in Urbe que peiora erant quam febres preterite *mg. manus A*

155 e] *fortasse* et

insieme si davano guerra nel segreto del corpo, ora sotto gli occhi di tutti si scontrano i cittadini, gli eserciti, la città tutta e le macchine belliche.

[148-155] O quante volte un male può essere medicina di altri mali! E infatti ora l'empia spada fa rimpiangere le febbri passate e lenisce il dolore per chi è morto senza versar sangue: sarebbe stato meglio soffrire nel letto in un bagno di sudore, patire il supplizio della malattia e giacere qualche tempo esangui tra le braccia del medico o nel seno materno, affidare l'anima alle preghiere dei sacerdoti, piuttosto che trovarsi senza ragione tratti nel mezzo dei furiosi tumulti della guerra e trovare l'improvviso abbraccio della morte, trafitti dalla sua gelida lama.

1. *Qui mancano i versi con la descrizione della guerra civile occorsa a Roma in quello scorcio di tempo che, andati sventuratamente perduti, non si è più riusciti in seguito a ritrovare.*

149 *impius ensis*: Ov. *Met.* 7, 396 e 14, 802.

150 *sine sanguine*: nella stessa posizione metrica in Ov. *Amor.* 1, 7, 51; *Her.* 21, 15; *Met.* 5, 249; 8, 518; 11, 736; 14, 210, e Stat. *Theb.* 9, 730.

154 *miscere tumultus*: Paulini Petricordiae *Vita Martini* 2, 579 «miscere tumultu».

155 *vulnere letum*: Lucan. 3, 591 «in vulnera letum».

III

1. *Hic subnectuntur versus qui appensi fuerunt in aula regia ubi cardinales inclusi fuerunt in Castro Novo Neapoli, die Iovis XXIII decembris, pro creando novo summo pontifice, facta renuntiatione per Celestinum* V^{m}, *qui renuntiaverat die beate Lucie ante per decem dies sub anno domini millesimo CCLXXXXIIII, indictione* VII^{a}, *apostolica sede vacante per renuntiationem dicti domini Celestini.* 2. *Qui quidem versus quemlibet ex cardinalibus qui ad partem illam ubi ipsi pendebant accederet alloquuntur, suadendo ut bonam et celerem provisionem facerent, prout mundi status flebilis exposcebat.* 3. *Hec poesis sic alloquitur cardinalem. Rubrica.*

Aurora spargente polum sompnoque refectis
artubus et spreto surgens de mane cubili,
huc cum forte venis, istam pergendo per aulam,
nec te delectant tibi nec dant otia fructum,
huc, venerande, tuum, pater, huc paulisper ocellum
erige, cerne, lege, nostrum ne despice carmen.
Non ego sum blande trutannica fictio muse,
magnatum cupiens tenerum captare favorem,
sed pia plangentis sum protestatio mundi.
Ecclesie cardo, proprium qui materialis
cardinis offitium presentas nomine, sis re
quod sic voce sonas: aliud vel suscipe nomen.
Nam quotiens aliud faciunt aliudque vocantur
mortales, totiens secum sua nomina fallunt.
In stabili fixe volvuntur cardine porte,
que modo clauduntur, modo, sicut tempora poscunt,
se reserant. Sed si scissus tremulusque vacillet
cardo, rigent propriumve negant delusa favorem
hostia: sic faciles aditus latronibus assunt.
In te pro parte magna se tota volutat
ianua christicoli lacerique et flebilis orbis.
Sustineas pondus constanter. Nullus amoris

11 presentas] presentans *ms.*
15 In stabili] instabili *ms.*

III

1. *Qui si allegano i versi che furono appesi nell'aula regia dove i cardinali erano stati chiusi in conclave nel Castel Nuovo a Napoli, giovedì 23 dicembre, per eleggere il nuovo sommo pontefice a seguito della rinuncia di Celestino V, che aveva rinunciato dieci giorni prima, il giorno della beata Lucia, nell'anno del Signore 1284, settimo del ciclo indizionale, vacante la sede apostolica per la rinuncia del suddetto Celestino.* 2. *Questi versi si rivolgevano a ciascuno dei cardinali che passava in quella parte dove erano appesi, per consigliare una decisione buona e rapida, come chiedeva la triste condizione del mondo.* 3. *Il poema si rivolge così a ciascun cardinale:*

[1-9] Quando ti alzi dal letto al mattino, con l'aurora che si diffonde nel cielo e le membra ritemprate dal sonno, se il caso vuole che venga qui passando per quest'aula e il tempo, scorrendo nell'inerzia, né ti diletta né ti giova, rivolgi qui per un poco i tuoi occhi, venerando padre: guarda, leggi, non avere in spregio il nostro poema. Non sono io la creazione ingannevole di una Musa in vena di lusinghe, che vuole accattivarsi il benevolo favore dei potenti, ma sono la pia supplica del mondo che piange.

[10-14] Cardine della Chiesa, che mostri nel nome la funzione propriamente detta di cardine materiale, sii nei fatti quel che significa la parola, oppure cambia nome. Ogniqualvolta infatti gli uomini fanno il contrario rispetto al nome che portano, ingannano con se stessi il proprio nome.

[15-19] Le porte che al momento giusto si aprono e si chiudono, ruotano fissate su un cardine ben saldo. Ma se il cardine vacilla, perché rotto o traballante, le ante rimangono bloccate e non svolgono la funzione che è loro propria: facile così l'accesso per i ladri.

[20-24] Sul tuo perno, che è quello fondamentale, ruota la porta del mondo cristiano afflitto e dolente. Sostienine il peso con fermez-

1-2 I primi due versi del carme, con scelta voluta, sono costruiti sugli inizi di inni cristiani, entrambi attribuiti a sant'Ambrogio nel *Breviarium Romanum*, da recitare rispettivamente *ad laudes* e *ad matutinum*: «Aurora iam spargit polum» (AH, 2, p. 34 n° 16 e 51, p. 34 n° 33) e «Somno refectis artubus / spreto cubili surgimus» (AH, 51, pp. 29-30 n° 25).

7 L'aggettivo «trutannicus» non è classico: Niermeyer 1976, p. 1047 *s.v.* trutanicus.

15 *cardine porte*: Stat. *Theb.* 7, 35.

affectus, nulla te frangat passio mentis,
quin claudi valeat, quin possit porta recludi.
Nam si lesa suum negat actum cardine fracto,
quomodo claudentur tenebre tot seditionum,
bella, mine, scelus, omne nephas, confusio mundi,
que debachari demolirique videntur
veras virtutum vites viresque virorum?
Nonne vides ollas succensas undique? Nonne
regna vides, quibus ipsa furens discordia regnat?
Nonne vides rutila Martis vexilla ferocis
iam campis pelagisque feras indicere pugnas?
Iam fragor armorum tremulus clangorque tubarum,
iamque fremens faleratus equus, iam mistica belli
signa patent animis, dextris properare videntur,
carbasa tensa micant et stridola frassinus optat
spumas miscere, iam presto est uncta carina
infestare fretum telis et tingere limphas
sanguine, ieiunis prebere cadavera cetis.
Iam, pater, in tantum gravis, effrenata, superba
crevit stultitia, presumit lubrica lingua,
ut pauci timeant, digne venerentur, adorent
ecclesiam matrem, sed ei quasi dicere multi
audent: «Descende, sedeas in pulvere, virgo».
Ergo, pater, succurre sibi; succurrere mundo
atque levare tuos oculos circumque videre
digneris. Vidua fac quod mater tua digno
sponso iungatur, ut ad ipsam iam tenebrate
pax et iustitia, lex et concordia clament:

25 fracto *corr. ex* frato *mg. manus A*
40 cetis] cete *ms.*

za. Nessuna forma di amore, nessuna passione dell'animo ti rechi danno al punto di impedire che la porta si apra o si chiuda.

[25-33] Infatti se la porta, danneggiata per la rottura del cardine, non riesce a svolgere la sua funzione, in che modo saranno rinchiuse le tenebre di cotante discordie, le guerre, le minacce, i delitti, ogni misfatto e la confusione del mondo, sciagure che sembrano dimenarsi e abbattere i tralci delle virtù autentiche e le forze degli uomini? Non vedi da ogni parte focolai accesi? Non vedi i regni dove è il furore della discordia a regnare? Non vedi i vessilli rutilanti dell'atroce Marte dichiarare per terra e per mare guerre efferate?

[34-40] Ecco, da far tremare, il fragore delle armi e il clangore delle tube, ecco il cavallo bardato che morde il freno, ecco si manifestano agli animi i mistici presagi della guerra; le destre sembrano aver fretta di armarsi, guizzano le vele spiegate e lo scafo stridendo vuol sconvolgere i flutti schiumosi, ecco s'apprestano la navi spalmate di pece a infestare il mare di dardi, a render le acque rosse di sangue, a offrire cadaveri a fameliche creature marine.

[41-45] Ecco dunque, padre, è cresciuta a tal punto la stoltezza grave, sfrenata e superba, a tanto ardire la serpe della maldicenza, che sono pochi coloro che temono, venerano e adorano degnamente la madre Chiesa. Al contrario molti osano dirle: «Scendi, siedi nella polvere, Vergine».

[46-50] Perciò, padre, vieni in suo soccorso: vieni in soccorso al mondo, degnati di alzare gli occhi e guardare tutto intorno. Fa' che la tua madre, ora vedova, si unisca a un degno sposo, così che pace e giustizia, legge e concordia, adesso relegate nelle tenebre, a gran voce si rivolgano a lei:

33 Il plurale di *pelagus* è molto raro nella classicità (*Thesaurus Linguae Latinae*, *s.v.* pelagus, -i); leggermente più frequente nel Medioevo: Niermeyer 1976, pp. 782-783 *s.v.* pelagus.

34 *fragor armorum*: Lucan. 1, 569. *clangorque tubarum*: Verg. *Aen.* 2, 313 e 11, 192; Lucan. 1, 237.

35 *mistica belli*: *cfr.* Alan. *Anticlaud.* 8, 368 «mystica bella».

37 *carbasa tensa*: *cfr.* Ov. *Her.* 10, 30. *stridola frassinus*: Claud. *Carm.* 3, 218.

38 *uncta carina*: Verg. *Aen.* 4, 398, che imita esametri di Ennio, citati da Macr. *Saturn.* 6, 1, 51 e Isid. *Etym.* 19, 1, 22.

42 *lubrica lingua*: Walther 1963-1969, n° 30706 «Sunt carnis famule tres: lubrica lingua, soluti / renes, ingluvies ambitiosa gule»; Math. Vindoc. *Tobias* 591.

45 Is. 47, 1: «Descende, sede in pulverem, virgo, filia Babylon».

«Consurgas! Consurge, Syon, tua fortia iura
accipe, letitie preciosas indue vestes.
Surge, sede, nostri dissolvas vincula colli
et fac quod gladii nostro de sanguine tincti
conflentur gratos in amici vomeris usus
inque frugis cupidam crudelis lancea falcem».
O pater, attende quod qui vult nubere natam
vitat eam pravo stolidoque iugare marito
plusque bono sapiens genero quam divite gaudet.
Ha, tu quid facies, qui matris spiritualis
coniugium tractas? Proprium miraberis haustum,
privatum fructum, terreni dona favoris,
vel talis tanteque tue solamina matris?
A quibus inquires pro tali coniuge sponsum?
Isti pastorem tibi quis monstrabit ovili?
Non caro, non sanguis – tibi consulo – consulat istic,
sed timor eterni sponsi terrorque malorum,
sedis honor, gregis utilitas incertaque mortis
hora, brevis vita, mens conscia, dura propinquis.
Ne sibi fur pennas alienas gracculus aptet,
scribentis nomen latet hic, sub nube locatum.
Principium tu tolle BOvis, caput accipe NAni;
conIUgis his medium coniunge pedemque periTUS:
ordine collectis simul his, in luce patebit
ipsius nomen. Qui si prolixus, ineptus
vel nimis obscurus aut audax forte videtur,
vestra sue fidei veniam clementia donet.

70 *add. mg. inf.*

[51-56] «Sorgi! Sorgi, Sion, riappropriati dei tuoi più alti diritti, indossa le vesti preziose della letizia. Sorgi, siedi in trono, sciogli le catene che ci stringono il collo e fa' che le spade, rosse del nostro sangue, si convertano al lieto impiego del fido aratro e la cruenta lancia nella falce avida di messi».

[57-65] O padre, bada che chi vuole dare in sposa la figlia evita di concederla a un marito malvagio e stolto: il saggio s'allieta più di un genero buono che di uno ricco. Ah, che farai tu che detieni l'ufficio di far convolare a nozze la madre spirituale? Mirerai alla tua necessità privata, al tornaconto personale, ai beni terreni oppure alla consolazione di una madre tanto grande e magnifica? Tra chi vai cercando il marito per tale sposa? Chi ti mostrerà il pastore di questo ovile?

[66-69] Né la carne, né il sangue – è il mio consiglio – siano i tuoi consiglieri, ma il timore dello sposo eterno e la paura del male, l'onore della sede, il bene del gregge, l'ora incerta della morte, la vita breve, la consapevolezza dell'animo inflessibile alle pressioni di chi ti sta vicino.

[70-77] Perché una gazza ladra non indossi le penne altrui, qui si nasconde il nome del poeta, velato da un enigma: porta via l'inizio di BOve, prendi la testa di NAno, congiungi le lettere mediane di conIUge con la fine di periTO. Riuniti insieme in quest'ordine, si rivelerà il suo nome. Se costui vi sembrerà verboso, maldestro, con uno stile troppo oscuro o ardito, la vostra clemenza conceda il perdono alla sua buona fede.

51-56 Is. 52, 1-3: «Consurge, consurge, induere fortitudine tua, Sion; induere vestimentis gloriae tuae, Hierusalem civitas sancti, quia non adiciet ultra ut pertranseat per te incircumcisus et inmundus. Excutere de pulvere, consurge, sede, Hierusalem, solve vincula colli tui, captiva filia Sion», e Is. 2, 4: «et conflabunt gladios suos in vomeres et lanceas suas in falces».

53 L'imperativo *surge* all'inizio di esametro è frequentissimo nella poesia classica, per es.: Verg. *Aen.* 3, 169; 8, 59; 10, 241; Ov. *Her.* 14, 73; *Met.* 11, 669; e pure in molti inni cristiani. Così incomincia anche il quinto componimento del *Diversiloquium*.

vincula colli: *cfr.* Verg. *Aen.* 2, 236; Ov. *Met.* 1, 631; 10, 381; Ov. *Tr.* 4, 1, 83.

54 *sanguine tincti*: *cfr.* Lucan. 7, 473; Ov. *Met.* 4, 107; 5, 293.

55 È curioso rilevare come la clausola esametrica *vomeris usus* non sia ignota alla poesia classica: ricorre infatti in uno dei carmi tràditi dal *Codex Salmasianus* (Par. lat. 10318) il *Iudicium coci et pistoris iudice Vulcano* di Vespa (v. 36). Si deve però escludere che Bonaiuto possa aver conosciuto la poesia in questione, la cui tradizione manoscritta è esilissima. Per il *Codex Salmasianus*: Spallone 1982.

69 *mens conscia*: Verg. *Aen.* 1, 604 «mens sibi conscia recti»; Ov. *Fasti* 1, 485 e 4, 311; Lucan. 7, 784; Stat. *Theb.* 1, 466 «mens sibi conscia fati»; Claud. *Carm.* 28, 593.

70 È un riferimento chiaro alla nota favola che ha per protagonisti la cornacchia e il pavone: Hervieux 1893, pp. 167, 210, 239 e 332.

IV

1. *Sequenti die veneris in vigilia nativitatis Domini post inclusionem dictorum cardinalium, missa Sancti Spiritus celebrata, creatus est in papam dominus Benedictus Gaietanus et vocatum est nomen eius Bonifacius VIII*[us]. 2. *Unde supradictus Bonaiutus apostrophat ad Spiritum Sanctum, ad cardinales et virtutes electi in summum pontificem cum allusione nominis ipsius et actionibus gratiarum de creatione tam celeri et salubri.*

Gratiarum actio vel applausus

Pange, sacer cetus, dubie post prelia mentis
insignem gratumque tua de voce triumphum,
et tu tende liram laudum, mea Musa, canendo,
taliter exclamans ad sacri flaminis ymbrem:
«O pie, magne, celer, o presto venire creator
Spiritus in mentes hominum te rite vocantum.
Non miror quondam si clausas ipse tenebas
aures, cum totiens patres, qui cardo notantur
mundi, te crebras missas celebrando vocabant,
nec festinus eras.
Non etiam miror, si nunc in luce sequenti
post simul inclusi devota precamina cetus
in sua directa celerem te corda dedisti;
quamvis tu spires ubi vis nemoque videre
unde venis vel quo vadis seu quando moveris
possit, credo tamen et certus nunc scio vere
quod potes impelli meritis precibusque rogantum,
ut citius venias, cum plus tardare videris;

IV

1. *Il giorno dopo l'inizio del conclave dei cardinali, venerdì, la vigilia di Natale, una volta celebrata la messa dello Spirito Santo, è stato eletto papa Benedetto Caetani, che ha preso il nome di Bonifacio VIII.* 2. *Bonaiuto allora si rivolge allo Spirito Santo, ai cardinali e alle virtù di colui che è stato eletto sommo pontefice, facendo allusione al suo nome e rendendo grazie per l'elezione tanto celere e foriera di salvezza.*

Ringraziamento o applauso

[1-6] Magnifica col tuo inno, sacro collegio, l'inclito e fausto trionfo dopo i dilemmi della mente sospesa nel dubbio, e tu, Musa mia, accorda la cetra per modulare il canto di lode, rivolgendoti con queste parole alla grazia stillante dello Spirito Santo: «O Spirito Creatore, pietoso, grande e sollecito, pronto a venire nelle menti degli uomini che ti supplicano secondo il rito!

[7-10] Non mi meraviglio se un tempo non hai prestato loro ascolto, quando tante volte i padri, che sono segnati a dito come il cardine del mondo, celebrando una messa dopo l'altra, ti supplicavano, e non sei stato sollecito nel manifestarti.

[11-18] Nondimeno mi meraviglio se adesso, addirittura soltanto un giorno dopo, a seguito delle devote preci degli stessi chiusi in conclave, non hai indugiato a donarti ai loro cuori sinceri. Sebbene tu spiri dove vuoi e nessuno possa vedere da dove vieni e dove vai o quando ti muovi, credo tuttavia, e ora davvero sono convinto, che tu possa essere sollecitato dai meriti e dalle preghiere di chi ti invoca a venire più solerte, proprio quando sembri tardare.

1 L'*incipit* del carme richiama il celebre «Pange, lingua, gloriosi proelium certaminis» di Venanzio Fortunato (*Carm.* 2, 2, 1) ovvero l'inno di san Tommaso per la festa del *Corpus Domini*, «Pange, lingua, gloriosi / corporis mysterium» (AH, 50, p. 586 n° 386). *prelia mentis*: *cfr.* Lucan. 1, 262 «dubiae in proelia menti».

3 *cfr.* Ov. *Ars* 3, 790.

5-6 Evidente il riferimento all'inno «Veni, creator Spiritus»: AH, 50, pp. 193-194 n° 144.

6 *rite vocantum*: Lucan. 7, 168 «rite vocasti».

14-15 Io. 3, 8: «Spiritus ubi vult spirat et vocem eius audis et non scis unde veniat et quo vadat».

si vox pura sonet nec in se rauca reflectat,
sed spandat cordis sonitus ad publica mundi
munera, tunc facilis tua te dulcedo negare
nescit, sed mentes illustras luce, favore
prosequeris, grato successu vota petentis
exsuperas. Iam nunc omnes sine nube videre
hoc possunt, dum te cito nunc tetigisse videmus
linguas pontificem benedictum voce creantes».
Sit benedicta dies et sit benedicta voluntas,
que reserare virum voluit mundo benedictum.
Nomine tunc Benedictus erat, nunc re benefactor,
ut primum nomen monstrat monstratque secundum.
Sed quamvis sepe fuerit vel semper utrumque,
scilicet et faciens et dicens omnia recte,
nunc tamen ad celsa crevit cum nomine virtus
totque gradus bonitas auxit quot iuncta potestas.
Credidit hoc sanctum flamen, cum corda vocantum
afflavit properans, solitum persepe morari.
Credidit hoc cetus qui talem pretulit orbi.
Credunt hoc reges, populi magnique pusilli,
precipue qui plene sui penetralia cordis
noscunt, unde suos equales hec tria cursus
sumunt: latus amor, opus altum, lingua profunda.
Ille quidem iustus, illud commune, sed illa
edificans vera tuba mentis et emula facti.

[19-24] Se la voce risuona pura e non riverbera in sé roca, ma diffonde a beneficio del mondo il canto del cuore, allora la tua dolcezza benevola non sa negare la tua presenza: illumini le menti con la tua luce, le accompagni col favore, vinci le preghiere di chi ti invoca esaudendole felicemente.

[24-26] Oramai tutti possono vedere senza velo alcuno, proprio ora che con sollecitudine hai toccato – lo vediamo – le labbra che eleggono il pontefice benedetto».

[27-30] Sia benedetto il giorno e sia benedetta la volontà, che volle dischiudere al mondo un uomo benedetto. Allora era Benedetto di nome, ora è benefattore di fatto: il primo nome lo rende manifesto e manifesto lo rende il secondo.

[31-34] Ma sebbene tante volte o sempre l'uno e l'altro lo sia stato – s'intende sempre retto negli atti e nelle parole –, adesso tuttavia la virtù col nome è cresciuta in altezza e tanti gradi è ascesa la bontà quanto la potestà a lei congiunta.

[35-43] Ha creduto così lo Spirito Santo, quando è spirato repentino nel cuore di chi lo invocava, lui che tante volte si fa attendere. Questo ha creduto il sacro collegio, che ha posto a guida del mondo un uomo così grande. Credono così i re e i popoli, grandi e piccoli, soprattutto coloro che conoscono a fondo l'intimo del suo cuore, donde prendono il loro corso queste tre qualità: la generosa carità, l'altezza dell'operare e la profonda eloquenza. La prima ne rivela il senso di giustizia, la seconda la sua portata universale, e la terza, edificando, è espressione verace della sua anima e fa corrispondere le parole ai fatti.

18 Hab. 2, 3: «quia veniens veniet et non tardabit»; Hebr. 10, 37: «Adhuc enim modicum quantulum: qui venturus est veniet et non tardabit».

20-21 *cfr*. Ov. *Met*. 6, 351 «ad publica munera veni».

27 Il biblico Ier. 20, 14: «Maledicta dies, in qua natus sum, dies, in qua peperit me mater mea, non sit benedicta» appare qui completamente capovolto. È comunque tema frequente nel Medioevo latino e romanzo: Vitaletti 1919; si pensi, su fronti opposti, ad Arrigo da Settimello, *Elegia* 1, 240-241: «Sit maledicta dies, in qua concepit et in qua / me mater peperit, sit maledicta dies...»; e al sonetto del Petrarca «Benedetto sia 'l giorno, e 'l mese, et l'anno» (*RVF* 61, 1).

38 *magnique pusilli*: Apc. 19, 5: «Laudem dicite Deo nostro omnes servi eius et qui timetis eum, pusilli et magni».

39 *penetralia cordis*: clausola già utilizzata a I 140.

O decus ecclesie, spes o suprema ruentis,
orbis et Urbis apex, o digna corona senatus,
si tu vis que scis, quin si potes omnia que vis,
omnia que superant homines et in ordine fient,
accipiat grates virtus splendorque paterni
luminis infusi per amici pectora cetus.
Accipiat grates ipsorum provida patrum
publica discreta simplex unita voluntas.
Accipiant grates Benedicti gratia virtus
dos meritum genus ordo animus sors blanda, celebris
fama, decens vita, laudum penetrabile nomen,
qui bonitate sua tot corda coegit in unum.

50 Accipiat] Accipiant *ms.*

[44-49] O alto onore della Chiesa, o speranza ultima di chi cade, somma autorità dell'orbe e dell'Urbe, corona degna del senato, se davvero la tua volontà corrisponde alla tua sapienza, anzi, se il tuo potere esaudisce ogni tua volontà e ogni desiderio che trascende le facoltà umane e quanto avviene secondo il corso del secolo, si renda grazie alla virtù e allo splendore della luce che procede dal Padre, infusa nei cuori del conclave a te favorevole.

[50-55] Si renda grazie alla volontà di questi padri, provvida, universale, ponderata, unanime e concorde. Si renda grazie alla grazia, alla virtù, ai talenti, al merito, alla stirpe, al rango, al cuore, alla buona sorte, alla fama luminosa, all'onestà della vita, al nome che ne accoglie la lode, di Benedetto che in ragione della sua bontà ha messo d'accordo i cuori di tutti nell'unanimità della scelta.

44 Lucan. 7, 588: «O decus imperii, spes o suprema senatus».

45 *orbis et urbis*: *cfr*. Ov. *Fasti* 2, 684. Per il frequente motivo dell'«urbis et orbis honor» e simili nella poesia medievale, soprattutto epigrafica: Favreau 1997, p. 73. Si veda anche V 7.

48-49 Indispensabile il rimando all'inno «Splendor paterni luminis»: AH, 19, p. 16 n° 9.

53 *sors blanda*: nella stessa posizione metrica anche a IX 17. Val la pena di segnalare che il v. 9 dell'epitaffio per papa Niccolò III, salvato esclusivamente dal domenicano Francesco Pipino nel suo *Chronicon*, si chiude con le parole *sors blanda negavit*: Guardo 2008, p. 76.

V

1. *Gloriosa ipsius domini coronatione cum indicibili solennitate et gaudio celebrata, congratulatur ipsa poesis mundo, bonis viris et virtutibus, quia coronatus fit defensor et exaltator ipsarum.* 2. *Indicit exilium vitiis, fugam hereticis, penam hominibus pravis, timorem rebellibus, Saracenis tremorem; regibus concordiam, populis unitatem.* 3. *In fine commendat papalem bullam, que tanquam matura, provida et honesta, ante coronationis predicte solennia noluit apparere.*

Apostrophe

Surge, salus populi! Renovare vetusta prioris
conditio secli! Leteris, turba bonorum!
Ornetis thalamos, virtutes! Plaudite, nate
Ierusalem! Facite conventum leta canentes
cantica! Nam vester vindex protector amator
mistica festa pia sacra pallia sceptra coronam
sumpsit apostolici regni gregis orbis et Urbis.
Vos, inimica sibi, vitiorum tetra silete
agmina! Dormite, fraudes! Ypocrita, non plus
contristes faciem ieiunans ut videaris:
unge caput vultumque lava, quod es esse fatere!
Curre, giezita, cupidas asconde crumenas!
Tuque, rei sacre thesauri spiritualis
mercator, veteris et ceci Symonis heres,
quid facis? Abscede, fuge vel – michi crede – quiesce!

V

1. *Dopo aver celebrato con indicibile solennità e gioia la gloriosa incoronazione di Bonifacio, la poesia stessa si congratula col mondo, gli uomini probi e le virtù, poiché è incoronato papa chi le difende e conferisce loro lustro:* 2. *condanna all'esilio i vizi, mette in fuga gli eretici, commina la pena ai malvagi, incute timore nei ribelli, fa tremare i Saraceni; impone la pace ai re, l'unità ai popoli.* 3. *Alla fine loda la bolla papale che, saggia, tempestiva e giusta, non ha voluto mostrarsi prima del giorno solenne della suddetta incoronazione.*

Apostrofe

[1-7] Sorgi, salvezza delle genti! Rinnova i giorni passati del secolo che fu! Esulta di gioia, popolo di uomini probi! Ornate i talami, virtù! Applaudite, figlie di Gerusalemme, riunitevi in coro a intonare canti di gioia: infatti il vostro vindice, che vi protegge e vi ama, ha indossato le vesti mistiche, festanti, pie, sacre del regno apostolico, il pastorale del gregge e la corona dell'orbe e dell'Urbe.

[8-11] Voi, che fate lui guerra, lugubri coorti di vizi, tacete! Sopite, frodi! Tu ipocrita, non contristarti in volto a far mostra che osservi il digiuno: ungi il capo e monda la faccia, manifesta quel che sei veramente!

[12-15] Corri via, seguace di Giezi, nascondi l'avida borsa! E tu, che fai mercimonio del tesoro spirituale delle sacre cose, erede dell'antico e cieco Simone, che fai? Vattene, fuggi, oppure – dammi retta – placati.

1 *Surge*: *cfr*. III 53.

7 *orbis et Urbis*: *cfr*. Ov. *Fast.* 2, 684. E anche IV 45.

8-9 *vitiorum... agmina*: la stessa espressione si reperisce in S. Gregorii Magni *Expos. in Reg.* I, 5, 21 «quia ex uno gulae vitio innumera aliorum vitiorum agmina ad conflictum animae producuntur».

10-11 Qui Bonaiuto trasforma in esametri le parole del vangelo di Matteo, Mt. 6, 17-18: «Tu autem cum ieiunas unge caput tuum et faciem tuam lava, ne videaris hominibus ieiunans».

12 L'aggettivo *giezita* deriva dal nome biblico di Giezi ed è sinonimo di simoniaco, e in questo significato è usato spesso nei *Carmina Burana* (*Carmina Burana* 1930, p. 13). Giezi, servo di Eliseo, con la menzogna si era impadronito di alcune generose offerte del generale siriano Naaman, guarito da Eliseo, che aveva rifiutato i donativi, e per questo era stato condannato a soffrire, lui e la sua stirpe, di quella lebbra da cui Naaman era stato guarito (IV Reg. 5).

Arrie, si vulpes inter sarmenta latentes
pro botris domini sugendis forte locasti,
consulo quod revoces, si non vis ut capiantur.
Nam «Vulpes capite» nobis iam dicere cepit
iste coronatus rex, papa, vicarius alti
regis. Sunt multe vulpesque lupique rapaces,
sed puto quod multi fraudemque gulamque domabunt,
si non virtute, saltem formidine pene.
Ergo superba lues, violentia, furta, rapine,
evacuate vias, colles, loca, pascua, valles,
menia, castra, fora, nemus, equora, litora, campos.
At vos, quos laxa peccare licentia iuvit,
ad sua devoti mandata venite, rebelles,
vel crebris foveis, muris et turribus altis,
armato pedite, soldato milite vestras
– sed quis fructus erit parvus? – componite terras:
est melior patris clementia iudicis ira.
Spero quod istarum quam vultis habere potestis.
Tu, genus indignum, proles o perfida Maumeth,
gens Arabum ceca, demens Babilonice civis,
o pharaonita, crucis hostis, spurcida sacre
belua fedatrix terre, blasphema deorum,
desine sevire, casus perpende propinquos.
Incipe scire metum, fera bestia, disce timere.

[16-26] O Ario, qualora tu abbia popolato la vigna delle volpi che si celano tra i sarmenti per suggere il mosto dai grappoli del Signore, ti esorto a richiamarle se non vuoi che vengano catturate. «Catturate le volpi!» cominciò infatti a ordinarci questo re incoronato, papa, vicario del re dei cieli. Sono molte le volpi e i lupi rapaci, ma sono convinto che molti sapranno dominare la loro natura fraudolenta e la gola, se non per amore della virtù, almeno per paura del castigo. Dunque peste superba, violenza, furti e rapine, abbandonate le strade, i colli, ogni luogo, i pascoli, le valli, le mura, i castelli, la piazze, le selve, la distesa del mare, le spiagge e i campi.

[27-33] Ma voi ribelli, cui la sfrenata licenza fu fomite del peccato, venite devoti a obbedire ai suoi comandi, oppure con molti fossati, mura e alti torrioni, fanti in armi o milizie al vostro soldo – ma a che varrà se non a poco? – presidiate le vostre terre: è meglio la clemenza del padre dell'ira del giudice! Spero che possiate avere tra queste due alternative quella che desiderate.

[34-39] E tu, stirpe indegna, perfida genia di Maometto, cieca gente d'Arabia, folle popolo di Babilonia, schiatta d'Egitto, nemico della croce, lurida bestia che immondi la terra santa, o tu che bestemmi il cielo, cessa d'incrudelire, medita i casi imminenti: comincia a conoscere la paura, bestia feroce, impara cosa sia il timore!

23 *formidine pene*: Hor. *Epist.* 1, 16, 53; Claud. *Carm.* 5, 140; Prosp. *Epigr.* 43, 3 (*PL* 51, 511).

24 *furta, rapine*: *cfr.* Alan. *Anticlaud.* 8, 164 «Damna, doli, fraudes, periuria, furta, rapinae...». Il secondo emistichio di questo esametro ricorre, identico, anche in Rodolfo di Liebegg, *Pastorale novellum*, IV 17, 1472 (Orbán 1982, p. 243). Rodolfo comunque è di una generazione più giovane rispetto a Bonaiuto, studiò a Bologna nel 1294 e morì nel 1332; il suo *Pastorale novellum*, iniziato nel 1311 o nel 1313, venne compiuto, secondo la testimonianza esplicita del suo autore, dodici anni dopo.

27-33 Si può scorgere un riferimento alla lotta di Bonifacio VIII contro i Colonna.

29 *turribus altis*: Verg. *Aen.* 9, 470; 10, 121; Ov. *Her.* 16, 181; Stat. *Theb.* 11, 219.

32 *iudicis ira*: per es. Ov. *Pont.* 3, 3, 76 (non in clausola finale); Prud. *Perist.* 10, 811; Paul. Nol. *Carm.* 10, 297; ps. Prosp. *Prov.* 352 e 748; *Ecloga Theoduli* 308. La clausola finale *iudicis iram*, che è comunque molto frequente nel Mediovo latino, si reperisce nell'*Opus metricum* del cardinale Stefaneschi, nel *De canonizatione*, libro III, 180: Seppelt 1921, p. 122.

Ecce venit tempus, approximat hora tuorum
vindicte scelerum, quo planges mesta tuorum
spicula, tela, stolas, nostro cum sanguine lota,
potatumque vomes in nostra cede cruorem.
Seditiosa citam pacem vel fedus inite
regna, precor! Terre Sancte memorate ruinam!
Amodo tempus erit, nova pacis stella coruscat.
Lucet lux et ducit dux summusque sacerdos
amplam pacificis pacem, bellantibus artum
promittit bellum, non ut procedere possint
bella, sed pacis animum vexatio prestet.
Protinus, o reges, comites proceresque, ferocem
qui geritis mentem, qui bellica corda vicissim
nutritis, si vos ad pacem nulla movebit
utilitas, moveat sanctus iustusque, benignus,
magnanimus pastor, gladium qui vibrat utrumque,
magnanimus reget imperium pascetque benignus
ecclesiam. Sed sicut res et tempora poscent,
alter et alterius et uterque patebit utrique.
Plumbea que tantum latuisti bulla, patere
digneris, media nullis dignata videri,
ex quo laudanda, gravis et matura fuisti,
nulli prepropera, levis aut festina notanda.
Scis quod nulla potest nisi per te gratia fundi.
Te resera semperque nota quod fronte novellum
intitulata geris nomen; scis, est benefactor,
qui Benedictus erat, et tu benefacta videre,
ut benedicta queas vastum percurrere mundum,

55 utrumque] uitrumque *ms.*

[40-43] Ecco viene il tempo, è prossima l'ora della vendetta per i tuoi misfatti, quando piangerai mesta i dardi e le frecce dei tuoi arcieri, le vesti bagnate del nostro sangue e vomiterai quel sangue ch'hai bevuto in nostra strage!

[44-50] O regni in discordia, vi prego: trovate presto pace e stringetevi in alleanza! Ricordate la rovina della terra santa! Ecco verrà il tempo: brilla nuova la stella della pace. Come riluce la luce e conduce il condottiero, il sommo sacerdote promette lunghi tempi di pace ai pacifici e dura guerra ai guerreggianti, non perché le guerre procedano oltre, ma perché questa imposizione della pace sappia rinfrancare l'animo.

[51-58] Subito o re, nobili e conti, che siete crudeli nell'animo, che nutrite i vostri cuori facendovi guerra l'un l'altro, se nessun tornaconto vi muove alla pace, vi muova almeno il pastore santo e giusto, benigno e magnanimo: lui che vibra l'una e l'altra spada, governerà magnanimo l'Impero e, padre amorevole, pascerà la Chiesa. Ma, come imporranno i tempi e le circostanze, o l'uno o l'altro, o tutt'e due, si manifesteranno all'uno e all'altro.

[59-71] O bolla di piombo, che così a lungo non ti sei fatta vedere, degnati di far mostra di te. Non ti sei degnata di rivelarti ad alcuno impressa solo da una parte: per questo sei stata meritevole di lode, saggia e matura; nessuno ti biasima per essere arrivata prima del tempo, perché avventata e confezionata troppo in fretta. Sai bene che nessuna grazia può essere concessa, se non per mezzo di te. Manifestati e ricorda sempre il nome nuovo che porti impresso in fronte. Lo sai: è «benefattore», colui che una volta era Benedetto; e tu sembri appunto «ben fatta», in modo che «benedetta» possa

40 L'espressione «venit tempus» è frequente nella Bibbia: Ps. 101, 14; Ez. 7, 7 e 7, 12; Ag. 1, 2.

41-43 Questi versi sono in relazione ai coevi progetti di crociata: Rotelli 1982; Cardini 1997.

42 *sanguine lota*: è un'espressione, anche in clausola esametrica, che ha qualche fortuna nel Medioevo (anche se in autori apparentemente non conosciuti da Bonaiuto). Menziono appena che a inizio pentametro essa si trova in un carme in onore della martire Felicita attribuito falsamente a papa Damaso (v. 10): Ferrua 1942, pp. 251-253 n° 72[1].

43 *cede cruorem*: Claud. *Carm*. 3, 77.

55 Per il simbolo delle due spade: Zerbi 1993, con altra bibliografia.

59-71. Per il problema della semibolla ved. l'introduzione, pp. 44-45.

larga bonis et avara malis, sed prodiga sanctis
esto viris, vacuos reple, levians honeratos;
non hominum cupidos animos, sed conditiones,
dogma, fidem sortemque, gradus satiare labora.
Sed quid membranas vanus labor occupat iste?
Ille tuus dominus, cuius tu nuntia fies,
monstrat in effectu quod nullis indiget extra
consiliis. Radius celestis luminis ipsum
illustrat, propria sapientia consulit illi,
cui sit vita, salus, honor et laus, gloria semper.
Amen.

1. *Supradictos versus inclusionis cardinalium, creationis et coronationis pape dictus Bonaiutus eidem domino pape transmisit, prescribens ipsis carminibus epistolam infrascriptam.*

1. Epistola incertis receptoribus se committens. 2. Venerabili vel nobili viro alicui de astantibus domino nostro pape Bonaiutus de Casentino, cui terribilis est et inaccessibilis locus iste, cum devota recommendatione se ipsum. 3. In tabernaculo Dei offert unusquisque quod potest, ubi caprarum pili iuxta bissum et purpuram non vilescunt. 4. Hoc siquidem ego fretus exemplo, postquam alia non habui quibus possem perceptam de creatione novi summi pontificis demonstrare letitiam, quedam de mei ingenii paupertate metra componere ac etiam mittere nullatenus dubitavi, sperans quod in gazophilatium cum duobus minutis vidue inter magna divitum auri et argenti pondera misceantur. 5. Quare precor ut hec ipsi domino, ad cuius honorem facta sunt, cum congruum tempus et locum videritis, offeratis.

percorrere il mondo in lungo e in largo, generosa coi buoni e avara coi pravi; ma sii sempre prodiga verso gli uomini santi, ricolma di beni chi non ha nulla, solleva il fardello per chi è affaticato; non darti cura di saziare gli animi cupidi degli uomini, ma provvedi alla loro condizione, al dogma, alla fede, sostienine la sorte e i passi.

[72-78] Ma perché questa vana fatica ingombra le carte? Quel tuo signore, del quale sarai nunzia, mostra nei fatti che non ha bisogno di nessun consiglio esterno. Il raggio della luce celeste lo illustra, la sua retta sapienza lo consiglia: a lui il nostro augurio di lunga vita, salute, lode, onore e gloria sempre. Amen.

1. *Bonaiuto trasmise al pontefice medesimo il poema sul conclave dei cardinali, la nomina e l'incoronazione del papa, facendolo precedere dall'epistola che trascrivo qui di seguito:*

1. Epistola che si affida agli sconosciuti che la riceveranno. 2. All'uomo venerabile e nobile che si trova al cospetto del nostro papa, Bonaiuto da Casentino, a cui questo luogo è terribile e inaccessibile, raccomanda devotamente se stesso. 3. Ciascuno dona quel che può nel tabernacolo di Dio, dove non si spregia la pelle di capra accanto a porpora e bisso. 4. Dunque, confidando in questo esempio, dal momento che non ho avuto altro modo per dimostrare la gioia provata all'elezione del nuovo sommo pontefice, non ho esitato un istante a comporre dei versi, per quanto povero sia il mio ingegno, e a inviarli, sperando di fare come la vedova con i suoi due spiccioli in mezzo ai ricchi che gettavano nel tesoro grandi offerte d'oro e argento. 5. Per questo vi prego di offrire questi versi al vostro signore, in onore del quale sono stati composti, quando e dove lo riterrete opportuno.

77 *gloria semper*: Prud. *Apoth.* 286.

ep. 2 Gn. 28, 17: «pavensque: "Quam terribilis – inquit – est locus iste; non est aliud nisi domus Dei et porta caeli"».

3 Ex. 36, 14: «Fecit et saga undecim de pilis caprarum ad operiendum tectum tabernaculi»; Ex. 36, 37: «Fecit et tentorium in introitu tabernaculi ex hyacintho, purpura, vermiculo, byssaque retorta opere plumarii». E anche Ex. 35, 6 e 23.

4 Lc. 21, 1-2: «Respiciens autem vidit eos qui mittebant munera sua in gazofilacium divites; vidit autem et quandam viduam pauperculam mittentem aera minuta duo».

VI

1. Magistro Accursino, domini pape physico, Bonaiutus se ipsum. 2. Interdum desiderat providentia dominorum aliqua etiam ludicra, quibus et levius vigilie pondera portent et sompni nocui blandimenta declinent. 3. Audivi siquidem heri quod sanctissimus pater, dominus noster, debeat medicinari vel minutionem hodie celebrare; 4. in cuius honore quendam ympnum in persona cuiuslibet minuentis et quandam sequentiam pro die medicine cum suis duplicibus non tamen hic positis notis componere festinavi, ut ea sibi, si vestre discretioni videbitur, ostendatis. 5. Credo enim quod scribentem vel ut devotum laudabit, vel ut fantasticum, quod citius posset esse, ridebit. 6. Ex horum tamen altero, reverentie sanctitatis sue dignitate servata, per aliquantillum temporis spatium circumvento sopore, iocose forsitan sue poterit adulari vigilie.

Hec medela corporalis
fructum det spiritualis
amoris et gaudii.

Sic laventur intestina,
quod se purget et sentina
mentis omni crimine.
Tunc est digna cura cutis,
quando munus fert salutis
in utroque homine.
Cum servatur sensitiva
virtus et intellectiva,
viget spes solatii.

Sponte factus alvi fluxus
omnes stringat mentis luxus,
spiritum fortificet.

ep. 2 ludicra] ludrica *ms.*

VI

1. Al maestro Accursino, medico del papa, Bonaiuto raccomanda se stesso.
2. Di tanto in tanto un signore saggio desidera anche qualcosa di divertente, che riesca sia a rendere più lievi gli impegni della veglia, sia a fugare le lusinghe del sonno pernicioso. 3. Poiché ho sentito che ieri il padre santo, nostro signore, doveva essere sottoposto a una purga e che oggi gli dev'essere praticato un salasso, 4. in suo onore ho composto in tutta fretta una sorta di inno nella persona del salassato e una particolare sequenza per il giorno della purga, corredata dalla notazione musicale a due voci (tuttavia non copiata qui), perché possiate mostrarglieli se vi sembrerà opportuno. 5. Credo infatti che o loderà l'autore per la sua devozione o lo deriderà – ipotesi più verosimile – perché fuori di senno. 6. Tuttavia nella seconda delle alternative, nel pieno rispetto della dignità e riverenza per la sua santità, poco prima che prenda sonno, questo carme potrà forse giocosamente lusingare la sua veglia.

Questa medicina corporale
dia il suo frutto spirituale
di amore e di gioia.

Così si lavino le intestina
e dell'anima la sentina
si purghi d'ogni male.
Bene è allora curare la cute:
porta in dono la salute
nell'uomo carnale e spirituale.
Se si serba la virtù sensitiva
assieme a quella intellettiva,
forte è la speranza di letizia.

Liberare spontaneamente del ventre il flusso
imprigioni dell'anima ogni lusso,
lo spirito rinvigorisca.

ep. 2 *nocui*: così si legge nel codice; *somnivocum* nella trascrizione di AH, 50, p. 17; *noctis* in quella di Vecchi 1960, p. 518. La lezione manoscritta, a mio giudizio, va rispettata: l'aggettivo *nocuus*, nocivo, dà un senso più che accettabile.

Cum sit omnis caro fenum,
contempnenda sicut cenum,
semper se vilificet.
Optet tamen sanitatem
vel conservet facultatem
divini servitii.

Qui membrorum spernit curam,
mentem habet ille duram,
nec scit quod Altissimus
dedit opem sic vicinam,
cum creavit medicinam,
quam de terra carpimus.
Fecit hoc ut famuletur,
non ut caro dominetur,
vel sit serva vitii.

Scimus bene quod ancilla,
si sit languens, intranquilla,
debilis et morbida,
nequit domine servire,
presto plus est impedire,
impotens et trepida.
Corpus ergo sic se servet,
quod vigorem non enervet
spiritalis studii.

Ille demum qui sanabat,
dum per mundum ambulabat,
corpus, sensum, animam
omnis qui tunc egrotaret
et ad eum conclamaret
in vocem humillimam,
nobis sit summa medela,
salus, vita, lux, tutela
nostri desiderii.

Amen.

Null'altro è la carne che erba disseccata:
come il fango dev'essere spregiata,
sempre la si svilisca.
Cerchi però la sanità
e conservi la facoltà
di servire Dio.

Chi del corpo disprezza la cura,
è costui di cervice dura,
e non capisce che l'Altissimo
ha dato una ricchezza così vicina,
quando creò la medicina,
che dalla terra la cogliamo.
Volle che al suo giogo si piegasse,
non che la carne dominasse
o fosse schiava del vizio.

Sappiamo bene che l'ancella,
se fannullona o bricconcella,
se fiacca o malata,
la sua signora non può servire,
ma più spesso infastidire,
se debole o agitata.
Il corpo dunque così si serbi sano,
perché il vigore non perda invano
del celeste studio.

Colui insomma che risanava,
quando per il mondo camminava,
il corpo, i sensi e la mente
d'ognuno che s'ammalava
e a lui pregava
con voce deferente,
sia per noi la più grande cura,
salute, vita, luce e tutela sicura
d'ogni nostro desiderio.

Amen.

II 4 *caro fenum*: Eccli. 14, 18; Is. 40, 6; I Pet. 1, 24.

VII

Sanguis demptus
et retemptus
nos servet in letitia,
qua optetur
et prestetur
eterna celi gloria.

Cruor fusus
prestet usus
recogitande gratie,
quam dedisti
cruce Christi,
summe Deus clementie.

Ictus vene
prius plene
nos excitet interius,
ad hoc clamat,
qui nos amat,
ales diei nuntius.

Cesa fibra,
homo, libra
agni cruenta vulnera,
si dolebis,
possidebis
eterna Christi munera.

Recolamus,
dum pausamus,
post levem haustum sanguinis,

III 4 hoc] ho* *ms.*

VII

Il sangue sgorgato
e poi bloccato
ci serbi in letizia,
per la quale sia sperata
e conquistata
del cielo l'eterna gloria.

Il sangue effuso
disponga al buon uso
di meditare la grazia
che ci hai donato
con la croce di Cristo,
Dio di somma misericordia.

L'incisione della vena
dapprima piena
ci solleciti nel segreto del cuore:
a questo chiama
colui che ci ama,
il gallo che annunzia il giorno.

Avendo la carne lesa,
o mortale, soppesa
le piaghe cruente dell'agnello:
se dolore proverai,
in possesso avrai
i doni eterni di Cristo.

Ricordiamo,
quando riposiamo
dopo un piccolo salasso,

I 6 *eterna celi gloria*: AH, 51, pp. 32-34 n° 32.

II 6 *summe Deus clementie*: AH, 51, pp. 30-31 n° 30.

III 6 *ales diei nuntius*: è l'inizio dell'*hymnus ad galli cantum* di Prudenzio (*Cathem.* 1, 1).

IV 6 *eterna Christi munera*: inno attribuito a sant'Ambrogio, AH, 50, p. 19 n° 17.

quantum cesus
fuit Ihesus
consors paterni luminis.

Demptis venis
nimis plenis,
mundetur mens medullitus,
ut clamemus
et cantemus:
«Veni, creator Spiritus».

Ne impugnet
vel expugnet
nos veteranus proditor,
nos minutos
fac imbutos,
immense celi conditor.

Arteriis
datis viis
pro corporis potentia,
meditemur
et lucremur
eterna nobis gaudia.

quante ferite
Gesù ha patite,
che partecipa della luce del Padre.

Svuotate le vene
troppo piene,
nel profondo sarà mondato il cuore:
così esulteremo
e canteremo:
«Vieni Spirito creatore».

Affinché non ci impugni
ovvero ci espugni
l'antico ingannatore:
noi uomini fragili
rendi incrollabili,
del cielo immenso creatore.

Concesso varco prezioso
al flusso arterioso
perché al corpo porti sanità,
mediteremo
e meriteremo
del cielo l'eterna felicità.

V 6 *consors paterni luminis*: AH, 51, p. 28 n° 26.
VI 6 *Veni, creator Spiritus*: AH, 50, pp. 193-194 n° 144.
VII 6 *immense celi conditor*: AH, 51, p. 35 n° 35.
VIII 6 *eterna nobis gaudia*: AH, 51, p. 77 n° 91 «Beata nobis gaudia».

VIII

1. *Doctrinale carmen compositum ad laudem domini Bonifatii pape VIII facientis in vita sua propriam construi sepulturam et capellam in basilica principis apostolorum de Urbe.*

Discite, mortales, ex nunc mollire rigorem
mortis et applausum fragilis contempnere vite.
Dum vivis, moriture, precor moriaris, ut inde
liberius vivas. Securus vivere si vis,
semper crede mori. Vis vitam visque salutem?
Iam te funus habe, iam te mirare cadaver,
exequias iam cerne tuas, te vermibus escam
sponte para. Tyria vilescit purpura, saccus
gratus erit. Pompam fugies, calcabis amorem
terreni fructus, fluctus fletusque placebunt.
Ecce pater patrum, divini pastor ovilis,
puppis apostolice remex, vigil arbiter orbis,
nec non terrenus eterne claviger aule,
papa Bonifacius, decedere gaudia vite
incerteque videns discrimina vivere mortis
marmore terrenum, meritis celeste, sepulcrum
construit, ut vigilans hoc expectamine placet
implacidam mortem, que furis more latenter

VIII

1. *Poema dottrinale composto in lode di papa Bonifacio VIII, che in vita ha fatto erigere il proprio monumento sepolcrale e una cappella nella basilica del principe degli apostoli di Roma.*

[1-5] Imparate d'ora innanzi, mortali, a placare il terrore della morte ineluttabile e ad avere in spregio il plauso della vita che fugge. Mentre sei vivo, mortale, prego che tu muoia, così che tu possa vivere più libero. Se vuoi vivere in pace, confida in ogni istante di morire: la vita vuoi e vuoi la salvezza?

[6-10] Eccoti nella bara, ecco rimira te stesso cadavere, sii spettatore delle tue esequie, apprestati di buon grado a farti esca per i vermi. Non val più nulla la porpora tiria, sarà grata la veste di sacco. Fuggirai il fasto, calpesterai l'amore per i beni terreni, versare profusione di lacrime sarà diletto.

[11-20] Ecco il padre dei padri, pastore del gregge di Dio, nocchiero della nave degli apostoli, giudice solerte del mondo e custode in terra delle chiavi del regno eterno, papa Bonifacio, consapevole che volgevano alla fine le gioie della vita e incombeva il periglio della morte – incerta è la sua ora –, fece costruire il suo sepolcro di marmo in terra e di buone opere in cielo, perché, vigile in questo tempo di attesa, placasse la morte implacabile che, alla stregua di un ladro,

1 *Discite*: molti poeti della classicità iniziano i propri versi con l'imperativo *Discite*. Con le parole «Discite, mortales, fidei nihil esse quod obstet» comincia un carme di Venanzio Fortunato in onore della basilica di San Martino (*Carm.* 1, 7).

mollire rigorem: Claud. *Carm.* 8, 593.

5 *crede mori*: *cfr*. Prud. *Apoth.* 1, 1055.

7 *vermibus escam*: la stessa clausola, di qualche fortuna nel Medioevo latino, anche a IX 19.

11 *pastor ovilis*: *cfr*. Paulini Petricordiae *Vita Martini* 4, 150; Ven. Fort. *Carm.* 3, 11, 3; 5, 8b, 3 e *Vita Martini* 1, 420.

12 *arbiter orbis*: *cfr*. per es. Sedul. *Carm. Pasch.* 4, 165; Arator *Act.* 1, 450; Ven. Fort. *Carm.* 4, 26, 91 e *Vita Martini* 2, 478.

13 *claviger aule*: questa clausola finale ebbe una qualche fortuna nella poesia mediolatina, soprattutto nell'Alto Medioevo.

14 *gaudia vite*: per es. *Disticha Catonis* 2, 3, 2 e 4, 17, 2; Prud. *Symm.* 2, 908; Prosp. *Epigr.* 37, 1 (*PL* 51, 509).

18 *furis more*: Mt. 24, 43 e Lc. 12, 39.

circuit, ut sompno mersos in Tartara mergat,
insompnesque minus ledat vel tempora tardet.
At vos, qui gratam Romane prosperitatem
Ecclesie, treuguas in bellis, federa regum
et crucis effectum cupitis mundique quietem,
hanc orate, precor, tumbam servare nitorem
virginis et longum nomen retinere puelle,
ne velut ingrata celeret factura benignum
factorem glutire suum, multos sed in annos
expectet donec velit illam sponte repleri.

28 illam] illa *ms.*

s'insinua di soppiatto e immerge nel Tartaro chi è immerso nel sonno, mentre al contrario offende meno chi è desto o ritarda la sua venuta.

[21-28] Ma voi, che avete a cuore il fausto avvenire della Chiesa di Roma, le tregue nelle guerre, la concordia tra i regni, la vittoria della croce e la pace nel mondo, pregate, v'imploro, che questa tomba serbi la sua purezza di vergine e preservi a lungo la fama di casta fanciulla, perché non faccia come la creatura ingrata che ben presto inghiotte il suo benevolo creatore, ma attenda tanti anni il momento in cui egli vorrà di buon grado riempirla delle sue spoglie mortali.

19 *Tartara mergat*: Prud. *Psych*. 90 «animas in tartara mergis».

22 *federa regum*: Lucan. 2, 2 «federa rerum».

28 La correzione del tràdito *illa* in *illam* si impone, non soltanto per questioni di ordine metrico, ma anche di significato: in questo modo soggetto sottinteso di *velit* è lo stesso Bonifacio.

IX

1. *Epitaphium inclite memorie domini Rofredi comitis Caserte, predicti domini pape germani.*

Ille ego quem quondam fingebat vitrea mundi
gloria felicem, doceo nunc firmiter esse
fallacem plausum terrene prosperitatis.
Ecce ego Rofredus, quem mater Anania stirpe
de Gaietana produxit et auxit honore,
pridem quippe comes Caserte ac unicus almi
pontificis germanus eram, cui nomen in orbe
papa Bonifacius octavus, rite gubernans
sceptra orbis frenumque Herebi clavesque polorum;
nec solum tanti patris fratrisque fruebar
luce, sed in tota frondente propagine gratos
letitie flores fructusque ad vota legebam:
ex natis unus duo deque nepotibus altos
cardineos meruere gradus aliique vocari
hic pater, iste comes, varioque hic nomine dici;
nil vel pauca michi generis natura benigna
gratia de sursum, quasi nil sors blanda negarant,
nunc quasi delatus rapido torrente, relictis
omnibus his, vanesco latens hic vermibus esca.
O qui funereas pro me sumpsistis, amici,
vestes, qui celsa pulsatis sidera luctu,
discite, non gemite, quin Christo plaudite qui me
tunc, cum prosper eram, misera de valle vocavit.

1 fingebat] fingebant *ms.*
2 nunc *corr. ex* nun *mg. manus A*
6 ac *corr. ex* at *mg. manus A*

IX

1. *Epitaffio per Roffredo d'inclita memoria conte di Caserta, fratello del papa.*

[1-3] Sono proprio io quel che un tempo la gloria ingannevole del mondo, fragile come il cristallo, dipingeva felice, a insegnare ora con ferma convinzione essere vana chimera il plauso della prosperità terrena.

[4-9] Ecco sono io quel Roffredo, che l'alma Anagni dal nobile casato Caetani ha generato e cresciuto nell'onore; addirittura un tempo ero conte di Caserta e unico fratello del santo pontefice, che il mondo conosce col nome di Bonifacio VIII, il quale tiene a buon diritto nelle sue mani lo scettro del mondo, il freno degl'inferi e le chiavi dei cieli.

[10-15] Non solo godevo dello splendore di un padre e fratello così illustri, ma tra le fronde della mia discendenza coglievo fiori e frutti di felicità che esaudivano i miei desideri: uno dei miei figli e due dei miei nipoti ascesero all'alta dignità cardinalizia, altri furono designati chi senatore, chi conte e di vari titoli insigniti.

[16-19] Poco o nulla mi hanno negato la nobiltà di sangue e la grazia benigna del cielo, quasi nulla la sorte propizia. Ma ora, come travolto da rapido torrente, lasciati tutti questi beni mondani, chiuso qui nella tomba, mi dissolvo esca per i vermi.

[20-23] O amici, che vi siete vestiti a lutto per la mia morte, che fate risuonare le alte stelle del vostro cordoglio, vi funga da lezione, non versate lacrime! Tributate invece lode a Cristo che proprio allora, quand'ero felice, mi ha chiamato da quella valle di miseria.

1 Quest'*incipit*, come si è già avuto modo di rilevare, ricorda i presunti versi iniziali dell'*Eneide* virgiliana secondo la testimonianza di Servio e di Elio Donato: «Ille ego qui quondam gracili modulatus avena…».

1-2 *vitrea… gloria*: Bern. Morl. *Cont. mundi* 1, 989 «Gloria terrea, gloria vitrea, vitrea plane».

7 *nomen in orbe*: Ov. *Ars* 2, 740, ma non in clausola.

8 *rite gubernans*: *cfr*. Ven. Fort. *Carm*. 5, 9, 6; *Mart*. 1, 125; *Ecloga Theoduli* 348.

17 *sors blanda*: espressione già incontrata a IV 53.

19 *cfr*. VIII 7.

20-21 *funereas… vestes*: *cfr*. Ov. *Fast*. 3, 214.

21 *celsa… sidera*: per es. Stat. *Theb*. 7, 4-5; 8, 61. *sidera luctu*: Claud. *Rapt. Pros*. 2, 240 «… et tanto damnavit sidera luctu?».

X

1. *Lamentabile carmen de morte bone memorie domini Benedicti Gaitani novelli, Sancti Adriani diaconi cardinalis, nepotis supradicti domini Bonifatii pape VIII, de quo inter ceteras gratias sibi divinitus attributas hec non est omittenda silentio.* 2. *Nam licet florida iuventute rerumque prosperitate frondescens blanda prolixioris vite spatia crederetur appetere, immature tamen mortis occursum in ipso extremo sue egritudinis et nature duello non cum dolore, sed cum magno mortis desiderio salutisque fidutia dicitur expectasse.*

O Deus, excelsi stabilis regnator Olimpi,
cur adeo facilis dare magna, sed ipsa tueri
es tam difficilis? O mors, cur mortua non es,
que sic prompta rapis quos etas, gloria, virtus
victuros cupiunt, moribundos, egra, requirens?
Ecce virum quem celsa domus Gaitanica mundo
protulerat tanquam florem pomumque novellum;
quem mores, quem vita, genus, studiosa iuventus
blandus honos rerum, laudum tuba, pilleus ardens
cardineus, quem tam nomen quam res benedictum
clamabant, veluti tenero de cortice virgam,
de carnis tunica sic sic festina tulisti.
Qui licet ista libens bona vilia linqueret, alto
lumine suffultus, velletque ad sidera solvi,
non debebat adhuc tam florida planta recidi.

5 requirens] *fortasse* relinquens

X

1. *Compianto funebre per la morte del cardinale diacono di Sant'Adriano, nipote di papa Bonifacio VIII, Benedetto Caetani novello di buona memoria. Tra le tante virtù a lui concesse da Dio, questa non deve passare sotto silenzio:* 2. *sebbene infatti nel pieno rigoglio di una giovinezza florida e felice si credesse destinato ad approdare ai lidi ameni di una lunga vita, tuttavia, come si racconta, alla fine della sfida contro la malattia e contro la natura, egli attendeva d'incontrare la morte acerba non con dolore, bensì pervaso dal grande desiderio di morire e confortato dalla speranza della salvezza.*

[1-5] O Dio, sempiterno re dell'eccelso Olimpo, perché sei così munifico nel dispensare magnifici doni, ma così parco nel preservarli? O morte, perché non sei tu a morire, tu che sei così zelante a rapire coloro che il fiore degli anni, la gloria e la virtù vorrebbero destinati a lunga vita, mentre li reclami, madre d'affanni, nell'agonia dell'ora estrema?

[6-12] Ecco che tu d'un tratto hai carpito dalla veste della carne, come un virgulto divelto dalla tenera corteccia, l'uomo che la nobile casa Caetani ha dato in dono al mondo come un fiore e un frutto novello, che i costumi, la vita, la stirpe, la gioventù dedita agli studi, il benevolo favore della sorte, la tuba delle lodi, il rosso berretto cardinalizio, colui che tanto il nome quanto le gesta proclamavano Benedetto. [13-15] Benché desiderasse lasciare i vacui beni del mondo, confortato dall'alto lume, e volesse sciogliersi dai legami terreni verso il cielo, non avrebbe dovuto essere reciso un germoglio sì rigoglioso!

rubr. 2 Benedetto Caetani in realtà era cardinale dei SS. Cosma e Damiano, come già si è visto.

1 *regnator Olimpi*: Verg. *Aen.* 2, 779; 7, 558; 10, 437; Stat. *Achill.* 1, 588 e *Theb.* 8, 41; *Ilias Latina* 345.

2-3 Lucan. 1, 510-511 «o facilis dare summa deos eademque tueri / difficilis».

3 *O mors, cur mortua non es*: Ven. Fort. *Carm.* 4, 21, 13; *Mart.* 1, 154; Gaufr. Vinos. *Poetria* 387 «... Esses utinam, mors, mortua!».

4 *gloria, virtus*: frequente in poesia, fin dai classici, l'accoppiata *gloria* e *virtus* (in clausola finale di esametro abbastanza attestata nel Medioevo, per es. *Ecloga Theoduli* 185).

11 *cortice virgam*: Ov. *Met.* 1, 122 «cortice virgae».

Heu, iactura gravis! Sed in ipsa quippe docemur
quanta fides isti vite sit danda fluenti
quamque fugit risus, quam regnat lacrima mundi.
Hunc igitur, benedicte Deus, benedic Benedictum
et benedicatur hoc orans pro Benedicto.

[16-18] Ahimè, tremenda sciagura! Tuttavia in questa disgrazia dobbiamo davvero imparare quanto poco ci si possa affidare a codesta vita che scappa di mano, come il sorriso fugga via e come il pianto regni sovrano nel mondo.

[19-20] Dio benedetto, benedici dunque questo Benedetto e sia benedetto chi prega per Benedetto.

16 *iactura gravis*: Ps. Cato *Dist.* 4, 36, 1.

18 Gaufr. Vinos. *Poetria* 430 «Quam brevis est risus, quam longa est lacrima mundi».

XI

1. *Ad idem leonice et brevius.*

Testes sunt natale genus mentisque ducatus,
virtus cana, virens etas, amor immaculatus,
sensus nativus studiis meritisque levatus
cardineus titulus, qui sic iacet hic tumulatus,
quod fuit is recte Benedictus in orbe vocatus
et benedictus adest in celo glorificatus.

XI

1. *Allo stesso destinatario un carme più breve in esametri leonini.*

Testi sono la nobiltà dei natali e l'animo ben guidato,
la virtù senile, il fiore degli anni, l'amore immacolato,
l'indole, gli studi benemeriti che l'hanno elevato,
il titolo cardinalizio: così giace, qui tumulato,
chi a buon diritto nel mondo Benedetto fu chiamato
e benedetto è ora assiso in cielo glorificato.

XII

1. *Hec est quedam expositio sive collatio vel potius dilatatio laudis beate Virginis, quam fecit dictus B. super ista antiphona: «Ave, regina celorum».*

Ave,	quam salutat ecclesia, quam adorant sanctorum agmina, quam implorant sexuum genera.
regina	regiis adornata natalibus, Regi regum desponsata divinitus, regnans in ethere collocata sublimius.
celorum.	quia supra celos ascendisti, quia plus quam celi contulisti, quia celi factorem peperisti.
Ave,	que pie respicis salutantes, que benigne audis ad te clamantes, que misericorditer dirigis oberrantes.
domina	famulis non tardans premium, servis serviens mancipium, dans celeste gratis premium.
angelorum.	quorum estitisti munditie similata, quos fuisti virtutibus imitata, quos excessisti in gloria prelata.
Salve,	lapsus humani generis relevatrix, regalium mansionum illustratrix, rei et Iudicis mediatrix.
radix	stipitem salutis educens, misericordie ramos producens, vite fructus adducens.

XII

1. *Questa è una sorta di esposizione, ovvero una compilazione, o piuttosto una amplificazione della lode alla beata Vergine, che Bonaiuto compose sull'antifona: «Ave, regina dei cieli».*

Ave,	a te che la Chiesa saluta, a te che le schiere dei santi adorano, a te che uomini e donne implorano.
regina	di regi natali adornata, al Re dei re data in sposa per volere divino, che regni assisa nel più alto dei cieli.
dei cieli.	perché sopra i cieli sei assunta, perché più del cielo hai giovato, perché del creatore del cielo madre sei stata.
Ave,	a te che pietosa volgi gli occhi a chi ti saluta, a te che benevola ascolti chi t'invoca, a te che misericordiosa guidi i passi di chi si perde.
signora	che non tardi nel rendere ai tuoi servi il premio, che rendi la libertà ai tuoi servi, che con dono gratuito il cielo rendi in premio.
degli angeli.	alla cui purezza fosti assimilata, che nelle virtù hai emulato, che innalzata nella gloria hai superato.
Salve,	a te che l'umanità caduta hai risollevato, a te che la corte regale hai illustrato, a te che tra il reo e il Giudice hai mediato.
radice	che genera l'albero della salvezza, che produce i rami della misericordia, che dona i frutti della vita.

sancta,	propter naturam puritatis, propter conceptum deitatis, propter participium Trinitatis.
ex qua	velut de lanterna virginalis pudoris, velut de lucerna humilitatis amoris, velut de flamma caritatis ardoris.
mundo	culpe furoribus precipitato, pugne discriminibus concusso, pene suppliciis obligato.
lux	munus gratie demonstrans, modum victorie ministrans, quietis delicias insinuans.
est orta.	in forma servitutis, in substantia humanitatis, in excellentia divinitatis.
Gaude,	affectu Patris a te sic amati, aspectu Filii sic de te nati, effectu fructus non in te seminati.
gloriosa,	ob virtutum generalitatem, ob gratiarum universitatem, ob glorie singularitatem.
super omnes	quas misera produxit humanitas, quas beata preelegit maiestas, quas mira ditavit in prole fecunditas.
speciosa.	decore sapientie, candore pudicitie, vigore confidentie.

x 1 lanterna] laterna *ms.*

santa,	per la natura di purezza, per aver concepito la divinità, per aver condiviso il mistero della Trinità.
dalla quale	come dalla lanterna di verginale pudore, come dalla lucerna d'umile amore, come dalla fiamma di caritatevole ardore,
nel mondo	nella follia del peccato precipitato, dalle minacce della guerra tribolato, al supplizio del castigo vincolato.
la luce	che il dono della grazia mostra, che la via della vittoria offre, che le delizie della pace instilla.
è sorta.	in forma di servitù, nella sostanza di umanità, nella perfezione di divinità.
Rallegrati,	per l'affetto del Padre da te così amato, alla vista del Figlio da te generato, per quel frutto in te verginalmente nato.
gloriosa,	per la globalità delle tue virtù, per l'universalità della tua grazia, per la singolarità della tua gloria.
sopra tutte le donne	che ha generato l'infelice umanità che ha prescelto la beata maestà, che ha reso madri la mirabile fecondità.
magnifica.	per lo splendore della sapienza, per il candore della pudicizia, per il vigore della fede.

Vale,	nobis olim nata soror nostra, nobis inde facta mater nostra, nobis fixa spes et salus nostra.
valde	cum sis mater ineffabilis, cum sis filia inestimabilis, cum sis virgo admirabilis.
decora	ex innata clementia, ex infusa gratia, ex servata obedientia.
et pro nobis	in mundi miseria constitutis, in peccati retibus obvolutis, in ignorantie caligine tenebratis.
semper	tempore delicti per conversionis inspirationem, tempore citationis per dilationis impetrationem, tempore sententie per nostre fragilitatis allegationem.
Christum	in se Deum et hominem, in te Filium et Patrem, in nobis ministrum et regem.
exora.	ut tue precis gratia nos illuminet, ut sua misericordia illuminatos conservet, ut conservatos in gratia ad gloriam suam levet.

Amen

Ti saluto, per noi un tempo nata sorella nostra,
per noi quindi fatta madre nostra,
per noi salda speranza e salvezza nostra.

mirabilmente perché sei madre ineffabile,
perché sei figlia incomparabile,
perché sei vergine mirabile.

bella di naturale misericordia,
di superinfusa grazia,
di serbata obbedienza.

e per noi nella miseria del mondo collocati,
nei lacci del peccato avviluppati,
nella caligine dell'ignoranza ottenebrati.

sempre nel tempo del delitto ispirando la conversione,
nel tempo della citazione ottenendo la dilazione,
nel tempo della sentenza allegando in difesa
la nostra fragilità.

Cristo in sé Dio e uomo,
in te Figlio e Padre,
per noi ministro e sovrano.

prega. perché la grazia delle tue preghiere ci illumini,
perché la misericordia di Dio illuminati ci serbi,
perché serbati nella grazia alla sua gloria ci innalzi.

Amen.

XIII

1. *Isti versus inventi fuerunt in diruitione Castri Columpne in lapide curiose sculti et ad spectaculum ordinati.* 2. *Quibus ipse Bonaiutus supradicto domino papa mandante, mutata sententia, sicut rei et materie mutatio requirebat, carmine redditivo respondit.*

Plaude, Columpna, statum cum sis sortita beatum,
precedens fatum, nomen tibi dat mage gratum.
Ecce tuta loco, cordis timore soluto,
discussa luto, nulli subiecta tributo,
discissis pannis multis odiosa tyrannis,
ex nostris annis studio relevata Iohannis.

1. *Responsio ad eosdem, servata non solum leonitate, sed vocabulis in locis principalibus versuum premissorum.*

Plange, Columpna, statum cum sis exuta beatum,
blasphemans fatum non re, sed ymagine gratum.
Iam privata loco stas nusquam crure soluto.
Es suppressa luto, sub vomeris acta tributo.
Fle scissis pannis, olim possessa tyrannis,
et cunctis annis ulules cum prole Iohannis.

1. *Ad idem aliter in eadem leonitate, sed diversis appositis dictionibus in predictis principalibus locis.*

Passa Columpna, satum semen, caput incineratum,
robur mactatum plangas propriumque reatum,
que prius adiuto residens et culmine tuto
a bove nunc muto sulcaris pascua bruto;
qui potuit dampnis et tot te mergere bannis
pellere de scannis? Elata propago Iohannis.

1. *Ad idem poetice, nulla leonitate servata.*

«Dic, ubi sunt bases? Ubi sunt capitella vel alta
menia? Terribiles muros turresque minaces

XIII

1. *Questi versi furono trovati in occasione della distruzione di Rocca Colonna: accuratamente incisi su pietra, facevano pubblica mostra.* 2. *Bonaiuto, per ordine del papa, mutato il senso così come imponevano la situazione mutata e la materia, replicò con dei carmi di risposta:*

Plaudi, Colonna, lo stato che la sorte per te volle beato,
anticipando il fato, ti dà un nome più grato.
Eccoti sicura al tuo posto, in cuore il timore dissolto:
d'ogni sorde depurata, d'ogni dazio sei affrancata.
Laceri erano i tuoi panni, sei ora invisa a tanti tiranni,
ma in questi nostri anni, sei rinata per voler di Giovanni.

1. *Risposta a questi versi nella quale non solo viene conservata la struttura leonina, ma anche la collocazione delle medesime parole nelle sedi principali dei versi sopra riportati.*

Piangi, Colonna, il tuo stato - ne sei stata privata - allora beato,
maledicendo il fato che non era, ma immaginavi, grato.
Privata ormai del tuo bene, starai per sempre in catene:
nel fango sei sprofondata, alla mercé del vomere lasciata.
Piangi, strappati i panni: un tempo soggiogata a tiranni,
leverai negli anni alti lai con la genìa di Giovanni.

1. *Risposta in versi leonini strutturati allo stesso modo, ma con parole diverse collocate nelle sedi principali.*

Piangi, afflitta Colonna, il seme generato, il capo in cenere consumato,
il vigore sacrificato e il crimine che hai perpetrato!
Tu che t'ergevi sulla cima, munita e sicura prima,
ora ti calpesta un bove muto, ridotta a pascolo d'animale bruto.
E chi in tanti danni t'ha seppellita, in lungo esilio bandita,
chi t'ha rovesciata dagli scanni? La schiatta superba di Giovanni.

1. *Risposta agli stessi versi in metro, ma senza rima leonina.*

«Dimmi, dove sono i basamenti? Dove sono i capitelli
o i bastioni? Le tue mura terribili e i torrioni minaci

pande, Columpna, tuos». Heu, sic respondeo: «Cuncta
hec nutu vigilis et iusti vindicis arte
machina prostravit, taciti mersere ligones,
ignis consumpsit cineremque revolvit aratrum».

mostraci, Colonna». «Ebbene, così ti rispondo: tutto
al solo cenno e secondo l'arte del giusto vindice
la macchina bellica ha raso al suolo, le zappe silenti hanno sepolto,
il fuoco ha divorato: ora l'aratro rivolta la cenere».

XIV

1. *Cum Bonaiutus prefatus legens Boetium consideraret singulos illos versus:* Felix nimium prior etas, contenta fidelibus arvis *et cetera in se continere finem versus exametri sicque ad exercitandum se in ipsa lectione vellet circa versus illos temptare aliquam novitatem, invenit seu addidit singulis illis versibus singula principia quibus et illos versus in exametris verteret et in ipsis tam consonantiam quam sententiam, prout melius potuit, observaret.*

Novit opes letas felix nimium prior etas,
que vixit parvis contenta fidelibus arvis.
Non animi fluxu, nec inerti perdita luxu,
se non solvebat facili que sera solebat
propter cor grande ieiunia solvere glande.
Haud Deus ignorat! Non bachica munera norat
forte suum velle liquido confundere melle;
– non stravit verum – nec lucida vellera Serum
tanquam cum ceno, Tyrio miscere veneno.
Non iam lugubres, sompnos dabat herba salubres,
abs cerebri dampnis potum quoque lubricus ampnis,
gratos prata sinus, umbras altissima pinus.
Terras calcabat, nondum maris alta secabat
navita dilectis nec mercibus undique lectis,
stans in agris sospes, nova litora viderat hospes.
Arma quiescebant, tunc classica seva tacebant,
non re, non verbis, odiis neque fusus acerbis
maxima vel parva cruor horrida tinxerat arva.
Pro re nonnulla quid enim furor hosticus ulla
in dampnum veri vellet prior arma moveri,
vel quis gauderet, cum vulnera seva videret
cum necis ampulla hec premia sanguinis ulla?
O quam pauca virent! Utinam modo nostra redirent
spernentes discos in mores tempora priscos!
Nunc decrescet ne, sed sevior ignibus Ethne

9 Tyrio] Tytio *ms.*
10 iam *in ras. ms.*

XIV

1. *Siccome Bonaiuto, mentre leggeva Boezio, constatava che ciascun verso del carme «Felix nimium prior etas, / contenta fidelibus arvis» etc. conteneva in sé la fine di un esametro, e in virtù di questo, per fare esercizio nel corso della lettura, voleva tentare qualcosa di nuovo in relazione a quei versi, inventò, ovvero aggiunse il segmento iniziale in ciascuno di quei versi in modo da trasformarli in esametri e in ciascuno di essi conservare al meglio, per quanto possibile, la rima e il significato.*

[1-5] Conobbe davvero la felicità troppo lieta l'antica età:
visse contenta di piccoli poderi fedeli ai loro doveri.
L'anima non la travolse nel suo flusso, né persa nell'indolente lusso,
quell'età si dissolveva: per placare la lunga fame soleva,
per il suo cuore grande, nutrirsi di misere ghiande.
[6-12] Lo sa Dio onnipotente! La sua volontà possente
non poteva tollerare al miele il dono di Bacco mescolare;
– non il genuino sentire ha spregiato! – né luccicante broccato,
quasi fosse melma disgustosa, tingeva di porpora preziosa.
Non già torpori mortiferi, il manto d'erba offriva sonni salutiferi,
la mente non s'ubriacava, l'acqua del ruscello la sete placava,
ameni anfratti offrivano i prati, l'altissimo pino giacigli ombreggiati.
[13-18] Per le terre camminava: non ancora l'alto mare solcava
il marinaio con merci pregiate da ogni dove radunate;
sano e salvo nei campi viveva, lidi ignoti straniero non vedeva.
Sopivano i bellici furori, della pugna non s'udivano i clangori,
né per ragioni o parole, o sparso per odio crudele,
campi piccoli o grandi il sangue bagnava nefandi.
[19-24] In virtù di qual valore, perché il nemico furore
per primo impugnò il brando, a oltraggio del vero tramando?
O chi si potrebbe rallegrare, se le piaghe cruente dovesse rimirare,
traboccante l'ampolla del sacrificio, senza dal sangue trarre beneficio?
O son poche le gioie a durare! O potessero soltanto i nostri tempi tornare,
sdegnando i conviti fastosi, agli antichi costumi virtuosi!
[25-30] Oggidì – altro che scemare! – più del fuoco dell'Etna par bruciare,

non vis nolendi, fervens amor ardet habendi
mille dedit penas. Heu primus quis fuit ille
recti non operis auri qui pondera tecti,
petras ardentes, gemmas latere volentes,
per que nos rodit, preciosa pericula fodit?

1. *Si queratur quare illi duo versus qui sunt circa finem, scilicet* mille dedit penas *et alius* recti non operis, *non habent leonitatem loco consueto sicut alii, respondetur quod fieri non poterat, quia vocalis sequebatur post* mille *et post* recti. 2. *Sed quod non servavit in tertio pede, servavit in primo, quia* mille *respondet ad* ille *et* tecti *ad* recti.

26 amor ardet] ardet amor *ms.*

non la volontà di rinunciare, ma la brama di arraffare:
mille patemi ci ha dato! Chi fu il primo sciagurato Achille
senza giustizia e decoro, che giacimenti d'oro,
pietre che stan lì a brillare e gemme ch'ascose vorrebbero stare,
andò costui a cavare, preziosi pericoli per cui ci fa arrovellare?

1. *Se si cerca per quale ragione quei due versi in prossimità della fine, ovvero* mille dedit penas *e il successivo* recti non operis, *non presentano la rima leonina nella normale posizione come gli altri, si risponde che non è possibile, poiché sarebbe seguita una vocale dopo* mille *e dopo* recti. 2. *Ma la rima, che non è stata conservata al terzo piede, è stata mantenuta nel primo, poiché* mille *fa rima con* ille *e* tecti *con* recti.

XV

1. *Hec est metaforica non totaliter de novo inventa, sed sub nova verborum facie repetita collatio, tractans sub brevitate primo de quatuor virtutibus cardinalibus et secundario de septem principalibus vitiis ac demum de tribus virtutibus theologicis ad instructionem cuiusdam iuvenis, prout colligitur ex litteris infrascriptis.* 2. *Hic primo ponitur quedam adoptionis littera, ex qua orta est huius tractatus materia taliter procedentis.*

Incipit prima pars

1. Adolescentulo bone indolis Guillielmino, nato nobilis et prudentis viri domini Guillielmi de Turre, honorabilis Ianuensis civis, Bonaiutus de Casentino virtutis amorem et scientie desiderium cum salute.

2. Provide voluit lex humana disponere quod qui filios procreare non potuit, eos sibi liceat adoptare, ut, ubi deficit partus fecunditas, legalis generatio suppleat hunc defectum. 3. Et quidem tanta fuit huius dispositionis utilitas, ut certiores edat liberos adoptio quam natura: nam hic arbitrium, ibi sola necessitas operatur. 4. Sane multos ego perpendens in sue prolis solatio delectari et multos aspiciens in ipsius anxiari carentia, volui ut amoris affectio michi sobolem, quam carnalis non dedit admixtio, per quandam adoptionis propaginem compensaret. 5. Quapropter, carens filiis et allectus meritis et beneficiis patris tui ac laudabilium morum tuorum indiciis invitatus, te, quem tenellum maturus etate precedo, presentium tenore constituo, facio et recipio in meum filium adoptivum, rogans et ex nunc velut pater precipiens ut sic sub divino timore moribus et scientia studeas informari, quod exinde michi letitiam et tibi gratiam vendices et honorem.

6. Data Rome, XV kalendas martii, millesimo CC° nonagesimo tertio, indictione VI, apostolica sede vacante.

1 civis *add. mg. ms.*
4 admixtio] amixtio *ms.*
5 vendices] uñdices *ms.*

XV

1. *Questa è una collezione di testi in forma metaforica non del tutto inedita, bensì una raccolta riproposta revisionata nella forma: tratta brevemente in primo luogo delle quattro virtù cardinali, in secondo luogo dei sette vizi capitali e infine delle tre virtù teologali. È scritta per l'edificazione di un giovane, come si evince dalle lettere qui di seguito presentate.* 2. *Per prima si copia una particolare lettera di adozione, dalla quale ha tratto origine la materia di questo trattato. Il testo è il seguente:*

Incomincia la prima parte

1. A Guglielmino, giovane di buona indole, figlio di uomo nobile e saggio, il signore Guglielmo della Torre, onorevole cittadino genovese, Bonaiuto da Casentino augura una vita informata dall'amore per la virtù e dal desiderio della sapienza, supportata dalla buona salute.
2. La legge degli uomini fu provvida nel disporre che, a colui cui non è data possibilità di generare figli, fosse consentito adottarli, in modo che, laddove mancasse la fecondità del parto, la procreazione di figli secondo i termini della legge ponesse rimedio a questa mancanza. 3. E davvero questa disposizione fu di tale utilità, che l'istituto dell'adozione consente di generare figli con maggiori garanzie rispetto alla natura: infatti da un lato opera la libera scelta, dall'altro interviene la sola inevitabile casualità. 4. È così che io, dopo avere considerato come tanti vivano felici confortati dai loro figli e avere constatato che altrettanti siano contrariati per il fatto di non averne, ho voluto che il sentimento di amore caritatevole mi desse quale compensazione quella prole che non ha generato l'unione carnale in questa forma di procreazione per via di adozione. 5. Per questo motivo io che non ho figli, toccato positivamente dalle opere meritorie e dai favori di tuo padre, e sollecitato dalle chiare prove dei tuoi costumi degni di lode, anziano al cospetto della tua tenera età, decido di adottarti col tenore della presente: stabilisco, faccio e accolgo te come figlio adottivo, chiedendoti e ordinandoti da questo momento in poi, in qualità di padre, che tu t'impegni a crescere nel timor di Dio, secondo retti costumi e nella sapienza, così da rivendicare a me la gioia e a te stesso la gloria e l'onore.
6. Redatta a Roma il 15 febbraio 1293, VI del ciclo indizionale, vacante la sede apostolica.

7. Carissimo patri suo magistro Bonaiuto Guillielminus cum filiali devotione se ipsum.
8. Regratior Deo et vobis, quia, sicut desiderabat anima mea, ita michi gratiose successit, cum vos, quem patrem per affectionem habebam, me per adoptionem in filium recepistis. 9. Breviter igitur et devote deposco quatenus pro primitia paterne gratie ad instructionem meam aliqua velitis michi moralia documenta dirigere, ut, sicut per adoptionem huiusmodi vestra me voluit regenerare benignitas, ita per doctrinam industria me informet.

10. Bonaiutus Guillielmino filio suo dilecto cum Dei benedictione salutem. 11. Quia puer non puerilia, sed utilia petisti, morum scilicet elegantiam et doctrinam, idcirco sub quodam compendio non nova, sed sub nova quasi forma quedam moralia tibi scribo, que, si humiliter et attente susceperis, cito et facile me quem etate sequeris, doctrina et moribus, si quos michi gratia divina concessit, poteris anteire. 12. Scias itaque quod, cum pridem animus meus, quasi peregrinus et advena, civitates virtutum et morum oppida circuiret et vago discursu perambularet ea, vidit inter alias quatuor dominas speciosas forma, honestate nobiles et origine venerandas, quas tanta michi retulit claritate pollere ut iam tota, fili, mente desiderem te ipsarum familiarem notitiam vendicare.
13. Una quarum prudentia, alia temperantia, alia fortitudo, alia iustitia nuncupatur. 14. Et ut eis iungaris intimius et per eas nutriaris attentius et pulcrius adorneris, desidero et volo ut primam in matrem, secundam in uxorem, tertiam in nutricem et quartam tibi constituas in sororem. 15. Talis namque mater pie te nutriet, coniunx fideliter diliget, nutrix diligenter custodiet, soror desideranter assistet.
16. Decet igitur ut earum proles, consanguineos et amicos agnoscas, colas et diligas et earum adversarios non ignores, ut illarum a te

11 petisti] petusti *ms.*
14 intimius *corr. interl. ex* intimus *ms.*

7. Al carissimo padre suo, il maestro Bonaiuto, Guglielmino affida se stesso con devozione filiale.
8. Rendo grazie a Dio e voi perché, così come desiderava l'anima mia, proprio così mi è successo per grazia che voi, colui che per affetto consideravo padre, mi abbiate accolto per adozione in figlio. 9. In poche e deferenti parole pertanto vi chiedo, quale prima prova della grazia paterna, che vogliate rivolgermi alcuni insegnamenti morali utili alla mia formazione, affinché, come la vostra benevolenza ha voluto generarmi una seconda volta per mezzo di quest'istituto dell'adozione, così il vostro zelo mi informi per mezzo della dottrina.

10. Bonaiuto saluta con la benedizione di Dio il suo figlio diletto Guglielmino.
11. Poiché, pur fanciullo, hai chiesto non cose da fanciullo, ma utili, ovvero il nitore dei costumi e la dottrina, per questo motivo ti scrivo in forma di compendio non una opera propriamente nuova, bensì un trattatello morale in una forma quasi nuova: se lo leggerai con umiltà e attenzione, presto e facilmente tu, che sei più giovane di me, potrai superarmi per dottrina e bontà dei costumi, sempre che me ne abbia concessi la grazia divina. 12. Devi sapere dunque che, poiché un tempo il mio animo, quasi fosse pellegrino e straniero, visitava le città delle virtù e le roccheforti dei costumi, e le percorreva vagando qua e là, vide, tra le altre, quattro signore mirabili per bellezza, nobili per onore e venerande per origine; mi riferì che brillavano di così tanta luce da suscitarmi ormai con l'anima tutta, figlio mio, il desiderio che tu reclamassi di conoscerle e familiarizzare con loro.
13. La prima di costoro è la Prudenza, seconda la Temperanza, terza la Fortezza e l'ultima ha il nome di Giustizia. 14. E perché possa unirti a loro in più intima familiarità, assimilare più scrupolosamente il loro nutrimento e fregiarti di più distinto ornamento, desidero e voglio che tu decida di prendere la prima in madre, la seconda in moglie, la terza come nutrice e la quarta come sorella. 15. Infatti tale madre devotamente ti nutrirà, la moglie fedelmente ti amerà, la nutrice diligentemente ti veglierà, la sorella amorevolmente ti assisterà. 16. È bene quindi che tu conosca, coltivi e ami la loro stirpe, i loro parenti e i loro amici, e non ignori chi siano i loro nemici, perché t'incoroni l'ami-

12 Gn. 23, 4 «Advena sum et peregrinus apud vos».

cognita et culta amicitia te coronet et istorum per te vitata decipula non supplantet.

De prudentia

17. Proles itaque future tam nobilis matris tue est ratio, intellectus, providentia, circumspectio, cautio et docilitas. Quarum quelibet proprios habet mores et vario ministerio fungitur; que omnia in honorem et laudem ipsius matris et domine retorquentur.

18. Ratio enim huic est offitio deputata: nam sue discretionis digitis frumentum boni a lolio mali disgregat et discernit. Hec semper appetitui dominari desiderat et omnium sibi subicere voluntates nec ullum extimat posse famam, potentiam vel imperium obtinere, nisi prius se sue subiecerit ditioni.

19. Intellectus, si forsan alia pretermittat interdum, semper conatur eligere bonum.

20. Providentia duobus speculis utitur, in quorum altero presentium et altero futurorum cernit eventus sicque ex presentibus futura perpendens contra venture calamitatis fulmen turri consilii se munire non differt.

21. Circumspectio videtur esse binomia, cum contrariorum vitiorum dicatur esse cautela. Sic enim circumspicit omnia que ad matrem suam pertinent, ut clauso avaritie hostio caveat prodigalitatis dispendiis aperire posticam; sic declinat Sillam audatie, ut in Caribdim formidinis non labatur, sicque novit omni custodia servare cor suum, ut hinc resistens hostibus inde nolit eis aditus aperire.

22. Cautio cognoscit cornices que pavonum plumis ornantur et vitia que virtutum pallia vestiuntur, cum nullas credat occultiores insidias ad nocendum quam illas que in benefitii similitudine latitare noscuntur.

23. Docilitas est adeo humilis, intelligens et benigna quod, licet multa sciat, adhuc aliquid posse doceri non dubitat semperque se prius et postmodum alios erudire letatur.

21 in *add. interl. manus A ms.*

cizia di quelle, le virtù, da te conosciute e coltivate, e non ti facciano rovinare a terra i tranelli di questi ultimi, i vizi, da te evitati.

La Prudenza

17. Le figlie che nasceranno dalla tua sì nobile madre sono la Ragione, l'Intelligenza, la Preveggenza, la Circospezione, la Cautela e la Docilità. Ciascuna ha il proprio modo di agire, che si esercita in differenti ministeri, mansioni tutte che recano un tornaconto di onore e gloria verso la loro madre e signora.

18. La Ragione è deputata a questo ufficio, ovvero separa e discerne fra le dita della sua discrezione il grano del bene dal loglio del male. Costei desidera sempre tenere sotto il proprio dominio gli appetiti, soggiogare a sé le volontà di tutti e che non si possa conseguire fama, potere e autorità, se prima non sottomessi alla sua balìa.

19. L'Intelligenza, anche qualora non si curi del resto, si sforza sempre di scegliere il bene.

20. La Preveggenza si avvale di due specchi: nel primo vede il presente, nell'altro il futuro. E così, ponderando il futuro alla luce del presente, non tarda a munirsi della torre del consiglio contro il fulmine della sciagura a venire.

21. La Circospezione sembra avere due nomi, dal momento si definisce essere una forma di cautela nei confronti di vizi contrari. Così infatti è circospetta verso ogni cosa che riguarda sua madre, al punto che, chiusa la porta all'avarizia, bada a non aprire i battenti agli sperperi della prodigalità. Così evita la Scilla dell'audacia, come non scivola nella Cariddi della paura, e sa serbare con ogni cura il suo cuore, al punto che, opponendo resistenza per un verso ai nemici, dall'altro non vuole concedere loro alcun varco.

22. La Cautela conosce la favola della cornacchia che si fa bella con le penne del pavone e dei vizi che indossano il pallio delle virtù, poiché crede che non ci siano insidie più subdole nel recar danno di quelle che sono note camuffarsi dietro la parvenza di un beneficio.

23. La Docilità è così umile, intelligente e benevola che, pur nella sua vasta sapienza, non nutre dubbio alcuno di avere sempre qualcosa da imparare, sempre lieta di istruire dapprima se stessa e successivamente gli altri.

21 Per la formula proverbiale *Sic declinat Sillam* (= *Scyllam*) *audatie, ut in Caribdim formidinis non labatur* ved., per es., Galt. *Alex.* 5, 301 «Incidis in Scillam cupiens vitare Caribdim»; Walther 1963-1969, n° 12190.

24. Ipsa quidem mater prudentia quasdam suas constitutiones edidit, quas qui observat necesse est ut premium et preconium assequatur et qui negligens vel superbus eas preterire non metuit penam et infamiam non evadat. 25. Sanxit enim inter alia in ipsa synodo, quam ab initio et ante secula celebravit, ut nemo velle debeat quod coram omnibus predicare non audeat; 26. item quod quilibet idem ubique sit et prout sectanda rerum varietas exigit, ita rote temporis se coaptet, respiciens manus exemplum, que semper est eadem quantumlibet extendatur in palmum vel etiam constringatur in pugnum. 27. Mandavit etiam unumquemque consiliorum examinare volumina nec cito ad falsa facili credulitate volare, de dubiis non diffinire, sed sententiam congrua suspensione tenere, nichil subita manu facere, ponere in platea vigilis animi que contingere possunt, ante cursum principii metam exitus premetiri, modesta lingua laudare, avara vituperare, testimonium veritatis affectui non amicitie profectui perhibere, cum plene considerationis mensura promittere et pleniori vase promissa prestare, presentium ordinare tripudium, futurorum previdere diluvium et preteritorum vestigium intueri.

De temperantia

28. Filie vero temperantie, quam debes suscipere in uxorem, hee sunt: modestia, verecundia, abstinentia, castitas, honestas, moderantia, parcitas, sobrietas et pudicitia, quas non ut privignas, sed ut filias deprecor dilecturus; aliquid de moribus singularum asculta.

29. Modestia enim cultum et motum et omnes occupationes ultra defectum et citra excessum firmat et sistit et vult ut nunquam

24 evadat] evadit *ms.*

26 coaptet *corr. ex* coaptent *ms.*

24. La loro madre, la Prudenza, ha promulgato le sue costituzioni: chi le rispetta consegue premio ed encomio, mentre chi, negligente o superbo, non teme di disobbedire loro, non sfugge a castigo e infamia. 25. Ha sancito infatti tra le altre, nel sinodo che ha officiato in principio e prima dei secoli, che nessuno debba desiderare quel che non osa dichiarare davanti a tutti. 26. Parimenti che ciascuno sia lo stesso in qualsiasi luogo e, come l'incalzante variare del corso delle cose esige, così si conformi alla ruota del tempo, tenendo sempre sott'occhio l'esempio della mano, che rimane sempre la stessa ogni volta che distende le dita a mostrare il palmo o le stringe a chiudere il pugno. 27. Ordinò anche a ciascuno di studiare i volumi dei consigli e di non volare a capofitto con credulità facilona verso le cose false, di non dire la parola definitiva nelle questioni dubbie, ma di tenere il giudizio in sospeso per il tempo necessario, di non agire precipitosamente, di mettere nella piazza di un animo accorto tutto quello che può capitare, di misurare prima di partire il punto di arrivo finale, di lodare con misura, di vituperare con parsimonia, di testimoniare per amore di verità e non per amicizia, di fare promesse a ragion veduta e mantenere fino in fondo la parola data, di disciplinare la gioia del presente, di prevedere il diluvio del futuro e di indagare le vestigia del passato.

La Temperanza

28. Le figlie della Temperanza, che devi prendere in consorte, sono queste: la Modestia, la Verecondia, l'Astinenza, la Castità, l'Onestà, la Moderazione, la Frugalità, la Sobrietà e la Pudicizia. Ti prego di amarle non come figliastre, ma come figlie. Ascolta qualcosa in merito ai costumi di ciascuna.

29. La Modestia dunque ferma e trattiene la cura esteriore, l'agire e tutte le occupazioni nel giusto limite, sopra la soglia del difetto e sotto quella dell'eccesso. Non vuole affatto che l'aspetto manchi di

24-27 Barlow 1950, p. 238: «Si prudentiam amplecteris, ubique idem eris et prout rerum varietas exigit, ita te accomodes tempori nec te in aliquibus mutes sed potius aptes, sicut manus quae eadem est et cum in palmam extenditur et cum in pugnum adstringitur. Prudentis proprium est examinare consilia et non cito facili credulitate ad falsa prolabi. De dubiis non definias sed suspensam tene sententiam» e pp. 239-240: «Lauda parce, vitupera parcius [...] Testimonium veritatis, non amicitiae reddas. Cum consideratione promitte, plenius quam promiseris praesta. Si prudens es, animus tuus tribus temporibus dispensetur: praesentia ordina, futura praevide, praeterita recordare».

habeatur indignus ornatus, asserens quod malus ornatus exterior male composite mentis est preco.
30. Verecundia nititur honestatem tam in verbis quam in gestibus custodire suaque vexilla semper in vultu portare.
31. Abstinentia vult ut statutum tempus prandendi nemo preveniat vel mensuram debite refectionis excedat, sed quisque suspecta habeat, quin immo reiciat omnia blandimenta.
32. Castitas vero laborat luxurie impetum habenis munditie refrenare.
33. Honestas lautiora cibaria non exquirit nec in accurato apparatu operam exhibere laborat.
34. Moderantia nimium ciborum appetitum rationis imperio revocare conatur.
35. Parcitas incitamenta edulii cum librata rectitudine cohibere contendit.
36. Sobrietas claudit ebrietatis vegetes et calices potatorum abscondit.
37. Pudicitia studet lubricorum petulantiam renum moderamine saluberrime rationis arcere.
38. Ipsa nimirum uxor tua, istarum genitrix puellarum, iugiter admonet ut te ipso contentus sis, affirmans quod qui sibi contentus est cum divitiis natus est. 39. Demum licet imperatorum leges, principum instituta et cuiuslibet populi iura, regule morum, scientiarum doctrine aliarumque precepta virtutum per innumera sint dispersa volumina, per infinita quasi diffusa capitula et non absque longo studio tenaci memoria continuatisque exercitiis habeantur, hec tamen domina, sponsa tua, uno solo canone totum sibi suarum constitutionum tenorem compendioso et summario documento demonstrat, quod est istud, videlicet quod nichil facias penitendum.
40. Hoc ergo verbum, hic afforismus sit tibi previus, non solum

31 excedat *add. mg. manus A ms.*

decoro, asserendo che uno sciatto ornamento esteriore sia specchio di un animo mal disposto.
30. La Verecondia si sforza di custodire l'onestà tanto nelle parole, quanto nei gesti, e di portare sempre in volto i segni della sua presenza.
31. L'Astinenza non vuole che ci si sieda a mensa prima del tempo stabilito per il pranzo o che si ecceda la misura rifocillandosi più del dovuto, ma che si abbia in sospetto, anzi addirittura si ricacci via, ogni lusinga.
32. La Castità invece s'impegna a tenere il freno, con le redini della Purezza, all'impeto della Lussuria.
33. L'Onestà non va in cerca di laute libagioni, né s'affanna a far mostra della propria fatica in ricercate coreografie.
34. La Moderazione si prodiga nel richiamare al dominio della ragione il desiderio eccessivo di cibo.
35. La Frugalità s'adopera a moderare gli allettamenti della gola con il giusto equilibrio.
36. La Sobrietà serra le botti dell'ubriachezza e nasconde i calici dei bevitori.
37. La Pudicizia s'industria a respingere col provvido vaglio della ragione l'insolente titillare della carne.
38. Proprio tua moglie appunto, la madre di queste fanciulle, non cessa di esortarti a essere pago da te stesso, affermando che è nato ricco chi si accontenta di sé. 39. Infine, sebbene le leggi imperiali, le istituzioni di principi e il diritto di ciascun popolo, le regole morali, le dottrine delle scienze e i precetti delle altre virtù siano dispersi nelle pagine di innumerevoli volumi, quasi sparpagliate per un numero infinito di capitoli da non poter essere apprese senza studio diuturno, tenace memoria e quotidiano esercizio, tuttavia questa signora, la tua sposa, in un sol canone mostra per intero il tenore delle sue costituzioni, in una lezione essenziale e riassuntiva, che è questa: non fare nulla di cui doversi pentire. 40. Dunque questa massima, quest'aforisma sempre ti faccia da guida, non soltanto nei fatti contingenti, ma anche nelle parole. In-

38 *Ibidem*, p. 242: «Si continens fueris, usque eo pervenies ut te ipso contentus sis. Nam qui sibi ipse satis est cum divitiis natus est».

39 Eccli. 32, 24 «Fili, sine consilio nihil facias et post factum non paeniteberis»; meglio ancora, però, il *De moribus*, che correva nel Medioevo con l'attribuzione a «Seneca morale» (Woelfflin 1869, p. 137): «Specta, quod te numquam paeniteat» e anche il v. 111 di Publilio Siro: «Cave quicquam incipias, quod paeniteat postea» (*Ibidem*, p. 73).

in factis emergentibus, sed in dictis: hic est enim ille meditationis anulus, per quem istam tibi dominam subarrabis; hoc est hostium, hic est vectis et clavis, quibus eam in thalamo tue mentis includes et sue frueris amplexibus honestatis.

De fortitudine

41. Nunc de natura et familia fortitudinis, quam te iubeo suscipere in nutricem, fili, diligenter attende. Ipsa enim nutrix leonis audaciam et agni patientiam habere videtur, eo quod in ea viget considerata periculorum susceptio et laborum diuturna perpessio. 42. Famule vero sue, quas sicut sorores, queso, pertracta, istis nominibus appellantur, videlicet: magnanimitas, fidutia, securitas, magnificentia, constantia, patientia et tolerantia.

43. Magnanimitas siquidem quodam invicti vigoris baculo cuiuslibet torporis dorsa castigat sponte ac rationabiliter, difficiles et duras aggreditur operas et ad magnum virtutis opus summosque labores corda componit et, cum ad queque aspera prona sit, communem utilitatem propriis commodis anteponit. 44. Illorum amore trahitur qui non faciunt iniurias, sed propulsant et qui in pericula non sua cupiditate impulsi, sed publico profectui sunt parati. Alios vero tanquam temerarios aut cupidos nunquam in suos recipit amatores. Hec finaliter vult suos vocari milites qui pericula non appetant, tanquam stulti, nec formident, ut timidi.

45. Fidutia sepe animi certam spem habet rem ad finem perducere quam incepit et initiata iugiter consumare festinat.

46. Securitas supervenientis incommoditatis impetus et inchoate rei malos fines metuere dedignatur, quin potius contra fortune aspera blandum novit prestare solatium.

47. Magnificentia semper difficilium et preclarorum consumatione potissime largiendo letatur nec propter ignaviam temeraria consideratione desperat nec propter cupiditatem stulta securitate confidit. Plus turpitudinem quam mortem exhorret, honestatem quam salutem corporis magis amat et demum peracta victoria

47 consumatione *add. mg. manus A ms.*

fatti questo è l'anello del ragionamento, grazie al quale ti impegnerai nelle nozze con questa donna. Questa è la porta, questo è l'ingresso e la chiave, attraverso i quali la farai accedere al talamo della tua anima e godrai dell'abbraccio della sua onestà.

La Fortezza

41. Ora stai bene attento a quel che ti dico sulla natura e sulla famiglia della Fortezza, che ti raccomando, o figlio, di accogliere come nutrice. Questa nutrice infatti sembra possedere l'audacia del leone e la pazienza dell'agnello, perché in lei vige il talento di assumere rischi a ragion veduta e la capacità di sopportare a lungo la fatica.
42. Le sue ancelle, che ti prego di considerare come sorelle, si definiscono con questi nomi: Magnanimità, Fiducia, Sicurezza, Magnificenza, Costanza, Pazienza e Tolleranza.
43. La Magnanimità, proprio perché di sua volontà e con la ragione castiga con sferza d'invitto vigore le terga d'ogni torpore, affronta imprese ardue e impervie, dispone i cuori alla grande opera della virtù e a immani fatiche; essendo propensa alle prove più dure, antepone l'utilità di tutti al tornaconto personale. 44. La muove l'amore per coloro che non fanno torti, ma li respingono, non sospinti al pericolo per personale bramosia, ma bendisposti a fare il bene di tutti. Invece giammai accoglie tra i suoi amanti gli altri, come i temerari o gli avidi. Infine vuole reclutare tra le sue fila coloro che non s'arrischiano come gli stolti, ma nemmeno s'impauriscono come i pavidi.
45. La Fiducia sovente tiene per certa la speranza di condurre a buon fine l'opera intrapresa e non perde un istante, risoluta nel portare a compimento quanto ha incominciato.
46. La Sicurezza nemmeno si degna di temere l'urto delle difficoltà che sopraggiungono e l'esito sinistro di quanto incominciato: anzi sa piuttosto offrire dolce sollievo contro i duri colpi della Fortuna.
47. La Magnificenza s'allieta sempre nel realizzare con la più larga liberalità le opere più difficili e insigni, né per ignavia con sconsiderato giudizio perde la speranza, né per avidità con stolta sicurezza ripone la sua fiducia. Ha in orrore più la turpitudine della morte, ama più la gloria della salute fisica e infine, una volta conseguita la vittoria, è risoluta nel mantenere fede agli impegni pattuiti. Questa

43 Lucan. 9, 380-381 «... componite mentes / ad magnum virtutis opus summosque labores».

promissa federa vult servare. Hec summarie est quedam gloriosa animi claritudo pulcre res magnas et arduas administrans.
48. Constantia mutatorio nomine nuncupatur interdum animi videlicet firma stabilitas in bono proposito perseverans. Hec in utraque fortuna gravitatem tenet et inter fluctuantes casus et personas nulla mentis trepidatione concutitur, cui semper est frons eadem, vultus idem.
49. Patientia duros, despicabiles paucisque portabiles, sed victoriosissimos habet mores. Nam contumeliarum probra et omnium adversitatum pondera equanimiter ferre et, quod simplicius est, cum oblivionis remedio iniuriarum gaudet vulnera solidare et demum respectu honoris eterni contrariorum molem scit voluntaria et insuperata despicere.
50. Tolerantia scit aliene improbitatis et molestie illata sibi gravamina et in prosperis et adversis perferre.
51. Hec quidem domina, nutrix tua, forsitan plures habet ancillas. Sed quia sibi non magna sum familiaritate coniunctus, maxime quia penultima de predictis famulabus suis sibi me pluries accusavit, eo quod eius mores scire studui, sed actu despexi, plura tibi ad presens de ipsius conditionibus non enarro.

De iustitia
52. Sed quid dicam tibi, fili carissime, de quarta et ultima, iustitia scilicet, quam volo te suscipere in sororem? Quantum enim sit colenda regina, timenda domina, veneranda matrona sua denominatio tibi dicet. Est siquidem voluntas constans et perpetua que ius suum unicuique reddit, nemini nocere, omnibus vult prodesse. 53. Et si melius et brevius vis suam exprimi dignitatem, scias ipsam cum ipso rege regum, qui supra cuncta tenet imperium, quadam nominis communitate converti: nam et iustitia deus et deus iustitia nominatur. 54. Sed si non intelligis, fili, quid portet ista conversio

49 sed (set) victoriosissimos *add. mg. manus A ms.*

è in poche parole il glorioso splendore dell'animo che dispensa magnificamente imprese alte e impervie.
48. La Costanza talvolta può essere definita con un altro nome, vale a dire la salda fermezza d'animo che persevera in buoni propositi. Costei mantiene nella buona e nella cattiva sorte la maestà e, nell'avvicendarsi dei casi e delle persone, non è toccata da alcuna trepidazione dell'animo, ma rimane imperturbabile negli occhi e nel volto.
49. La Pazienza ha maniere rudi e sgradevoli, che pochi riescono ad accettare, ma che conseguono inevitabilmente la vittoria. Infatti si compiace nel sopportare l'infamia delle offese e in modo equanime il fardello di ogni avversità, ovvero, più semplicemente, di rimarginare le ferite con la medicina dell'oblio. Infine, strenua nella sua volontà e senza arrendersi, sa aborrire la mole dei casi contrari in considerazione dell'onore eterno.
50. La Tolleranza è in grado di sostenere nella buona e nella cattiva sorte i macigni che le sono scagliati addosso dall'iniquità e dall'altrui malizia.
51. Può darsi che questa signora, la tua nutrice, abbia più ancelle. Ma poiché non c'è grande familiarità tra me e lei, soprattutto perché la penultima delle suddette serve più volte mi ha accusato di aver studiato il suo modo di comportarsi, ma di non averlo messo in pratica, non vado oltre a raccontare le sue condizioni.

La Giustizia
52. Ma che dovrei dirti, figlio carissimo, della quarta e ultima virtù, la Giustizia intendo, che vorrei tu accogliessi come sorella? Il suo nome ti dirà quanto meriti di essere venerata come regina, temuta come signora e riverita come matrona. Dal momento che essa è la volontà ferma e immutabile, che rende a ciascuno il proprio diritto, non vuole far del male a nessuno, ma fare del bene a tutti; 53. e se vuoi che ti esponga meglio e in estrema sintesi la sua dignità, sappi che lei stessa si identifica con lo stesso Re dei re, che governa su ogni creatura, in quanto in certa misura è compartecipe del nome. Infatti Giustizia è sinonimo di Dio e Dio è sinonimo di Giustizia. 54. Ma se non riesci a comprendere, figlio, cosa comporti questa sinonimia e vorresti ti

52 *cfr*. *Dig*. 1.1.10 «Iustitia est constans et perpetua voluntas ius suum cuique tribuendi. Iuris praecepta sunt haec: honeste vivere, alterum non laedere, suum cuique tribuere».

nominis velisque ipsam tibi familiarius et clarius explicari, scias quod ista est conservatrix humane societatis et vite communitatis, que breviter sic aspera cuncta transcendit, ut qui potest ipsius filius et fidelis vocari nunquam pro ea custodienda mortem vel exilium aut egestatem timeat vel dolorem. Et si quis aliquando hec timere convincitur, servus eius non meruit appellari. 55. Quidam tamen latrunculi seu meretricule, videlicet duo affectus, timor et cupiditas, et due fortune, prosperitas et adversitas, ipsius domine vineam demoliri suoque imperio repugnare conantur; sed ipsa regina strenua et provida virago suos novit informare satellites, ut contra timoris et adversitatis insultum fortitudinis scutum assumant et contra cupiditatis ardorem et mundane prosperitatis errorem temperantie loricam induant et mucrone decertent. 56. Quia vero suos sibi adversarios et rebelles expressi, decet ut suas tibi domicellas et pedissecas non occultem; sunt igitur innocentia, amicitia, concordia, pietas, ‹religio› et humanitas.

57. Innocentia istum habet morem, quia, cum possit nocere, non vult, utpote que est animi qualitas illationem cuiuslibet iniurie reformidans. Hec multos novit allicere sine alterius lesione. Hec ultionem non querit, ridiculum reputans ut quis innocentiam odio nocentis amittat. Nam quilibet ultor ulciscendo nimis extitit ipse nocens. 58. Amicitia si vocetur proprio nomine est bona voluntas erga aliquem causa illius qui diligitur idem volens et idem nolens in rebus honestis. Hec secreto alterum admonet palam laudat. Hec cum amico cuncta deliberat, sed de ipso prius nec studet nosse quod ille latere desiderat.

59. Concordia perceptorum malorum nec reminiscitur nec vult alios reminisci, sua sponte concives, compatriotas et cohabitatores amoris corda in uno corde convinciens, tanquam que est convenientium in

55 provida] provisa *ms.*
57 amittat] admittat *ms.* extitit] -t *add. interl. manus A ms.*

venisse spiegata in modo più semplice e chiaro, sappi che a costei si deve la conservazione della società umana e della vita civile; essa, detto in poche parole, trascende a tal punto tutte le difficoltà, così che colui che merita di essere chiamato suo figlio e fedele, giammai deve temere, a difesa della giustizia, la morte, l'esilio, la povertà o il dolore. E se talora c'è qualcuno che mostra di temerle, non merita di essere chiamato suo ministro. 55. Tuttavia certi ladruncoli e sgualdrinelle, intendo dire due disposizioni dell'animo, il Timore e la Cupidigia, e le due condizioni della Fortuna, prospera o avversa, tentano di falcidiare la vigna di questa signora e di ribellarsi al suo potere. Ma lei, regina fiera ed eroina lungimirante, sa formare le sue sentinelle perché s'armino con lo scudo della Fortezza contro l'assalto del Timore e dell'avversa sorte, indossino la corazza della Temperanza e si battano di spada contro il fuoco della Cupidigia e l'inganno della felicità mondana. 56. E poiché invero ho fatto il nome dei suoi nemici e dei ribelli, è bene non tenere celata l'identità delle sue damigelle e ancelle. Sono dunque queste: l'Innocenza, l'Amicizia, la Concordia, la Pietà, la Religione e l'Umanità.

57. L'Innocenza ha questa condotta: pur potendo nuocere, non vuole. È la qualità dell'animo che ha in orrore recare qualsivoglia offesa. Sa trarre a sé molti senza far male altrui. Non chiede vendetta perché ritiene ridicolo perdere l'innocenza per odio di chi nuoce. Infatti chi vuole vendetta, se si vendica in modo sproporzionato, diventa lui stesso colpevole.

58. L'Amicizia, a definirla propriamente, è la buona disposizione verso qualcuno perché lo si ama: lo stesso si vuole, lo stesso non si vuole in materie oneste. Costei rimprovera l'altro in segreto, lo loda in pubblico. Si consulta in tutto con chi è amico, ma soprattutto non si preoccupa di sapere quello che un amico vuole tenere segreto.

59. La Concordia del male ricevuto né si ricorda, né vuole che altri si ricordino: è corda d'amore che avvince in un sol cuore chi vive liberamente nella stessa città, nella stessa patria, nella stessa casa, come un organismo unito e indivisibile di anime che convergono nel bene.

55 Ct. 2, 15 «Capite nobis vulpes, quae demoliuntur vineas»; *cfr*. Is. 59, 17 «indutus est iustitia ut lorica et galea salutis in capite eius» e Eph. 6, 14-16 «et induti lorica iustitiae [...] in omnibus sumentes scutum fidei»; I Thess. 5, 8.

59 Sall. *Iug*. 10, 6 «equidem ego vobis regnum trado firmum, si boni eritis, sin mali, inbecillum nam concordia parvae res crescunt, discordia maxumae dilabuntur».

recto animorum indirupta quedam et unita complexio. Per quam scire te volo res parvas crescere et per eius adversarium maximas minorari, dilabi et consumi.
60. Pietas sicut se parentes diligit, per quam sanguine coniunctis et patrie benivolum offitium diligensque tribuitur cultus. Hec ex benigni animi dulcedine erga omnes auxiliatorem extendit affectum.
61. Religio reverenti famulatu cerimonie divinum cultum exercet, veritatem servat, mutabilitatem rerum temporalium parvipendit, penitet eam sceleris perpetrati totamque vitam Deo committit. Sic vivit cum hominibus tanquam Deus videat, sic cum Deo loquitur tanquam ab hominibus audiatur.
62. Humanitas breviter humanam creaturam propter solam humanitatem diligit nichilque humanum a se reputat alienum. 63 Demum rogo ut istam sororem tuam tota mente custodias, si tu ab ea custodiri volueris et iuvari. Nam ipsa est nature tacita conventio in multorum adiutorium adinventa.
64. Talis namque matris adoptio, istius coniugis nuptie, huiusmodi nutricis educatio predicteque germane dilectio perfectum te virum facient, si earum preceptis, amplexibus, pabulis et alloquiis pro qualitatibus personarum, locorum, temporum et causarum quodam mediocritatis usu fruaris, si earum abusus, excessus declinaveris et defectus, si earum mensuram, modum et terminos non transibis, si currum vite tue harum quatuor dominarum rotis

60 coniunctis] -t- *add. interl. manus A ms.*
64 earum abusus] eorum abusus *ms.*

Voglio che tu sappia questo: se c'è lei le cose piccole diventano grandi e le più grandi, se c'è il suo nemico, diventano piccole, si dissolvono e si esauriscono.
60. La Pietà ama i genitori come se stessa: per lei si tributa benevola obbedienza e culto scrupoloso a chi è congiunto nel sangue e alla patria. Per la dolcezza del suo animo benigno, costei estende questo sentimento di solidarietà verso tutti.
61. La Religione esercita il culto divino con un riverente séguito di cerimonie, è custode della verità, poco o nulla le cale del mutevole avvicendarsi delle cose temporali, si pente del peccato commesso e affida tutta la vita a Dio. Così opera tra gli uomini come fosse sotto gli occhi di Dio, così è in dialogo con Dio come se fosse ascoltata dagli uomini.
62. L'Umanità, per dirla in breve, ama l'uomo proprio in quanto uomo, e non considera a lei estraneo nulla di quanto attiene all'uomo. 63. Chiedo quindi che tu abbia cura di questa tua sorella con tutta la tua anima, se vorrai che questa abbia cura di te e ti faccia del bene. Infatti l'Umanità è una tacita convenzione della natura creata in aiuto di molti.
64. Pertanto l'adozione di tale madre, le nozze con questa sposa, l'educazione ricevuta da siffatta nutrice e l'amore di questa sorella ti renderanno un uomo perfetto, se ti avvarrai in modo equilibrato dei loro precetti, della loro intimità, del loro nutrimento e dei loro colloqui, secondo la qualità delle persone, dei luoghi, dei tempi e delle circostanze; se eviterai l'abuso, l'eccesso o il difetto, se non supererai la giusta misura, i modi e i limiti, se allestirai il carro della tua vita sulle ruote di queste quattro signore, se fisserai gli assi delle tue azioni nel centro, ovvero nel punto mediano delle stesse ruote, in modo che

61 Sen. *Ep.* 10, 5 «sic vive cum hominibus tamquam deus videat, sic loquere cum deo tamquam homines audiant».

62 Evidente ripresa del celebre e diffusissimo detto di Terenzio (*Heaut.* 77), riproposto poi anche da Cic. *Leg.* 1, 12, 33; *Fin.* 3, 19, 63; *Off.* 1, 9, 30; Sen. *Ep.* 95, 53 e altri ancora: «Homo sum: humani nihil a me alienum puto».

63 Barlow 1950, p. 246: «Quid est autem iustitia nisi naturae tacita conventio in adiutorium multorum inventa?».

64 *Ibidem*, p. 247: «His ergo institutionibus hae quattuor virtutum species perfectum te facient virum», e pp. 249-250: «Si quis ergo vitam suam ad utilitatem non tantum propriam sed et multorum inculpabiliter adscisci desiderat, hanc praedictarum virtutum formula pro qualitatibus temporum, locorum, personarum, atque causarum eo medietatis tramite teneat, ut velut in quodam meditullio summitatis adsistens quasi per abrupta altrinsecus praecipitia aut ruentem compos ipse devitet insaniam aut deficientem contemnat ignaviam».

institues, si axes tuorum actuum in centro seu medio ipsarum rotarum configes, ut equaliter girent, suaviter currant et in compage cuiusdam perpetuitatis ipsa sua continua volubilitate perdurent. 65. Si enim ipsius matris tue terminos preteribis, notaberis callidus investigator, latentium scrutator qualiumcumque noxarum minutus, suspiciosus, attentus, semper aliquid timens, semper aliquid querens, semper aliquid convincens, astu plenus, commentator culparum, simplicitatis inimicus et emulus puritatis. 66. In has ergo te maculas prudentia immensurata perducet propter quod sic in sua mediocritate persistes, ut nec obtusus appareas nec versutus.

67. Ipsa enim sponsa tua, sicut omnem appetitus luxum aborret, ita solo rationis moderamine gaudet. 68. Sic enim actus verba, res et tempora temperat, ut nichil celerius, nichil tardius equo desiderat; ita modicum parum diligit sicut multum, sic est in sui gratia plus ut minus, in via devitat tigridi, sicut testudini sociari. 69. Non vult virum parcum, non effusum; non prodigum, non avarum; non qui suspitiose manum contrahat, non qui in minimis speculam ponat, non qui crumene vel arce ieiunans naturalis substentationis vires enervet, non qui sit gule mancipium, palati leno, vernula ventris, assecla voluptatis.

70. Sed nutrix tua quid faciet, si extra modum excedens suis te oneret alimentis? Faciet siquidem te virum minacem, inflatum,

69 contrahat] contrahit *ms.*
70 ferri *add. mg. manus A ms.*

girino correttamente, corrano dolcemente e in questo meccanismo perpetuo perdurino nello stesso continuo moto rotatorio.
65. Se infatti ignorerai i limiti imposti da questa tua madre, sarai biasimato come chi indaga con scaltrezza, come chi scruta i dettagli che sfuggono alla vista, dottor sottile che trova ogni difetto, diffidente, attento, sempre all'erta, sempre in cerca di qualcosa, sempre pronto a controbattere, pieno di astuzia, inquisitore che punta il dito, nemico della semplicità e ostile alla purezza. 66. A questi difetti ti condurrà la sapienza, se oltrepassa i confini della giusta misura: per questo serba la via del giusto mezzo, al fine di non apparire né ottuso né scaltro.
67. La tua stessa sposa inoltre, come aborre ogni eccesso di dissolutezza, così è felice soltanto sotto il freno della ragione. 68. Tempera infatti gli atti, le parole, le cose e i tempi, in modo che ogni suo desiderio non sia in anticipo o in ritardo rispetto al giusto. Ama parcamente il poco come il molto, così, allo stesso modo, il più quanto il meno; evita di farsi compagna di viaggio la tigre, così come la tartaruga. 69. Non vuole un marito né taccagno né scialacquatore, né prodigo né avaro, non uno che stringa la mano con sospetto, né che faccia affidamento su cose da nulla, né che, digiunando pur di riempire la borsa o l'arca, fiacchi le forze privandosi del naturale sostentamento, né uno schiavo della gola, lenone del palato, asservito al ventre, seguace della voluttà.
70. Ma che farà la tua nutrice, se ti rimpinzasse di cibo eccedendo la giusta quantità? Davvero farà di te un uomo truce, tronfio, fosco, inquieto, lesto a raggiungere ogni eccellenza di parole o di gesta anche in spregio dell'onestà, così che, per quanto sarai audace uomo

65-66 *Ibidem*, pp. 247-248: «Nam prudentia si terminos suos excedat, callidus et pavendi acuminis eris, investigator latentium et scrutator qualiacumque noxarum ostenderis. Notaberis minutus, suspiciosus, attentus, semper aliquid timens, semper aliquid quaerens, semper aliquid convincens [...] Monstraberis digito astu plenus, versipellis et simplicitatis inimicus, commentatorque culparum [...] Quicumque in illa mediocri lance persistit, nec obtusum in se habet aliquid nec versutum».

69 *Ibidem*, pp. 248-249: «Continentia deinde his terminis te adstringat: cave ne parcus sis, ne suspiciose et timide manum contrahas, ne in minimis quoque speculam ponas. Nam talis et tam circumcisa pudebit integritas. Hac ergo mediocritatis linea continentiam observabis, ut nec voluptati deditus, prodigus aut luxuriosus appareas, nec avara tenacitate sordidus aut obscurus existas».

70-71 *Ibidem*, p. 248: «Magnanimitas autem, si se extra modum suum extollat, faciet virum minacem, inflatum, turbidum, inquietum, et in quascumque turbidum, inquietum et in quascumque excellentias dictorum atque factorum, neglecta honestate, festinum, ita quod quanquam audax fueris impugnator, multa tamen extra te valentia ferri substinere non poteris, sed qui talis erit aut miserum finem obtinebit aut erumpnosam sui memoriam derelinquet. 71. Ipsius enim fortitudinis seu magnanimitatis mensura est nec timidum esse hominem nec audacem.

72. Postremo sororis tue, fili, regulam non contempnas: sic esto benignus in vitiis errantium corrigendis, ut alludentibus tibi blande vel illudentibus proterve peccandi licentiam non permittas; et rursus sic rigidus et severus, ne humane societati sine vena venie ac benignitatis dulcedine nimis durus appareas. 73. Sic ergo te germana sibi ligatura connectas, ut reverentia discipline eius nec nimia negligentie communitate despecta vilescat neque seviori atrocitate durata gratiam humane amabilitatis amittat. 74. Sed posset esse, fili, quod michi obiceres de ordine dominarum ipsarum, dicens te audivisse a Gregorio quod eas tunc veraciter accipimus, cum earum ordinem custodimus, ac si dicat quod prima sit prudentia, sicut dixi, secunda fortitudo, tertia iustitia, quarta temperantia. 75. Dices enim: «Quid prodest prudentia, si fortitudo desit? Scire enim cuiquam quod non potest facere pena magis quam virtus est. 76. Sed qui prudenter intelligit quod agit et fortiter facit quod intelligit, iam proculdubio iustus est. 77. Sed

72 permittas] promittas *ms.*

di guerra, tuttavia non potrai sostenere i tanti assalti esterni con la prodezza della spada. Chi sarà così, o farà una fine ingloriosa o lascerà una triste memoria di sé. 71. Infatti la giusta misura della Fortezza o della Magnanimità consiste nell'essere un uomo né pavido né audace.

72. Da ultimo, figlio, non trascurare la regola che ti ha indicato tua sorella: sii benevolo nel correggere le colpe di chi sbaglia, così come non accordare la falsa libertà di peccare a chi soavemente ti blandisce o a chi protervamente ti irretisce. Invece sii inflessibile e severo, non però da apparire troppo duro alla società degli uomini, senza una vena di pietà e senza la delicatezza della bontà. 73. Così dunque stringi con lei un vincolo fraterno, in modo che la riverenza della sua disciplina né giaccia trascurata, per eccesso di familiarità, nell'indifferenza, e nemmeno, resa inflessibile da un eccesso di crudeltà, perda la grazia dell'umana benevolenza.

74. Ma potresti avere, figlio, delle contestazioni da muovermi relativamente all'ordine delle signore, dicendo di aver sentito da Gregorio Magno che noi le apprendiamo veramente quando le serbiamo in quest'ordine: prima la Prudenza, come ho detto, seconda la Fortezza, terza la Giustizia, quarta la Temperanza. 75. Dirai infatti: «A che giova la Prudenza, se manca la Fortezza? Per qualcuno sapere quel che non può fare è pena piuttosto che virtù. 76. Ma chi prudentemente sa quel che fa e tenacemente fa quel che sa, senza dubbio è un uomo giusto. 77. Ma la Temperanza deve seguire la Giustizia, perché

excellentias dictorum atque factorum neglecta honestate festinum, qui momentis omnibus supercilia subrigens ut bestiarius, etiam quieta excitat: alium ferit, alium figit. Sed quamvis audax sit impugnator, tamen multa extra se valentia ferre non poterit, sed aut miserum oppetit finem aut aerumnosam sui memoriam derelinquit. Mensura ergo magnaminitatis est esse hominem nec audacem».

72-73 *Ibidem*, p. 249: «Iustitia postremo eo mediocritatis tibi tenore regenda est, ne ductu iugiter leni immotam semper animi rationem negligentia subsequatur, dum neque de magnis neque de minimis errantium vitiis corrigendi curam geres, sed licentiam peccandi aut adludentibus tibi blande aut inludentibus proterve permittes; neque rursum nimiae rigiditatis asperitate nihil veniae aut benignitati reservans humanae societati dirus appareas. Ita ergo amabilis iustitiae regula tenenda est, ut reverentia disciplinae eius neque nimia negligentiae communitate despecta vilescat neque severiori atrocitati durata gratiam humanae amabilitatis amittat».

74-77 S. Gregorii Magni *Hom. in Hiez.* 3, 1, 8 «Possumus etiam per quatuor partes principales quatuor virtutes accipere, ex quibus reliquae virtutes oriuntur, videlicet prudentiam, fortitudinem, iustitiam atque temperantiam. Quas nimirum iustitiam temperantia sequi debet, quia plerunque iustitia, si modum non habet, in crudelitatem cadit» et cetera. 78. Ad quod breviter respondeo quod de ipsarum ordine magnopere non curavi; nam licet per ordinem rerum error et confusio devitetur scriptumque sit letum exitum non habere quod certum deserit ordinem, ipse tamen ordo plerunque difficultatem inducit, maxime in animo iuvenili. 79. Si enim tibi dixissem: «Non accedas ad temperantiam, que est ultima, nisi prius tres habeas precedentes», forsitan fuisses in primo limine fessus et sic ipsam et alias reliquisses. 80. Satis enim magnus bonus et laudabilis ordo erit, si etiam ultimam vel secundam habere potueris; nam qui unam habet, necessario quodammodo omnes habet. 81. Nonne recordaris, fili, quod tibi dixi de ista ultima quod, ‹si› eam habebis, nichil feceris penitendum? Satis certe diceris esse prudens, satis fortis, satis iustus ac etiam temperatus. 82. Si vero dixeris quod nimis huiusmodi doctrine fimbrias dilatavi, cum non sufficias tam prolixa notare, et quod velles ut hoc tibi brevius explicarem, accipe, fili, et scias quod prudentia est in precavendis insidiis, iustitia in subveniendo miseris, fortitudo in perferendis molestiis, temperantia in cohercendis delectationibus pravis; ideoque si supradicta nimis ponderant et fatigant, ad istam brevitatem recurre, et rursus si hec te velut nimis delicatum gravarent, ne fugere possis, ad solum illum canonem seu aforismum temperantie tua memoria revertatur. 83. Et ne possis dicere: «Non recordor huiusmodi canonis», tibi in fine pro

78 scriptumque] -que *add. mg. manus A ms.*
79 est *add. mg. manus A ms.*
82 et scias *add. mg. manus A ms.* prudentia *bis ms.*

la Giustizia senza limiti degenera in crudeltà» e via di seguito. 78. A questa obiezione rispondo brevemente di non aver dato troppo peso all'ordine delle virtù. Sebbene infatti ordinare le cose eviti errori e confusione, e sia scritto che non giunge a buon fine ciò che difetta di un ordine ben definito, tuttavia l'ordine così stabilito comporta una difficoltà, soprattutto nell'animo di un giovane. 79. Se infatti ti avessi detto: «Non accostarti alla Temperanza, che è l'ultima, prima di possedere le tre precedenti, forse ti saresti stancato alla prima soglia e avresti abbandonato la stessa Temperanza assieme alle altre virtù. 80. Questo ordine sarà sufficientemente grande, buono e lodevole, se potrai conseguire anche l'ultima, o almeno la seconda. Infatti chi ne possiede anche solo una, inevitabilmente le possiede tutte. 81. Non ti ricordi forse, figlio, quel che ti ho detto riguardo l'ultima, che se la possiederai non farai nulla di cui doverti pentire? Si dirà certo che sei prudente, abbastanza forte, abbastanza giusto e anche temperante. 82. Ma se dirai che ho dilatato troppo le maglie di questa trattazione dottrinale, perché non ti basta il tempo per leggere un'esposizione così prolissa e perché volevi che te la presentassi in breve, prendi nota, figlio, di questa sintesi, e sappi che la Prudenza serve per guardarsi dalle insidie, la Giustizia per soccorrere gli infelici, la Fortezza per sopportare gli affanni e la Temperanza per reprimere le bieche seduzioni dei piaceri. E così, qualora la trattazione che ho condotto sia per te un onere troppo gravoso e faticoso, ricorri a questo riepilogo. E, ancora, se anche quest'ultimo sunto sembrasse oneroso per te troppo debole, affinché non passi inosservato, la tua memoria torni indietro alla sola norma, ovvero all'aforisma della Temperanza. 83. E perché tu non possa dire «Non mi ricordo di quella regola», a te alla fine ripeto, chiedo e comando come primo,

virtutes tunc veraciter accipimus, cum earum ordinem custodimus. Prima quippe prudentia, secunda fortitudo, tertia iustitia, quarta temperantia est. Quid enim prodesse potest prudentia, si fortitudo desit? Scire etenim cuiquam quod non potest facere poena magis quam virtus est. Sed qui prudenter intelligit quod agat, et fortiter agit quod intellexerit, iam procul dubio iustus est, sed eius iustitiam temperantia sequi debet, quia plerumque iustitia, si modum non habet, in crudelitatem cadit. Ipsa ergo iustitia vere iustitia est, quae se temperantiae freno moderatur, ut in zelo quo quisque fervet, sit etiam temperans; ne si plus ferveat, perdat iustitiam, cuius servare moderamina ignorat».

78 Boet. *Cons. phil.* I carm. 6, 20-22 «Sic quod praecipiti via / certum deserit ordinem / laetos non habet exitus».

primo, secundo et tertio peremptorio repeto, rogo et mando ut nichil, fili mi, facias penitendum. Explicit prima pars.

Incipit secunda de vitiis tractans

84. Filius iterato respondet. Patri filius seipsum et gratis datam gratiam gratis dare.
85. Pater, audivi auditum tuum et timui; consideravi ignitum eloquium et expavi. 86 Mirabilia testimonia tua, que de illarum quatuor dominarum excellentia perhibes, videntur michi desiderabilia super aurum et lapidem pretiosum et dulcia super favum; vere documentum tuum et declaratio sermonum tuorum illuminata videntur ab Eo qui dat parvulis intellectum. 87. Pater, audivi quod gloriantur gemmis India, thure Sabba, auro Arabia. 88. Me autem gloriari oportet in illo thesauro incomparabili quem misisti, quem nec fures furabuntur nec tinea poterit demoliri, in ipsarum videlicet dominarum regulis et preceptis. 89. Sed quis michi hec tribuat, ut hec exarentur in mente

89 mente] monte *ms.*

secondo e terzo ordine tassativo: non far nulla, figlio mio, di cui doverti pentire. Finisce la prima parte.

Incomincia la seconda parte che tratta dei vizi

84. Il figlio di nuovo risponde. Al padre il figlio vuole donare se stesso e restituire gratuitamente la grazia a lui gratuitamente donata.
85. Padre, ho ascoltato quello che avevi da dirmi e ho provato timore. Ho considerato le tue parole di fuoco e ho provato terrore. 86. Le mirabili tue testimonianze, quelle che mi hai porto sull'eccellenza di quelle quattro donne, mi sembrano più desiderabili dell'oro e delle pietre preziose, dolci più del favo stillante di miele. Veramente il tuo insegnamento e le tue parole sembrano illuminate da Colui che dona l'intelligenza ai pargoli. 87. Padre, ho sentito che si pregia delle gemme l'India, dell'incenso Saba, dell'oro l'Arabia. 88. È invece bene che sia io a gloriarmi di quel tesoro incomparabile che mi hai mandato, che né i predoni potranno depredare, né la tignola potrà consumare, vale a dire quello racchiuso nelle regole e nei precetti di quelle donne.

85 Hab. 3, 2 «Domine, audivi auditionem tuam et timui» e Ps. 118, 140 «Ignitum eloquium tuum vehementer et servus tuus dilexit illud».

86 Ps. 118, 129 «mirabilia testimonia tua»; Ps. 18, 11 «Iudicia Dei [...] desiderabilia super aurum et lapidem pretiosum et dulciora super mel et favum» e Ps. 118, 130 «Declaratio sermonum tuorum inluminat et intellectum dat parvulis».

87 Verrebbe voglia d'istinto di correggere *Sabba* in *Sabea*, anche sulla base di Verg. *Georg.* 1, 57 «India mittit ebur, molles sua tura Sabaei» (si tenga presente pure la Bibbia, 2 Par. 9, 14 «omnesque reges Arabiae et satrapae terrarum qui conportabant aurum et argentum Salomoni»). Ma la stessa grafia e la medesima espressione ricorrono in Lorenzo d'Aquileia; nell'epistola dedicatoria della sua *Summa dictaminis* a Filippo il Bello, re di Francia, composta tra 1298 e 1302, si legge infatti: «Maiestati vestre igitur offert Sabba thus, aurum Arabia ministrabit, reges horrendi donabunt munera de longinquo; ego autem, servorum vestrorum minimus, cupiens ut regalis preeminentia nominis ubique laudatis humane vocis preconiis altius extollatur, quibus vos dignum in orbe ipse regens regum statuit sub regio titulo singularem, non do magna, non offero preciosa, sed ex devotionis fervore hoc opusculum, quod ex dictis maiorum collegi, ad pedes vestre celsitudinis porrigo» (Novati 1899[2], p. 253, con la recensione di Delisle 1898, ove è anche riproposto il testo della dedicatoria). Per Lorenzo d'Aquileia e la sua opera: Jensen 1973.

88 Mt. 6, 19-20 «Nolite thesaurizare vobis thesauros in terra, ubi erugo et tinea demolitur, ubi fures effodiunt et furantur. Thesaurizate autem vobis thesauros in caelo, ubi neque erugo neque tinea demolitur et ubi fures non effodiunt nec furantur».

mea quasi stilo ferreo, sicut ea que celte sculpuntur in silice? 90. Studebo quidem pro modulo meo mandatum tuum in animo custodire, cordi describere, ori circumdare, digitis alligare. 91. Sed timeo, pater, de verbo illo quod protulit lingua tua, ubi dixisti quod patientia, fortitudinis filia, studia tua pluries accusavit, pro eo quod mandata eius in mente discebas, sed opere non servabas. 92. Quid enim erit in arido, si hoc in viridi contingebat? 93. Confido tamen quia Ille qui non alta sapienti, sed humilibus consentienti dat gratiam et virtutem in istis paterne doctrine primis auspiciis dedit michi memoriam et observantiam mandatorum tuorum. 94. Nam cum pridie per diversas temptationum villas variasque cogitationum silvas spiritus meus volubilis ambularet, occurrit michi nova et invisa generatio mulierum numero septem, quarum erat diversa qualitas, dispar vultus, varius cultus et habitus, differens actus, vita contraria, diversa voluntas ab illis dominabus, de quibus michi paterna fecerat epistola mentionem. 95. Quarum cum unaqueque me ad suos amplexus, sequelas et convivia variis allectionibus invitaret, impulsus sum ut caderem in profundum dementie, nisi timor et amor sotie, quam dedisti michi, domine temperantie, quam dixisti nichil velle penitendum fieri, sensualitatis mee lubricum refrenasset; propter quod confido quod, sicut de isto saluberrimo canone, ita de ceteris preceptis michi traditis memor ero.

95 allectionibus *corr. interl. ex* alectionibus *ms.*

89. Ma chi mi accorderà la facoltà che s'imprimano nella mia mente quasi vergate con stilo di ferro, come quelle che s'incidono con lo scalpello sulla roccia? 90. Mi impegnerò davvero, secondo le mie possibilità, a custodire il tuo mandato nell'animo, trascriverlo nel cuore, cingerlo nella bocca, trattenerlo tra le dita. 91. Ma ho paura, padre, di quella parola che hanno proferito le tue labbra, quando hai detto che la Pazienza, figlia della Fortezza, più volte ha puntato l'indice contro il tuo modo di applicarla, perché hai imparato e serbato nella memoria i suoi comandi, ma non li hai osservati nella pratica. 92. Che ne sarà dunque di me, legno secco, se questa manchevolezza è toccata a te, legno verde? 93. Confido tuttavia che Colui che dona grazia e virtù non a chi insegue l'alta sapienza, ma a chi si gratifica nell'umiltà, in questi primi auspici della dottrina paterna mi abbia dato memoria e rispetto dei tuoi comandi. 94. Infatti, quando un tempo il mio spirito volubile se ne andava per le svariate dimore delle tentazioni e per le selve multiformi dei pensieri, mi si fece incontro una nuova e mai vista prima genìa di donne, in numero di sette. La qualità di ciascuna era diversa, il volto differente, dissimili gli usi e costumi, comportamento opposto, modo di vivere in antitesi e volontà in contrasto rispetto a quelle altre signore, di cui mi aveva fatto menzione l'epistola paterna. 95. Poiché ciascuna di loro mi invitava al suo amplesso, a essere suo seguace e commensale con vari allettamenti, fui spinto al punto di cadere nel baratro della follia, se il timore e l'amore per la compagna che mi hai dato in sposa, la Temperanza, la quale vuole che non accada nulla di cui ci si debba pentire, non mi avesse trattenuto mentre scivolavo nelle passioni dei sensi. Per questa ragione confido che serberò memoria, come di questo canone latore di salvezza, così degli altri precetti che mi hai offerto in dono.

89 Iob 19, 24 «Quis mihi det ut exarentur in libro stilo ferreo et plumbi lammina vel certe sculpantur in silice?». La variante *celte* per *certe* del passo veterotestamentario è piuttosto normale nella tradizione manoscritta: si ricordi che è uno strumento di ferro, come insegna anche Uguccione da Pisa, *s.v.* celo, dove per altro occorre la stessa citazione biblica dal libro di Giobbe: «hic celtes,-is, quoddam instrumentum ferreum aptum ad sculpendum, unde Iob "quis michi det ut exarentur in libro stilo ferreo vel plumbi lamina vel celte sculpentur in silice"» (Uguccione 2004, p. 212).

92 Lc. 23, 31 «Quia si in viridi ligno haec faciunt, in arido quid fiet?».

93 Rom. 12, 16 «id ipsum invicem sentientes, non alta sapientes, sed humilibus consentientes».

96. Quia vero vidi quod illas dominas multitudo virorum psallentium et gementium sequebatur, nescio utrum de eo quod feci retrocedendo et non procedendo penitere debeam vel gaudere. 97. Nam licet alique dominarum ipsarum tristes et lacere viderentur, nonnulle tamen apparebant magnifice et delitiose vivere et regnare. 98. Ut ergo, pater, audito quales actus, habitus et figuras habebant, possis connicere michique rescribere nomina, genus, prosapias, mores, origines et naturas ipsarum, ea pauca que de ipsis superficialiter comprehendi succinta tibi narratione retexo.

99. Prima siquidem dominarum ipsarum, que videbatur principissa aliarum omnium et regina, sedebat in excelso throno et semper excelsius ascendere nitebatur. 100. Hec habebat frontem verendam, alta supercilia, oculos sublimes, dedignantes nares, os grandia loquens, cervicem erectam, pectus elevatum, ventrem turgidum, in dextra sceptrum, in sinistra vibrabat et gladium. 101. Pares cum acuto cubito feriebat, inferiores pede calcabat, superiores aspicere non valebat. 102. Fastus et pompa ductores sui; purpura, cocchus, argentum et aurum opus decoris sui; smaragdus, crisolitus et berillus et omnis quem habere poterat lapis preciosus operimentum suum. 103. Primam cathedram in sinagoga, primos recubitus in cenis, salutationes in foro diligere videbatur et vocari ab hominibus Rabbi non persone nomine sed fortune. 104. Hanc audivi frementem dicere, si bene recordor: «Ascendere vellem super altitudinem nubium et super astra celi exaltare solium meum; at saltem omnes quos potero superabo». 105. Sed, mirabile dictu, quedam abiecta muliercula, induta sacco, demissa vultu, obsequiosa operibus, blanda sermonibus,

98 michique] -que *add. interl. manus A ms.*

96. Poiché ho visto davvero che una moltitudine di uomini, cantando e piangendo, seguiva quelle donne, non sono certo se di quel che ho fatto, volgere indietro i miei passi e non andare oltre, dovrei pentirmi o essere felice. 97. Sebbene infatti alcune di quelle donne si presentassero meste e miserabili, molte altre tuttavia sembravano vivere e regnare nella magnificenza e tra le delizie. 98. Affinché dunque, padre, dopo avere ascoltato com'erano i loro comportamenti, i loro modi di vivere e il loro aspetto, tu possa formulare la tua ipotesi e scrivermi un secondo trattato dei nomi, l'origine, la stirpe, i costumi, la provenienza e la loro natura, ti spiego in breve quel poco che ho compreso, solo superficialmente, di costoro.

99. La prima di queste donne, che sembrava la signora di tutte le altre e loro regina, sedeva su un trono eccelso e sempre a maggiore altezza s'adoperava di ascendere. 100. Costei aveva fronte che incuteva timore, altero cipiglio, occhi altezzosi, espressione sdegnata, bocca magniloquente, testa ritta, petto in fuori, ventre rigonfio; vibrava lo scettro nella destra, nella sinistra la spada.

101. Assestava sferzanti colpi di gomito a chi le era pari, calpestava chi le era inferiore, non le riusciva di volgere lo sguardo a chi le era superiore. 102. Il fasto e la pompa le facevano da guida. La porpora, lo scarlatto, l'oro e l'argento la facevano bella. Smeraldo, crisolito e berillo, e ogni pietra preziosa di cui poteva disporre, costituivano il suo mantello. 103. Sembrava gradire la prima cattedra nella sinagoga, i primi posti nei banchetti, saluti deferenti in piazza ed essere chiamata dagli uomini «Rabbi», non perché fosse il suo ruolo, ma per le sue fortune. 104. L'ho sentita fremere nel pronunciare, se ben ricordo, queste parole: «Vorrei salire più in alto delle nubi e innalzare il mio trono sopra le stelle del cielo; ma almeno supererò tutti quelli che potrò». 105. Ma, mirabile a dirsi, una donnicciola negletta, vestita di sacco, dimessa nel volto, generosa di opere e dolce

102 La porpora rossa e quella viola compaiono spessissimo associate nella Bibbia: Ex. 25, 4; 28, 15 e 33; 35, 6, 23 e 35; 36, 8; 39, 2 e 8; 2 Par. 2, 7; Idt. 10, 19; Apc. 17, 4; 18, 12 e 16.

102 Ez. 28, 13 «In deliciis paradisi Dei fuisti, omnis lapis pretiosus operimentum tuum: sardius, topazius et iaspis, chrysolitus et onyx et berillus, sapphyrus et carbunculus et zmaragdus, aurum opus decoris tui».

103 Mt. 23, 6-7 «Amant autem primos recubitus in coenis et primas cathedras in synagogis et salutationes in foro et vocari ab hominibus Rabbi».

104 Is. 14, 14 «Ascendam super altitudinem nubium et ero similis Altissimo».

prona infimis, sicut illa prompta sublimibus, stabat opposita contra eam: que plus exaltabatur descendendo quam illa faceret ascendendo.
106. Secunda non sedebat, sed sollicita circa frequens ministerium satagebat, ut opes, pecunias et divitias congregaret, inculta, macra, ieiunans, loculis habendis inhians, habitis non contenta, sed, sicut Tantalus in undis, sic ista serva numismatis in divitiarum gurgite sitiebat. 107. Huic adversabatur quedam gratiosa, magnifica, quin immo gratissima mulierum, que illi miserrime quicquid poterat subtrahebat et ei subtracta suaque propria spargens libenter omnia dabat omnibus, sed libentius pauperibus erogabat. 108. Hec nunquam videbatur esse defessa, nisi cum munera fundere quiescebat.
109. Tertia videbatur detestabili cordis egritudini subiacere que, licet se de aliorum felicitate letari pretenderet, in vultu tamen fideli mentis nuntio denegare non poterat se dolere tanquam que non videtur cum infirmantibus, sed cum incolumibus et felicibus infirmari. 110. Hanc quedam mulier caritate plena fortiter arguebat que omnium successus tam adversus quam prosperos suos proprios reputabat.
111. Quarta nescio si a demonio vexabatur vel que tempestas animi commovebat eam, quia velo proiecto, crinibus dissolutis, clamore mugiens, vestimenta proscindens, contra se ipsam et alios inexplicabili vindicte desiderio seviebat.
112. Quinta autem ociosa, segnis et tristis, mestam et gravem maxillam dextere superponens, se et alios ab incepto desistere nullumque bonum velle incipere procurabat.
113. Sed quantum sexta predictis contraria cotidie epulabatur

106 non (sedebat)] v(er)o *ms.*

nelle parole, china verso gli umili come quell'altra era pronta verso i più grandi, stava di fronte a lei. Quest'ultima si esaltava più nell'umiliarsi, di quanto quell'altra facesse nell'innalzarsi.

106. La seconda non se ne stava assisa, ma s'affannava in mille faccende pur di affastellare averi, denaro e ricchezze, senza curarsi nell'aspetto, emaciata, a digiuno, bramosa di riempire gli scrigni, mai paga di quanto ottenuto, ma, come Tantalo tra le onde, così costei, serva della moneta sonante, soffriva la sete immersa nel gorgo delle ricchezze. 107. Stava di fronte a costei una donna cortese, magnifica, anzi la più grata delle donne, che strappava quel che poteva a quella taccagna e, distribuendo quanto le aveva sottratto e la propria ricchezza, donava volentieri tutto a tutti, ma ancora più volentieri elargiva ai poveri. 108. Questa non sembrava mai stanca, se non quando cessava di dispensare doni.

109. La terza sembrava soccombere a un detestabile male del cuore; pur dando a vedere di provar gioia per la felicità altrui, nel volto tuttavia, specchio fedele dell'anima, non poteva negare di provare dolore, come chi non sembra soffrire per chi è malato, ma per chi è sano e felice. 110. La rimproverava aspramente una donna piena di carità, che riteneva di dover condividere con tutti tanto la buona quanto la cattiva sorte.

111. Non so se la quarta fosse assillata da un demonio o quale tempesta dell'anima la tribolasse, perché tolto il velo, sciolti i capelli, ruggendo con fragore, strappandosi le vesti, infuriava contro se stessa e gli altri, mossa da un'inspiegabile brama di vendetta.

112. La quinta invece, oziosa, indolente e triste, appoggiando pesante e mesto il mento sulla mano, faceva in modo che se stessa e altri desistessero nell'opera intrapresa e non volessero dare inizio a nulla di buono.

113. Ma quanto la sesta, al contrario delle altre, se la spassasse a ban-

106 *cfr*. Lc. 10, 40 «Martha satagebat circa frequens ministerium». A proposito del riferimento a Tantalo assetato tra le onde, si può ricordare che, nella mitologia antica (ripresa poi copiosamente nel Medioevo), Tantalo, avendo invitato gli dèi a convito e non potendo reperire le vivande (oppure, secondo un'altra tradizione volendo provare l'onniscienza divina), imbandì per i numi una scellerata mensa: smembrò il figlio Pelope e ne preparò le carni per il banchetto. Gli dèi, tranne Cerere, si astennero dal terribile pranzo. Perciò Tantalo fu punito negli Inferi, costretto a stare con l'acqua fino al mento, senza mai poter bere, benché afflitto da una tremenda sete.

et splendide per ordinem enarrare non possem. 114. Ipsa quidem non in ornando, sed onerando corpus studium apponebat, cuius quidem noxius, illecebrosus et escarum avidus appetitus solius ventris causa lauta cibaria, exquisita pulmenta, egregia fercula, dulcia vina, cara pigmenta et aromata cupiebat. 115. In crapula et ebrietate et in continuis commessationibus delectatur et breviter totum animum, studium et laborem in cibos et potus, sapores, odores variosque nidores ventrisque delitias convertebat. 116. De septima, pater, plus et sanius oportebit te intelligere quam ego sciam et valeam explicare; nam aliud de ipsa oculis, aliud auribus comprehendi. 117. Sed quia iudicium oculi certius est quam auris, fere secutus sum visum potius quam auditum. 118. De ista quidem domina, tanquam de illa in qua videbatur materia cum forma, ars cum natura et accidens cum subiecto certare, pulcra videbam, sed nepharia audiebam. 119. Porro, sicut lilium inter spinas, sic ista inter predictas alias videbatur pulcra, decora, blanda, ridens et psallens et exterius per omnia michi placens; et quantum oculus capiebat exterius, tantumdem et amplius meus animus interius existere cogitabat. 120. Nam capilli sui aurei, frons lactea, oculi sui fures cordium, vagi plus quam oculi columbarum. 121. Sicut cortex mali punici sic gene sue absque eo quod sub fuci positivo colore latebat. 122. Favus distillans huius labia mulieris ac nitidius oleo guttur eius. 123. Hec erat in vestitu deaurato circumamicta varietate pomparum; hec habebat torques, monilia et armillas mitras et discriminalia murenulas et olphatoriola et in aures et anulos et gemmas in fronte pendentes acus et specula, sindones et teristra et omnia quibus possit

117 visum] -i- *add. interl.*
123 olphatoriola] ol- *add. interl. manus A ms.*

chettare ogni giorno nello sfarzo, non mi riuscirebbe di spiegarlo con ordine. 114. Lei davvero si dava pensiero non di ornare, ma di onerare il corpo: il suo appetito malsano, facile a lasciarsi sedurre e avido di cibo, per sola voracità bramava copiose libagioni, pietanze squisite, vassoi di leccornìe, vini prelibati, colori ricercati e spezie. 115. Si diletta senza posa nella crapula, nell'ubriachezza e nelle gozzoviglie: in breve rivolgeva tutto il suo animo, il suo zelo e le sue opere a cibi e bevande, sapori, aromi e profumi vari, e delizie del ventre.
116. Della settima, padre, converrà che tu intenda più e meglio di quanto io sappia o sia in grado di spiegare: infatti un aspetto l'ho appreso con la vista, l'altro con l'udito. 117. Ma siccome il giudizio dell'occhio è più sicuro di quello dell'orecchio, ho seguito per lo più la vista piuttosto che l'udito. 118. Di questa signora, come di quella in cui sembravano contendere la materia con la forma, l'arte con la natura, il complemento col soggetto, vedevo la beltà, ma ne udivo l'empietà. 119. Inoltre, come giglio tra le spine, così quest'ultima, tra le altre sopracitate, sembrava bella, elegante, dolce; sorrideva e cantava, e tutto mi piaceva del suo aspetto esteriore. E quanto più l'occhio mio afferrava la superficie esteriore, altrettanto, e ancor più, l'animo mio pensava si rivelasse nell'intimo del cuore. 120. Infatti d'oro i suoi capelli, bianca come latte la fronte, gli occhi rubacuori, vaghi più degli occhi delle colombe. 121. Come la buccia del melograno, così le sue gote, senza quel che si celava sotto il bel colorito del belletto. 122. Un favo stillante le labbra di questa donna e nitida più dell'olio la sua bocca. 123. Agghindata d'ogni sorta di sfarzoso ornamento, indossava una veste luccicante d'oro. Aveva collane, monili e bracciali, fasce sul capo e spilloni ai capelli, cinture e boccette di profumi, orecchini,

115 Lc. 21, 34 «Adtendite autem vobis, ne forte graventur corda vestra in crapula et ebrietate et curis huius vitae».

119 Ct. 2, 2 «sicut lilium inter spinas sic amica mea inter filias».

120 Ct. 4, 1 «oculi tui columbarum absque eo quod intrinsecus latet».

121 Ct. 6, 6 «sicut cortex mali punici genae tuae absque occultis tuis».

122 Ct. 4, 11 «favus distillans labia tua», e, meglio, Prv. 5, 3 «favus enim stillans labia meretricis et nitidius oleo guttur eius».

123 *cfr*. Ps. 44, 10 «adstitit regina a dextris tuis in vestitu deaurato circumdata variatate» e Is. 3, 18-23 «In die illa auferet Dominus ornatum calciamentorum et lunulas et torques et monilia et armillas et mitras, discriminalia et periscelidas et murenulas et olfactoriolas et inaures et anulos et gemmas in fronte pendentes et mutatoria et pallias et linteamenta et acus et specula et sindones et vittas et theristra».

mulier adornari. 124. Hec, stans in angulo intuensque me iuvenem et vecordem, misit manum suam per foramen et maxilla mea intremuit ad tactum eius. Pessulum hostii sui aperuit michi et egressa in occursum meum sic ait: «Victimas pro salute debui, desiderans te videre, quem reperi. Intexui funibus lectum meum, stravi tapetibus ex Egypto. Aspersi cubile meum mirra et aloe et cinamomo. Veni, adolescens, inebriemur uberibus et cupitis amplexibus perfruamur. Nam hic quodcumque libet licet et scire debes quod Iupiter esse pium statuit quodcumque iuvaret».

125. Cuius ego intuitu et blanditiis irretitus, dixi insipiens in corde meo: «Que est ista que progreditur delitiis affluens sine macula vestimenti sui?». 126. Et dixi ad eam: «O quam pulcri sunt gressus tui in calciamentis, o filia principis. Statura tua assimilata est palme et duobus pomis mamme tue. Osculeris me osculo oris tui, quia meliora credo ubera tua vino. Vulnerasti cor meum in uno oculorum tuorum et in aureo crine colli tui. Transfixisti amoris tui sagitta iecur

124 debui *corr. interl. ex* dubui *manus A ms.* tapetibus *corr. ex* tapedibus *ms.*

anelli, ciondoli ingemmati pendenti in fronte, spille e specchi, vesti di lino e veli, e ogni tipo d'orpello che potesse rendere una donna leggiadra. 124. Questa donna, standosene nell'angolo e vedendomi giovane e ingenuo, ha messo la mano nello spiraglio e ho sentito un fremito in viso quando mi ha toccato. Mi ha aperto il chiavistello della sua porta e, uscita, venendomi incontro, così disse: «Ho dovuto offrire vittime propiziatorie: bramavo vederti e ti ho trovato. Ho intessuto di giunchi il mio letto, l'ho ricoperto di tappeti d'Egitto. Ho asperso il giaciglio di mirra, aloè e cinnamomo. Vieni, giovane, inebriamoci d'amore e godiamo le agognate carezze dei sensi. Qui infatti quel che piace, lice; e devi sapere che Giove sancì essere buono quel che soddisfa il piacere».

125. Io, volgendomi a lei, irretito dai suoi allettamenti, dissi stolto in cuor mio: «Chi è costei che avanza, d'ogni delizia traboccante, senza una macchia sulla sua veste?». 126. E le dissi: «Come sono belli i tuoi piedi nei sandali, o figlia del principe! La tua statura ricorda quella di una palma e due pomi i tuoi seni. Baciami col bacio della tua bocca, e credo più dolci del vino siano i tuoi seni. Hai trapassato il mio cuore in un solo colpo d'occhio e con un solo capello d'oro della tua chioma, hai trafitto le mie carni con la

124 Ct. 5, 4 «Dilectus meus misit manum suam per foramen»; Ct. 5, 6 «Pessulum ostii aperui dilecto meo»; Prv. 7, 15 «Idcirco egressa sum in occursum tuum» e Prv. 7, 14-18 «Victimas pro salute debui, hodie reddidi vota mea; idcirco egressa sum in occursum tuum, desiderans te videre et repperi. Intextui funibus lectum meum, stravi tapetibus pictis ex Aegypto. Aspersi cubile meum murra et aloe et cinnamomo. Veni. Inebriemur uberibus, dones inlucescat dies, et fruamur cupitis amplexibus» (sono le parole della meretrice). Per l'espressione, di sapore proverbiale, *quodcumque libet licet* (la memoria corre ai celebri versi dell'*Inferno* dantesco, 5, 56, «che libito fé licito in sua legge», riferiti alla lussuriosa Semiramide ed echeggianti notoriamente un passo delle *Historiae* di Paolo Orosio, 1, 4, 8): *cfr*. S. Gregorii Magni *Mor. in Iob* 5, 11, 17 «Cumque facere quod liber, licet, iuste sibi omne aestimat licere quod libet»; Monti 2002. Le ultime parole della voluttuosa lussuria sono un verso di Ovidio (*Her*. 4, 133 «Iupiter esse pium statuit quodcumque iuvaret»).

125 Ps. 13, 1 e 52, 1 (per *in corde meo*) e Ct. 8, 5 «Quae est ista quae ascendit de deserto deliciis affluens?».

126 Le parole del giovane ammaliato dalla lussuria sono tutte riprese dal *Cantico dei Cantici*: Ct. 7, 1 «Quam pulchri sunt gressus tui in calciamentis, filia principis»; Ct. 7, 7 «Statura tua adsimilata est palmae»; Ct. 1, 1 «Osculetur me osculo oris sui, quia meliora sunt ubera tua vino» e Ct. 4, 9 «Vulnerasti cor meum, soror mea sponsa, vulnerasti cor meum in uno oculorum tuorum et in uno crine colli tui».

meum». 127. Et dum hec dicens vellem suis amplexibus implicari, paravit se in medio quidam, si bene recolo, nominatus Ypolitus, socius cuiusdam vocate Lucretie, que ipsam ad me venientem dominam refrenabat. 128. Qui socius michi «Quo vadis – inquit – miser? Fuge, dilecte mi; assimilare capree inuloque cervorum. Nam vie inferi domus eius, dilectio sua fortis ut mors et dura sicut infernus, et, quamvis mel et lac videatur esse sub lingua sua, novissima tamen eius amara sicut absinthium et acuta sicut gladius biceps. Vere ista est cuius extrema gaudii luctus occupat, pena sequitur, mors concludit. Recordare, bone iuvenis, quod virtus est placidis abstinuisse bonis». 129. Quo audito dixi: «Video novam legem in

128 gaudii *corr. ex* gladii *ms.*

freccia del tuo amore». 127. E mentre pronunciavo queste parole e volevo congiungermi a lei, si mise in mezzo un tale, se ben ricordo, di nome Ippolito, compagno di una donna chiamata Lucrezia, la quale tratteneva la signora che veniva verso di me. 128. «Dove vai», disse l'uomo, «infelice? Fuggi, mio diletto, svelto come una capra selvatica o un cerbiatto. La via per gl'inferi è la sua casa, la sua passione è forte come la morte e dura come l'Inferno e, benché dalla sua bocca sembrino sgorgare latte e miele, la fine tuttavia è amara come l'assenzio e affilata come una spada a doppio taglio. Davvero di costei si può dire così: al colmo della gioia subentra il lutto, segue il castigo, conclude la morte. Ricorda bene, buon giovane, che virtù è astenersi dai piaceri». 129. Una volta ascoltato questo discorso,

127 Al giovane che si stava lanciando a suo danno tra le braccia della lussuria si oppongono due esempi topici di castità: Ippolito e Lucrezia. Il primo, figlio di Teseo, fu amato invano dalla matrigna Fedra, che lo accusò falsamente di violenza al padre. Val la pena di rammentare il detto sentenzioso «castior Hippolyto»: Grimm 1866, p. 71. Non a caso l'Archipoeta nella sua notissima confessione «Estuans intrinsecus ira vehementi», per mostrare la corruzione morale che dominava a Pavia, scrisse: «Si ponas Ypolitum hodie Papie, / non erit Ypolitus in sequenti die» (Wathenpul 1958, p. 74). Lucrezia, moglie di Collatino, si trafisse con la spada di fronte allo sposo e al padre, dopo aver subito violenza da Sesto Tarquinio; l'episodio è immortalato in una celebre e patetica pagina di Livio, *Ab urbe condita*, I 58. Da allora Lucrezia, «dux Romanae pudicitiae», come la definì Valerio Massimo, *Fact. et dict. mem.*, VI 1,1, fu considerata modello di pudicizia, nonostante le perplessità espresse da Agostino, *Civ. Dei*, 1, 19, che trovarono eco alla fine del sec. XIV nella protesta rivolta dall'oscuro letterato Giovanni Segarelli di Parma alla *Declamatio Lucretie* del cancelliere fiorentino Coluccio Salutati, paladino della tradizione favorevole alla donna: Romanini 2014. Anche lo stizzoso Girolamo tributò calde lodi alla donna, *Adversus Iovinianum*, 1, 46 (*PL* 23, 275): «Ad Romanas feminas transeam; et primam ponam Lucretiam, quae violatae pudicitiae nolens supervivere, maculam corporis cruore delevit».

128 Le parole di Ippolito sono un centone di *sententiae* bibliche (dal *Cantico dei Cantici*, per le delizie della bella donna, e dai *Proverbi*, per gli ammonimenti a fuggirle): Ct. 8, 14 «Fuge, dilecte mi, et adsimilare capreae hinuloque cervorum super montes aromatum»; Prv. 7, 27 «Viae inferi domus eius, penetrantes interiora mortis...»; Ct. 4, 11 «Mel et lac sub lingua tua»; Prv. 5, 4 «Novissima autem illius amara quasi absinthium et acuta quasi gladius biceps» e Prv. 14, 13 «Risus dolore miscebitur et extrema gaudii luctus occupat». Il discorso si chiude con una citazione ovidiana, diventata ormai proverbiale (Ov. *Her*. 17, 98 «Est virtus placitis abstinuisse bonis»; Walther 1963-1969, nn° 8002 e 33663a).

129 Rm. 7, 23 «Video aliam legem in membris meis repugnantem legi mentis meae et captivantem me in lege peccati quae est in membris meis».

membris meis repugnantem doctrine patris mei et captivum si posset in laqueum me ducentem; sed antequam ista me capiat, fugiendo pugnabo, quia video quod magnum est in mora, maius in aspectu, sed maximum periculum in contactu». 130. Hec dixi et tacui. Et licet me aliquis suspitionis scrupulus agitaret, suggerens ne iste bonus vir plus zelotipia quam benivolentia moveretur, future tamen metuens penitudinis tunsione feriri, statim ad illius monitum fuge presidio me commisi. 131. Et quamvis corpus ex celeris motu fuge calesceret et sudore maderet, caminum tamen animi lumborumque carbones ex corporalis elongatione presentie tepefieri sentiebam. 132. Quia tamen accensi vapor igniculi a renibus meis totaliter non recessit, sed me potius ad coniugium sic ornate mulieris accendit, suppliciter oro, mi pater, ut, si honeste potes, contractata inter me et temperantiam sponsalia retractare vel, matrimonium si quod est, quod non credo, cum nondum sit maritalis copula subsecuta, divortium celebrare non tardes, quia, licet illa salutis et ista periculi dotes promittere et solvere videatur, ad istam tamen sic blandam, sic formosam dominam et decoram fortius mea sensualitas inclinatur. 133. Tu autem de nominibus, conditionibus et naturis istius et aliarum, sicut supra disserui, quid vis me facturum et omnia que circa huiusmodi negotium expedire cognoscis, michi rescribere non postponas. 134. Nam si casus accideret quod illi domine amplius obviarem, timeo ne plus essem memor illius carminis: «Iupiter esse pium statuit quodcumque iuvaret» quam quod michi dixit Ypolitus: «Est virtus placidis abstinuisse bonis», et quod citius in mentem caderet illud verbum: «Quod libet licet» quam quod michi scripsisti: «Nichil facias penitendum». 135. Scis enim, pater, quod ignotior est via viri in adolescentia sua quam via colubri super petram.

ho detto: «Vedo un legge nuova nelle mie membra, alla dottrina del padre mio contraria, e, se potesse, mi condurrebbe prigioniero nella sua trama. Ma prima che mi catturi, mi batterò fuggendo, poiché mi rendo conto che grande è il pericolo se indugio, ancora più grande se continuo a guardarla, grandissimo se entro in contatto con lei». 130. Detto questo, tacqui. E, sebbene qualche scrupolo di diffidenza mi turbasse instillandomi il sospetto che quest'uomo fosse mosso più dalla gelosia che dalla benevolenza, temendo di rimanere offeso dal fendente del castigo a venire, sùbito, al suo monito, cercai scampo dandomi alla fuga. 131. E, per quanto il corpo fuggendo di corsa si accaldasse e fosse madido di sudore, sentivo tuttavia che si intiepidivano la fornace dell'anima e i carboni ardenti dei sensi man mano che mi allontanavo da lei. 132. Poiché tuttavia la vampa di quel fuoco acceso non se ne andava del tutto dalle mie carni, ma piuttosto m'infiammava a prendere in sposa una donna così avvenente, ti prego supplicandoti, padre mio, di sciogliere, se lo puoi fare onorevolmente, la promessa di nozze tra me e la Temperanza. Oppure se si tratta di matrimonio – cosa che non credo, poiché non è stato ancora consumata l'unione nuziale –, di non indugiare a ufficializzare il divorzio, perché, anche se quella, la Temperanza, sembra promettere e portare in dote la salvezza, mentre questa, la Lussuria, rappresenta un pericolo, tuttavia i miei sensi sono attratti con più vigore da quest'ultima donna, così carezzevole, procace e leggiadra. 133. Tu invece non tardare di scrivermi sui nomi, le condizioni e la natura di questa e delle altre donne, come ti ho chiesto in precedenza, come vuoi che mi comporti e tutto quanto sai essere di giovamento in questa situazione. 134. Nel caso infatti in cui mi imbattessi di nuovo in quella donna, temo di ricordarmi più di quel verso «Giove sancì essere bene tutto quel che piace», rispetto a quel che mi ha detto Ippolito «Virtù è astenersi dai piaceri»; e più in fretta mi verrebbe in mente l'adagio «Quel che piace, lice», rispetto a quel che mi hai scritto «Non far nulla di cui doversi pentire». 135. Sai infatti, padre, che durante l'adolescenza la via dell'uomo è più tortuosa di una serpe che striscia sulla pietra.

135 Prv. 30, 18-19 «Tria sunt difficilia mihi et quartum penitus ignoro: viam aquilae in caelo, viam colubri super petram, viam navis in medio mari et viam viri in adulescentia».

136. Bonaiutus Guillelmino.
Fili, benedicat tibi Deus, qui gratiam tribuit et sapientiam erexit in domo David pueri sui, qui dat omnibus affluenter et non improperat, per quem aperta est lingua mutorum, qui non solum linguas infantium facit esse disertas, sed immensos brutosque asine ruditus per sensatos humani colloquii distinxit modos. 137. Tu enim operam medicantis expectans vulnera tua michi detegere non tardasti, delictum tuum cognitum michi fecisti nec datam tibi a Deo doctrinam et prudentiam abscondisti. 138. Vidi siquidem et cognovi quoniam non odisti disciplinam nec proiecisti sermones meos retrorsum, non sedisti in concilio vanitatis nec voluisti cum iniqua agentibus introire. 139. Odisti ecclesiam, immo synagogam malignantium et cum dominabus impiis non stetisti. 140. Et ego quantum in me fuerit et Dominus ex alto concesserit, notas tibi faciam vias vite et implebo te letitia, si mandatorum meorum semitam volueris custodire. 141. Intellectum tibi dabo et instruam te in via hac qua gradieris et faciam de virtute in virtute crescere nomen tuum. 142. Ille namque domine, fili carissime, quas vidisti sunt fermentum malitie et nequitie, fomentum luxurie et infamie, scole perfidie, castra miserie, nundine voluptatis; ille sunt contagia vite, convivia mortis, via inferi, repagula paradisi.

142 convivia] conviva *ms. post* paradisi *add. mg. manus A ms*. Prosequitur de vitiis in communi et postmodum descendit ad spetiem, dicendo sibi qualiter prima dominarum illarum vocatur domina superbia, secunda avaritia et sic de singulis, dicendo etiam quantum et qualiter ipse domine sunt vitande, quousque pervenit ad tractatum de virtutibus theologicis et cetera

136. Bonaiuto a Guglielmino.
Figlio, ti benedica Dio, che ha conferito la grazia e ha innalzato la sapienza nella casa di Davide sua progenie, che dona largamente a tutti e non offende, grazie al quale si è sciolta la lingua dei muti, lui che non soltanto rende eloquenti le lingue dei fanciulli, ma che ha distinto il raglio bestiale e immane dell'asina dalle forme sensate della conversazione umana. 137. Tu infatti, che aspettavi la cura del medico, non hai indugiato nel mostrarmi le tue piaghe: mi hai fatto conoscere la tua colpa e non hai tenuto nascosta la dottrina e la sapienza, che Dio ti ha dato. 138. Per questo motivo ho visto e ho compreso, che non hai in odio il mio insegnamento e non hai rigettato le mie parole, e nemmeno ti sei seduto nei conciliaboli delle vanità, né hai voluto invischiarti con i malfattori. 139. Hai odiato la chiesa, anzi la sinagoga degli uomini malvagi, e non ti sei trattenuto con donne empie. 140. E io, per quanto sarà nelle mie possibilità e per quanto Dio dall'alto me lo concederà, ti indicherò la via della vita e ti colmerò di gioia se vorrai muovere i passi sul sentiero dei miei precetti. 141. Ti darò la possibilità di capire e ti insegnerò su quale strada procedere; farò crescere il tuo nome di virtù in virtù. 142. Le donne che hai visto infatti, figlio carissimo, sono il lievito della malizia e dell'iniquità, il fomite della lussuria e dell'infamia, scuole di perfidia, roccaforti di miseria ed empori di piacere. Sono quelle i morbi della vita, banchetti di morte, la via per l'Inferno, porte sbarrate al Paradiso.

136 Lc. 1, 68-69 «Benedictus Deus Israhel quia visitavit et fecit redemptionem plebi suae et erexit cornu salutis nobis in domo David pueri sui»; Iac. 1, 5 « qui dat omnibus adfluenter et non improperat» e S. Gregorii Magni *Mor. in Iob*, *ep. ad Leandrum* 2, 60-65 «Fore quippe idoneum me ad ista desperavi, sed ipsa mei desperatione robustior ad illum spem protinus erexi, per quem aperta est lingua mutorum, qui linguas infantium facit disertas, qui immensos brutosque asinae ruditus per sensatos humani colloquii dixtinxit modos».

138-139 Ps. 25, 4 «Non sedi cum concilio vanitatis et cum iniqua gerentibus non introibo: Odivi ecclesiam malignantium et cum impiis non sedeo»; *cfr*. Eccli. 16, 7 «in synagoga peccantium»; Eccli. 21, 10 «stuppa collecta synagoga peccantium» e Ps. 1, 1 «Beatus vir qui non abiit in consilio impiorum et in via peccatorum non stetit».

140 Ps. 118, 35 «Deduc me in semita mandatorum tuorum».

Bibliografia

AH = C. Blume, G.M. Dreves, *Analecta Hymnica Medii Aevi*, 1-55, Leipzig 1886-1922.

Albertini Ottolenghi 1991 = M.G. Albertini Ottolenghi, *La biblioteca dei Visconti e degli Sforza: gli inventari del 1488 e del 1490*, in «Studi petrarcheschi», n.s., 8 (1991), pp. 1-238.

Alexander von Roes 1958 = Alexander von Roes, *Schriften*, hrsg. v. H. Grundmann, H. Heimpel, in *MGH*, *Schriften des späteren Mittelalters*, I, Stuttgart 1958.

Angiolini 2003 = *Annales Caesenates*, a cura di E. Angiolini, Roma 2003 (Fonti per la storia dell'Italia medievale. Antiquitates, 21).

Anglés 1962 = H. Anglés, *El tesoro musical de la Biblioteca Vaticana*, in *Collectanea Vaticana in honorem Anselmi M. Card. Albareda a Bibliotheca Vaticana edita*, I, Città del Vaticano 1962 (Studi e Testi, 219), pp. 23-53.

Armellini 1942 = M. Armellini, *Le chiese di Roma dal secolo IV al XIX*, II, Roma 1942.

Arnaldi 1956 = G. Arnaldi, *Giovanni Immonide e la cultura a Roma al tempo di Giovanni VIII*, in «Bullettino dell'Istituto Storico Italiano per il Medio Evo», 68 (1956), pp. 33-89.

Arnaldi 1970 = G. Arnaldi, *Bonifacio Veronese*, in *Dizionario biografico degli Italiani*, XII, Roma 1970, pp. 191-192.

Arnaldi 1990 = G. Arnaldi, *Natale 875. Politica, ecclesiologia, cultura del papato altomedievale*, I, Roma 1990 (Nuovi studi storici, 9).

Arnaldi 1997 = G. Arnaldi, *Giovanni Immonide e la cultura a Roma al tempo di Giovanni VIII: una 'retractatio'*, in *Europa medievale e mondo bizantino. Contatti effettivi e possibilità di studi comparati*, a cura di G. Arnaldi, G. Cavallo, Roma 1997, pp. 163-177.

Arthaber s.d. = A. Arthaber, *Dizionario comparativo di proverbi e modi proverbiali*, Milano s.d.

Artner 2004 = E. Artner, "*Hungary as propugnaculum of western Christianity". Documents from the Vatican Secret Archives (ca 1214-1606)*, ed. by K. Szovák, J. Török, P. Tuson, Budapest-Rome 2004 (Bibliotheca Historiae Ecclesiasticae Universitatis Catholicae de Petro Pázmány nuncupatae. Ser. I: Collectanea Vaticana Hungariae).
Avril, Gousset 1984 = F. Avril, M.-T. Gousset, *Manuscrits enluminés d'origine italienne*, II: *XIIIe siècle*, Paris 1984.

Bannister 1913 = E.M. Bannister, *Monumenti Vaticani di paleografia musicale latina*, Lipsiae 1913 (Codices e Vaticanis selecti phototypice expressi, 12).
Barbiche 1970 = B. Barbiche, *Les «scriptores» de la chancellerie apostolique sous le pontificat de Boniface VIII (1295-1303)*, in «Bibliothèque de l'École des Chartes», 128 (1970), pp. 115-187.
Barbiche 1979 = B. Barbiche, *Litterae ante coronationem. Note sur quelques actes pontificaux originaux conservés aux Archives Nationales de Paris*, in *Miscellanea Palaeographica diplomatica et archivistica. Studi in onore di Giulio Battelli*, II, Roma 1979 (Storia e letteratura, 140), pp. 263-275.
Barlow 1950 = Martini episcopi Bracarensis *Opera omnia*, ed. C.W. Barlow, New Haven 1950 (Papers and Monographs of the American Academy in Rome, 12).
Baumgarten 1907 = P.M. Baumgarten, *Die päpstliche Siegelamt beim Tode und nach Neuwahl des Papstes*, in «Römische Quartalschrift», 21 (1907), pp. 32-47.
Baumgarten 1907[2] = P.M. Baumgarten, *Aus Kanzlei und Kammer. Erörterungen zur kurialen Hof- und Verwaltungsgeschichte im XIII. XIV. und XV. Jahrhundert*, Freiburg i.B. 1907.
Bernard d'Utrechet 1977 = Bernard d'Utrecht, *Commentum in Theodolum (1076-1099)*, éd. par R.B.C. Huygens, Spoleto 1977.
Bernini 1948 = F. Bernini, *Per il sesto centenario del 18 febbraio 1248: il canto della vittoria dei Parmigiani su Federico II*, in «Aurea Parma», 32 (1948), pp. 55-67.
Bertini 2001 = F. Bertini, *Giovanni Immonide e la cultura a Roma nel secolo IX*, in *Roma nell'alto medioevo*, II, Spoleto 2001, pp. 879-919.
Billanovich 1964 = G. Billanovich, *Giovanni del Virgilio, Pietro da Moglio, Francesco da Fiano*, in «Italia medioevale e umanistica», 7 (1964), pp. 280-324.
Billanovich 1975 = G. Billanovich, *Milano, Nonantola, Brescia*, in *La cultura antica nell'Occidente latino dal VII all'XI secolo* (Spoleto, 18-24 aprile 1974), Spoleto 1975 (Settimane di studio del Centro italiano di studi sull'alto Medioevo, 22), pp. 321-352.

Billanovich 1989 = G. Billanovich, *Il testo di Livio da Roma a Padova, a Avignone, a Oxford*, in «Italia medioevale e umanistica», 32 (1989), pp. 53-99.

Billanovich 1997 = G. Billanovich, *Petrarca e i libri della cattedrale di Verona*, in *Petrarca, Verona e l'Europa*. Atti del Convegno internazionale di studi (Verona, 19-23 sett. 1991), a cura di G. Billanovich, G. Frasso, Padova 1997 (Studi sul Petrarca, 26), pp. 117-178.

Bilotta 2011 = M.A. Bilotta, *I libri dei papi. La Curia, il Laterano e la produzione manoscritta ad uso del papato nel Medioevo (secoli VI-XIII)*, Città del Vaticano 2011 (Studi e testi, 465).

Blatt 1959-1969 = *Novum Glossarium Mediae Latinitatis. M-N*, cur. F. Blatt, Hafniae 1959-1969.

Boase 1933 = T.S.R. Boase, *Boniface VIII*, London 1933.

Boespflug 2005 = T. Boespflug, *La curie au temps de Boniface VIII. Étude prosopographique*, Roma 2005.

Bonaini, Fabretti, Polidori 1859 = F. Bonaini, A. Fabretti, F.L. Polidori, *Cronache e storie inedite della città di Perugia dal MCL al MDLXIII seguite da inediti documenti tratti dagli archivi di Perugia, di Firenze e di Siena*, in «Archivio Storico Italiano», 16 (1859).

Bonavenia 1911 = G. Bonavenia, *Carme damasiano alla tomba di papa s. Marco*, in «Nuovo Bullettino di Archeologia Cristiana», 17 (1911), pp. 23-37.

Bongiovanni da Cavriana 1995 = Bongiovanni da Cavriana, *Anticerberus*, ed. di P. Rossi, trad. di D. Barchi, Cavriana 1995.

Boyle 1964 = L. Boyle, *An ambry of 1299 at San Clemente, Rome*, in «Mediaeval Studies», 26 (1964), pp. 329-350.

Brancone 2010 = V. Brancone, *Le* domus *dei cardinali nella Roma del Duecento. Gioielli, mobili, libri*, Roma 2010 (La corte dei papi, 19).

Bresslau 1958 = H. Bresslau, *Handbuch der Urkundenlehre für Deutschland und Italien*, hrsg. v. H.-W. Klewitz, II, Berlin 1958.

Caetani 1920 = G. Caetani, *Caietanorum Genealogia. Indice genealogico e cenni biografici della famiglia Caetani dalle origini all'anno MDCCCLXXXII*, Perugia 1920 (Documenti dell'Archivio Caetani, 1).

Calpini 1975 = L. Calpini, *La guerra di Narni e Stroncone nel 1293*, in «Archivio della Società Romana di Storia patria», 98 (1975), pp. 5-54.

Cappelli 1889 = A. Cappelli, *La biblioteca Estense nella prima metà del secolo XV*, in «Giornale storico della letteratura italiana», 14 (1889), pp. 1-30.

Cardin 2008 = L. Cardin, *Epigrafia a Roma nel primo Medioevo (secoli IV-X). Modelli grafici e tipologie d'uso*, Roma 2008.

Cardini 1997 = F. Cardini, *L'eclisse di Gerusalemme. Fallimento della crociata in Terrasanta, nascita del giubileo*, in *La storia dei giubilei*, I: *1300-1423*, a cura di G. Fossi, Firenze 1997, pp. 59-69.

Carmina Burana 1930 = *Carmina Burana*. Mit Benutzung der Vorarbeiten Wilhelm Meyers, hrsg. v. A. Hilka, O. Schumann, II: *Kommentar*, Heidelberg 1930.

Castaldi 2004 = Iohannes Hymmonides, *Vita Gregorii I papae (B.H.L. 3641-3642)*, I: *La tradizione manoscritta*, a cura di L. Castaldi, Firenze 2004.

Chiesa 2007 = P. Chiesa, *Maniacutia, Nicolò*, in *Dizionario biografico degli Italiani*, LXIX, Roma 2007, pp. 30-32.

Cian 1900 = V. Cian, *Il giubileo del 1300 nei versi di un contemporaneo fiorentino*, in «Giornale storico della letteratura italiana», 35 (1900), pp. 450-456.

Cian 1936 = V. Cian, *Un epinicio genovese del Dugento* (1901), in Id., *Scritti minori*, II, Torino 1936, pp. 73-85.

Ciardi Dupré dal Poggetto 1981 = M.G. Ciardi Dupré dal Poggetto, *Il maestro del Codice di San Giorgio e il Cardinale Jacopo Stefaneschi*, Firenze 1981.

Condello 1987 = E. Condello, *I codici Stefaneschi: uno scriptorium cardinalizio del Trecento tra Roma e Avignone?*, in «Archivio della Società Romana di Storia patria», 110 (1987), pp. 21-61.

Condello 1989 = E. Condello, *I codici Stefaneschi: libri e committenza di un cardinale Avignonese*, in «Archivio della Società Romana di Storia patria», 112 (1989), pp. 195-218.

Condello 2000 = E. Condello, *Il libro e la curia: copisti di codici e «scriptores» della cancelleria pontificia tra Roma e Avignone*, in *Le statut du scripteur au Moyen Âge*. Actes du XIIe colloque scientifique du Comité international de paléographie latine (Cluny, 17-20 juillet 1998), éd. M.-C. Hubert, E. Poulle, M.H. Smith, Paris 2000, pp. 77-89.

Condello 2002 = E. Condello, *Di alcuni codici dell'Opus metricum di Iacopo Stefaneschi. Contributo ad un'edizione critica*, in *Studi sulle società e le culture del Medioevo per Girolamo Arnaldi*, a cura di L. Gatto, P. Supino Martini, Roma 2002, pp. 115-134.

Condello 2006 = E. Condello, *Tradizione e innovazione: la produzione libraria dentro e intorno alla curia pontificia nel XIV secolo*, in *I luoghi dello scrivere da Francesco Petrarca agli albori dell'età moderna*. Atti del Convegno internazionale di studio dell'Associazione italiana dei Paleografi e Diplomatisti (Arezzo, 8-11 ottobre 2003), a cura di C. Tristano, M. Calleri, L. Magionami, Spoleto 2006, pp. 135-162.

Coste 1995 = *Boniface VIII en procès. Articles d'accusation et déposition des témoins (1303-1311)*, édition critique, introduction et notes par J. Coste, Roma 1995.

Curry Woods 1991 = M. Curry Woods, *A Medieval Rhetoric Goes to School and to the University: The Commentaries on the Poetria nova*, in «Rhetorica», 9 (1991), pp. 55-65.

Curry Woods 2010 = M. Curry Woods, *Classroom Commentaries: Teaching the "Poetria nova" across Medieval and Renaissance Europe*, Columbus (Ohio) 2010.

Curtius 1992 = E.R. Curtius, *Letteratura europea e Medio Evo latino*, a cura di R. Antonelli, Firenze 1992.

D'Achille 1997 = A.M. D'Achille, *La tomba di Bonifacio VIII e le immagini scolpite del papa*, in *La storia dei giubilei*, I: *1300-1423*, a cura di G. Fossi, Firenze 1997, pp. 224-237.

de Andrés 1985 = G. de Andrés, *'Speculum Pontificale', de Juan Ignotus. Poema sobre la vida del Papa Bonifacio VIII*, in «Rivista española de teologia», 45 (1985), pp. 155-199.

de Andrés 1987 = G. de Andrés, *Inventario general de manuscritos de la Biblioteca Nacional de Madrid*, XI, Madrid 1987.

de Andrés 1992 = G. de Andrés, *'Speculum Pontificale', de Juan Ignotus. Poema sobre la vida del Papa Bonifacio VIII*, in «Hispania sacra», 44 (1992), pp. 745-787.

De Rossi 1884 = G.B. De Rossi, *La biblioteca della sede apostolica ed i cataloghi dei suoi manoscritti*, in «Studi e documenti di storia e diritto», 5 (1884), pp. 317-368.

De Rossi 1886 = G.B. De Rossi, *De origine, historia, indicibus scrinii bibliothecae sedis apostolicae commentatio*, in *Bibliotheca Apostolica Vaticana. Codices Palatini Latini Bibliothecae Vaticanae*, recensivit et digessit H. Stevenson jr, rec. G.B. De Rossi, I, Romae 1886, pp. I-CXXXII.

De Rossi 1888 = *Inscriptiones Christianae urbis Romae septimo saeculo antiquiores*, ed. I.B. De Rossi, II/1, Romae 1888.

De Rossi, Silvagni 1935 = *Inscriptiones Christanae urbis Romae septimo saeculo antiquiores,* ed. G.B. De Rossi, A. Silvagni, Nova Series, II, Romae 1935.

De Vincentiis 2009 = A. De Vincentiis, *Scrivere contro la storia. Il Cardinale Iacopo Stefaneschi (1260 ca.-1341) e i suoi opuscoli metrici*, in *Frammenti di memoria. Giotto, Roma e Bonifacio VIII*, a cura di M. Andaloro, S. Maddalo, M. Miglio, Roma 2009, pp. 7-15.

Degenhart 1975 = B. Degenhart, *Das Marienwunder von Avignon: Simone Martinis Miniaturen für Kardinal Stefaneschi und Petrarca*, in «Pantheon», 33 (1975), pp. 191-203.

Delisle 1898 = L. Delisle, rec. a F. Novati, *L'influsso del pensiero latino supra la civiltà italiana del Medio Evo*, Milano 1897, in «Journal des savants», 1898, pp. 745-746.

Della Schiava 2007 = F. Della Schiava, *Per la storia della Basilica Vaticana nel '500: una nuova silloge di Tiberio Alfarano a Catania*, in «Italia medioevale e umanistica», 48 (2007), pp. 257-282.

Delle Donne 1997 = F. Delle Donne, *Una perduta raffigurazione federiciana descritta da Francesco Pipino e la sede della cancelleria imperiale*, in «Studi medievali», s. III, 38 (1997), pp. 737-749.

Delle Donne 2004 = F. Delle Donne, *Una "costellazione" di epistolari del XIII secolo: Tommaso di Capua, Pier della Vigna, Nicola da Rocca*, in «Filologia mediolatina», 11 (2004), pp. 143-159.

Dellon 2003 = J.B. Dellon, *Bonaiuto of Casentino*, in *Medieval Italy. An Encyplopedia*, ed. Ch. Kleinhenz, I, Oxford 2003, p. 140.

Denifle 1888 = H. Denifle, *Die Handschriften der Bibel-Correctorien des 13. Jahrhunderts*, in «Archiv für Literatur- und Kirchengeschichte des Mittelalters», 4 (1888), pp. 264-311, 471-601.

Denifle 1889 = H. Denifle, *Die Denkschriften der Colonna gegen Bonifaz VIII. und der Cardinäle gegen die Colonna*, in «Archiv für Literatur- und Kirchengeschichte des Mittelalters», 5 (1889), pp. 493-529.

Döllinger 1882 = J.J. von Döllinger, *Beiträge zur politischen, kirchlichen und Cultur-Geschichte der sechs letzten Jahrhunderte*, III, Wien 1882.

Dugdale 1817 = W. Dugdale, *Monasticon Anglicanum*, New Edition … by J. Caley, H. Ellis, B. Bandinel, I, Londinii 1817.

Duprè Theseider 1952 = E. Duprè Theseider, *Roma dal comune di popolo alla signoria pontificia (1252-1377)*, Bologna 1952 (Storia di Roma, 15).

Dykmans 1975 = M. Dykmans, *Jacques Stefaneschi, élève de Gilles de Rome et cardinal de Saint-Georges (vers 1261-1341)*, in «Rivista di Storia della Chiesa in Italia», 29 (1975), pp. 536-554.

Dykmans 1981 = M. Dykmans, *Le cérémonial papal de la fin du Moyen Âge à la Renaissance*, II: *De Rome en Avignon ou le cérémonial de Jacques Stefaneschi*, Bruxelles-Rome 1981 (Bibliothèque de l'Institut Historique Belge de Rome, 25).

Dykmans 1983 = M. Dykmans, *Le cérémonial papal de la fin du Moyen Âge à la Renaissance*, III: *Les textes avignonnais jusqu'à la fin du grand schisme d'Occident*, Bruxelles-Rome 1983 (Bibliothèque de l'Institut Historique Belge de Rome, 26).

Ehrle 1885 = F. Ehrle, *Zur Geschichte des Schatzes, der Bibliothek und des*

Archivs der Päpste im vierzehnten Jahrhundert, in «Archiv für Literatur- und Kirchengeschichte», 1 (1885), pp. 1-48, 149-151 e 228-364.

Ehrle 1890 = F. Ehrle, *Historia Bibliothecae Romanorum Pontificum tum Bonifatianae tum Avenionensis*, I, Romae 1890.

Ehrle, Egger 1935 = F. Ehrle, H. Egger, *Der Vatikanische Palast in seiner Entwicklung bis zum Mitte des XV. Jahrhunderts*, Città del Vaticano 1935.

Elze 1950 = R. Elze, *Die päpstliche Kapelle in 12. und 13. Jahrhundert*, in «Zeitschrift der Savigny-Stiftung für Rechstgeschichte. Kanonistische Abteilung», 36 (1950), pp. 145-203.

Eubel 1913 = C. Eubel, *Hierarchia catholica Medii Aevi*, Monasterii 1913[2].

Faral 1924 = E. Faral, *Les arts poétiques du XIIe et du XIIIe siècle. Recherches et documents sur la technique littéraire du Moyen Âge*, Paris 1924.

Favreau 1990 = R. Favreau, *Les inscriptions médiévales - reflet d'une culture et d'une foi*, in *Epigraphik 1988*. Fachtagung für mittelalterliche und neuzeitliche Epigraphik (Graz, 10.-14. Mai 1988), hrsg. v. V.W. Koch, Wien 1990 (Österreichische Akad. der Wissenschaften, Philos.-hist. Kl., Denkschriften, 213), pp. 57-89.

Favreau 1997 = R. Favreau, *Épigraphie médiévale*, Turnhout 1997 (L'atelier du médiéviste, 5).

Ferrua 1942 = *Epigrammata Damasiana*, rec. A. Ferrua, Città del Vaticano 1942 (Sussidi allo studio delle antichità cristiane pubblicate per cura del Pontificio Istituto di Archeologia cristiana, II).

Folengo 1987 = Teofilo Folengo, *Macaronee Minori. Zanitonella, Moscheide, Epigrammi*, a cura di M. Zaggia, Torino 1987.

Fossi 1997 = G. Fossi, *Il dotto e il pellegrino di fronte all'antico. Mirabilia, magie e miracoli della città di Roma*, in *La storia dei giubilei*, I: *1300-1423*, a cura di G. Fossi, Firenze 1997, pp. 104-117.

Franceschini 1952-1957 = G. Franceschini, *Schede per una storia della cultura aretina nell'età dell'Umanesimo*, in «Atti e memorie della Accademia Petrarca di Lettere, Arti e Scienze», n.s., 36 (1952-1957), pp. 289-305.

Frenz, Herde 2000 = *Das Brief- und Memorialbuch des Albert Behaim*, hrsg. v. Th. Frenz und P. Herde, in *MGH*, *Briefe des späten Mittelalters*, I, München 2000.

Frugoni 1949 = A. Frugoni, *Riprendendo il "De centesimo seu de Iubileo anno liber" del cardinale Stefaneschi*, in «Bullettino dell'Istituto Storico Italiano per il Medio Evo», 61 (1949), pp. 163-172.

Frugoni 1950 = A. Frugoni, *La figura e l'opera del cardinale Jacopo Stefaneschi (1270 c.-1343)*, in «Atti della Accademia Nazionale dei Lincei. Rendiconti. Cl. sc. mor., stor. e filol.», s. VIII, 5 (1950), pp. 397-424.

Frugoni 1950[2] = A. Frugoni, *Il giubileo di Bonifacio VIII*, in «Bullettino dell'Istituto Storico Italiano per il Medio Evo», 62 (1950), pp. 1-121.

Frugoni 1950[3] = A. Frugoni, *Il libro del Giubileo del cardinale Stefaneschi*, Brescia 1950.

Frugoni 1954 = A. Frugoni, *Celestiniana*, Roma 1954 (Studi Storici, 6-7) [= 1991 (Nuovi Studi Storici, 16)].

Frugoni 1956 = A. Frugoni, *Il carme giubilare del "Magister Bonaiutus de Casentino"*, in «Bullettino dell'Istituto Storico Italiano per il Medio Evo», 68 (1956), pp. 247-258.

Frugoni 1999 = A. Frugoni, *Il giubileo di Bonifacio VIII*, a cura di A. De Vincentiis, Bari 1999.

Frugoni 1999[2] = A. Frugoni, *Pellegrini a Roma nel 1300. Cronache del primo giubileo*, presentazione di C. Frugoni, a cura di F. Accrocca, Casale Monferrato 1999.

Fumi 1902-1920 = *Ephemerides Urbevetanae dal cod. Vaticano Urbinate 1745*, a cura di L. Fumi, I, in *RIS*[2], XV/5, Città di Castello 1902-1920.

Fürst 1977 = C.G. Fürst, *"Statim ordinetur episcopus" oder die Papsturkunden "sub bulla dimidia", Innozenz III. und der Beginn der päpstlichen Gewalt*, in *Ex aequo et bono. Willibald M. Plöchl zum 70. Geburtstag*, hrsg. v. P. Leisching, F. Pototschinig, R. Potz, Innsbruck 1977, pp. 45-65.

Galletti 1970 = A.I. Galletti, *Considerazioni per una interpretazione dell'Eulistea*, in «Archivio Storico Italiano», 128 (1970), pp. 305-334.

Gallo 1992 = F.A. Gallo, *Dai conventi di Salimbene alla corte di Bonifacio VIII*, in *La sequenza medievale*. Atti del Convegno Internazionale (Milano, 7-8 aprile 1984), a cura di A. Ziino, Lucca 1992, pp. 81-86.

Gardner 1992 = J. Gardner, *The Tomb and the Tiara. Curial Tomb Sculpture in Rome and Avignon in the Later Middle Ages*, Oxford 1992.

Gargan 1998 = L. Gargan, *L'antica biblioteca della Certosa di Pavia*, Roma 1998 (Sussidi Eruditi, 47).

van den Gheyn 1899 = J. van den Gheyn, *Nicolas Maniacoria, correcteur de la Bible*, in «Revue biblique», 8 (1899), pp. 289-295.

Gigliozzi 2003 = M.T. Gigliozzi, *I palazzi del papa. Architettura e ideologia: il Duecento*, Roma 2003 (La corte dei papi, 11).

Göring 1934 = H. Göring, *Die Beamten der Kurie unter Bonifaz VIII. Inaugural-Dissertation zur Erlangung der Doktorwürde der Hohen*

Philosophischen Fakultät der Albertus-Universität zu Königsberg Pr., Königsberg 1934.

Grabmäler 1991 = *Die mittelalterlichen Grabmäler in Rom und in Latium vom 13. bis zum 15. Jahrhundert*, I: *Die Grabplatten und Tafeln*, bearbeitet v. J. Garms, R. Juffinger, B. Ward-Perkins, Wien 1981 (Publ. des hist. Instituts beim Österreichischen Kulturinstitut in Rom. II. Abteilung. Quellen, 5/1).

Grabmäler 1994 = *Die mittelalterlichen Grabmäler in Rom und in Latium vom 13. bis zum 15. Jahrhundert*, II: *Die Monumentalgräber*, bearbeitet v. J. Garms, A. Sommerlechner, W. Telesko, Wien 1994 (Publ. des hist. Instituts beim Österreichischen Kulturinstitut in Rom. II. Abteilung. Quellen, 5/2).

Graf 1923 = A. Graf, *Roma nella memoria e nelle immaginazioni del Medioevo*, Torino 1923.

Grauert 1901 = H. Grauert, *Meister Johann von Toledo*, in «Sitzungsberichte der philos.-philol.- und der hist. Cl. der K. Bayer. Akad. der Wissenschaften», II, München 1901, pp. 111-325.

Grauert 1912 = H. Grauert, *Magister Heinrich der Poet in Würzburg und die römische Kurie*, München 1912 (Abhandlungen der K. Bayer. Akad. der Wissenschaften, Philos.-philol.- und hist. Kl., XXVII/1-2).

Graziani 1857 = G.B. Graziani, *Vittoria de' Genovesi sopra l'armata di Federico II. Carme di Ursone notaio del sec. XII*, Genova 1857.

Green 1982 = R.P.H. Green, *The Genesis of a Medieval Textbook: The Models and Sources of the Ecloga Theoduli*, in «Viator», 13 (1982), pp. 49-106.

Greenhalg 1984 = M. Greenhalg, *Ipsa ruina docet: l'uso dell'antico nel Medioevo*, in *Memoria dell'antico nell'arte italiana*, I: *L'uso dei classici*, a cura di S. Settis, Torino 1984 (Biblioteca di Storia dell'Arte. Nuova Serie, 1), pp. 115-167.

Grimm 1866 = J. Grimm, *Gedichte des Mittelalters auf König Friedrich I den Staufer und aus seiner so wie der nächstfolgenden Zeit* (1843), in Id., *Kleinere Schriften*, III: *Abhandlungen zur Litteratur und Grammatik*, Berlin 1866, pp. 1-102.

Guardo 1999 = M. Guardo, *Epitafi di papi, cardinali ed alti dignitari della curia pontificia. Tematiche e stile nell'epigrafia poetica del XIII secolo*, in «Archivio della Società Romana di Storia patria», 122 (1999), pp. 125-134.

Guardo 2008 = M. Guardo, *Titulus et tumulus. Epitafi di pontefici e cardinali alla corte dei papi del XIII secolo*, Roma 2008 (La corte dei papi, 17).

Guenée 1986 = B. Guenée, *Lo storico e la compilazione nel XIII secolo*, in *Aspetti della letteratura latina del secolo XIII*, a cura di C. Leonardi, G. Orlandi, Spoleto 1986, pp. 57-76.

Guglielmetti 2007 = R. Guglielmetti, *Nicola Manicutia, "Corruzione e correzione dei testi"*, in «Ecdotica», 4 (2007), pp. 269-287.

Halvarson 1963 = Bernardi Cluniacensis *Carmina de Trinitate et de fide catholica, de castitate servanda, in libros Regum, de octo vitiis*, rec. K. Halvarson, Stokholm-Göteborg-Uppsala 1963 (Studia Latina Stockholmiensia, 11).

Hamm 1978 = M. Hamm, *Alexander von Roes*, in *Die deutsche Literatur des Mittelalters. Verfasserlexikon*, I, Berlin-New York 1978, coll. 222-226.

Haye 2009 = T. Haye, *Päpste und Poeten. Die mittelalterliche Kurie als Objekt und Förderer panegyrischer Dichtung*, Berlin-New York 2009.

Heimpel 1957 = H. Heimpel, *Über den "Pavo" des Alexander von Roes*, in «Deutsches Archiv», 13 (1957), pp. 171-227.

Heller 1935 = E. Heller, *Der kuriale Geschäftsgang in den Briefen des Thomas von Capua*, in «Archiv für Urkundenforschung», 13 (1935), pp. 198-318.

Heller, Schaller 2011 = *Die Briefsammlung des Thomas von Capua*, aus den nachlassenen Unterlagen v. E. Heller, H.M. Schaller, hrsg. v. M. Thumser, J. Frohmann, Monumenta Germaniae Historica 2011 (Online-Edition).

Herde 1981 = P. Herde, *Die Entwicklung der Papstwahl im dreizehnten Jahrhundert Praxis und kanonistische Grundlagen*, in «Österreichisches Archiv für Kirchenrecht. Vierteljahresschrift», 32 (1981), pp. 11-41.

Herde 1994 = P. Herde, *Die Wahl Bonifaz' VIII. (24. Dezember 1294)*, in *Cristianità ed Europa. Miscellanea di studi in onore di Luigi Prosdocimi*, a cura di C. Alzati, I/1, Roma-Freiburg-Wien 1994, pp. 131-153.

Herde 2000 = P. Herde, *Öffentliche Notare an der päpstlichen Kurie im dreizehnten und beginneneden vierzehnten Jahrhundert*, in *Studien zur Geschichte des Mittelalters Jürgen Petersohn zum 65. Geburtstag*, hrsg. v. M. Thumser, A. Wenz-Haubfleisch, P. Wiegand, Stuttgart 2000, pp. 239-259.

Hervieux 1893 = L. Hervieux, *Les fabulistes latins*, II, Paris 1893.

Hesbert 1968 = *Corpus antiphonalium officii*, III: *Invitatoria et antiphonae*, ed. R.-J. Hesbert, Roma 1968 (Rerum Ecclesiasticarum Documenta. Series Maior, Fontes, 9).

Hildeberti *Carmina* 1969 = Hildeberti Cenomannensis episcopi *Carmina minora*, rec. A.B. Scott, Leipzig 1969.

Hledíková 2003 = *Monumenta Vaticana res gestas Bohemicas illustrantia. Tomus prodomus. Acta Clementis V., Johannis XXII. et Benedicti XII. 1305-1342*, ed. Z. Hledíková, Pragae 2003.

Hösl 1908 = I. Hösl, *Kardinal Jacobus Gaietani Stefaneschi. Ein Beitrag zur Literatur- und Kirchengeschichte des beginnenden vierzehnten Jahrhunderts*, Berlin 1908 (Historische Studien, 61).

Huber 1913 = A. Huber, *Die Johannes-Legende von Thierry de Vaucouleurs*, Halle 1913.

Ilari 1997 = A. Ilari, *La canonizzazione bonifaciana del giubileo*, in *La storia dei giubilei*, I: *1300-1423*, a cura di G. Fossi, Firenze 1997, pp. 184-215.

Jaffé 1861 = *Annales Colmarienses maiores*, ed. Ph. Jaffé, in *MGH*, *Scriptores*, XVII, Hannoverae 1861, pp. 202-232.

Jensen 1973 = K. Jensen, *The works of Lawrence of Aquileia with a list of manuscripts*, in «Manuscripta», 17 (1973), pp. 147-158.

Kaeppeli 1966 = Th. Kaeppeli, *Antiche biblioteche domenicane in Italia*, in «Archivum Fratrum Praedicatorum», 36 (1966), pp. 5-80.

Kaeppeli 1970 = Th. Kaeppeli, *Scriptores Ordinis Praedicatorum Medii Aevi*, I, Romae 1970.

Kindermann 1989 = U. Kindermann, *Der Dichter vom Heiligen Berge. Einführung in das Werk des mittelalterlichen Autors Gregor von Montesacro mit Ersteditionen und Untersuchungen*, Nürnberg-Darmstadt 1989 (Montesacro-Forschung, 1).

Kindermann 1990 = *Flores Psalmorum. A hitherto unknown Jesu-Psalter by the 13th-century latin author Gregory of Montesacro*, ed. by U. Kindermann, Concord (New Hampshire) 1990 (Publications of the archives for medieval poetry. Main series, 23).

Kirsch 1894 = J.P. Kirsch, *Die päpstlichen Kollektorien in Deutschland während des XIV. Jahrhunderts*, Paderborn 1894 (Quellen und Forschungen der Görres-Gesellschaft, 3).

Koch 1981 = W. Koch, *Zur Epigraphik der Stadt Rom im späten Mittelalter*, in *Die mittelalterlichen Grabmäler in Rom und in Latium vom 13. bis zum 15. Jahrhundert*, I: *Die Grabplatten und Tafeln*, bearbeitet v. J. Garms, R. Juffinger, B. Ward-Perkins, Wien 1981 (Publ. des hist. Instituts beim Österreichischen Kulturinstitut in Rom. II. Abteilung. Quellen, 5/1), pp. 25-39.

Koch 1990 = W. Koch, *Zur stadtrömischen Epigraphik des 13. Jahrhunderts - mit Rückblick auf das Hochmittelalter*, in *Epigraphik 1988. Fachtagung für mittelalterliche und neuzeitliche Epigraphik. Graz, 10.-14. Mai 1988*, hrsg. v. W. Koch, Wien 1990 (Österreichische Akad. der Wissenschaften, Philos.-hist. Kl., Denkschriften, 213), pp. 271-280.

Krautheimer 1937 = R. Krautheimer, *Corpus Basilicarum Christianarum Romae. Le basiliche cristiane antiche di Roma (sec. IV-IX)*, Città del Vaticano 1937.

Kristeller 1967 = P.O. Kristeller, *Iter Italicum*, II, London-Leiden 1967.

Kristeller 1985 = P.O. Kristeller, *Umanesimo e scolastica a Padova fino al Petrarca* (1985), ristampato in Id., *Studies in Renaissance Thought and Letters*, IV, Roma 1996 (Storia e Letteratura, 193), pp. 11-26.

Langosch 1942 = K. Langosch, *Das "Registrum Multorum Auctorum" des Hugo von Trimberg. Untersuchungen und kommentierte Textausgabe*, Berlin 1942 (Germanische Studien, 235).

Laurent 1943 = M.-H. Laurent, *Fabio Vigili et les bibliothèques de Bologne au début du XVIe siècle d'après le ms. Barb. lat. 3185*, Città del Vaticano 1943 (Studi e testi, 105).

Lazzi, Rolih Scarlino 1994 = G. Lazzi, M. Rolih Scarlino, *I manoscritti Landau Finaly della Biblioteca Nazionale Centrale di Firenze*, pref. di L. Mosiici, M.G. Ciardi Dupré dal Poggetto, II, Milano 1994.

Le Pogam 2005 = P.-Y. Le Pogam, *De la «Cité de Dieu» au «Palais du Pape». Les résidences pontificales dans la seconde moitié du XIIIe siècle*, Rome 2005.

Le Pogam 2005[2] = P.-Y. Le Pogam, *Les inventaires pontificaux entre la fin du XIIIe siècle et les débuts du XIVe (1295, 1304, 1311). Pour une réédition et une confrontation*, in «Thesis. Cahier d'histoire des collections et de muséologie», 7 (2005), pp. 7-39.

Le Pogam 2007 = P.-Y. Le Pogam, *La lutte entre Boniface VIII et les Colonna par les armes symboliques*, in «Rivista di Storia della Chiesa in Italia», 61 (2007), pp. 47-66.

Lehmann 1914-1915 = P. Lehmann, *Zur Disputatio Ganfridi et Aprilis de statu curiae Romanae*, in «Historische Vierteljahrschrift», 17 (1914-1915), pp. 86-94.

Les manuscrits classiques 1975 = *Les manuscrits classiques latins de la Bibliothèque Vaticane*, Catalogue par E. Pellegrin *et al.*, I, Paris-Rome 1975.

Liber Censuum 1905 = *Le Liber Censuum de l'église Romaine publié avec une introduction et un commentaire*, par P. Fabre, L. Duchesne, I, Paris 1905.

Liber Censuum 1910 = *Le Liber Censuum de l'église Romaine publié avec une introduction et un commentaire*, par P. Fabre, L. Duchesne, II, Paris 1910.

Licitra 1989 = V. Licitra, *Considerazioni sull'Opus metricum del card. Jacopo Caetani Stefaneschi*, in *S. Pietro del Morrone Celestino V nel Medioevo monastico*. Atti del Convegno storico internazionale (L'Aquila, 26-27 agosto 1988), a cura di W. Capezzali, L'Aquila 1989 (Convegni Celestiniani, 3), pp. 185-201.

Licitra 1990 = V. Licitra, *Jacopo Stefaneschi e la cosiddetta "Autobiografia" di Pietro Celestino*, in *Celestino V e i suoi tempi: realtà spirituale e realtà politica*. Atti del 4° Convegno storico internazionale (L'Aquila, 26-27 agosto 1989), a cura di W. Capezzali, L'Aquila 1990 (Convegni Celestiniani, 4), pp. 147-168.

Liebermann 1888 = *Ex Bartholomei de Cotton Historia Anglicana*, ed. F. Liebermann, in *MGH*, *Scriptores*, XXVIII, Hannoverae 1888, pp. 604-621.

Linde 2013 = Nicolaus Maniacoria, *Suffraganeus Bibliothecae*, ed. C. Linde, Turnhout 2013 (Corpus Christianorum, Cont. Med., 262).

Maccarrone 1991 = M. Maccarrone, *Il sepolcro di Bonifacio VIII nella basilica Vaticana* (1983), in Id., *Romana Ecclesia Cathedra Petri*, a cura di P. Zerbi, R. Volpini, A. Galluzzi, II, Roma 1991 (Italia Sacra, 48), pp. 1207-1247.

Maddalo 1998 = S. Maddalo, *«R(egalis) O(rigo) M(ater) A(micorum)» di una 'perduta' immagine di Roma*, in *Roma, magistra mundi. Itineraria culturae medievalis. Mélanges offerts au Père L.E. Boyle à l'occasion de son 75ᵉ anniversaire*, ed. par J. Hamesse, II, Louvain-la-Neuve 1998, pp. 549-561.

Maier 1967 = A. Maier, *Handschriftliches zum "Opus Metricum" Stefaneschis*, in «Italia medioevale e umanistica», 10 (1967), pp. 111-141.

Maier 1977 = A. Maier, *Ausgehendes Mittelalter. Gesammelte Aufsätze zur Geistesgeschichte des 14. Jahrhunderts*, a cura di A. Paravicini Bagliani, III, Roma 1977 (Storia e letteratura, 138).

Marini 1784 = G. Marini, *Degli archiatri pontifici*, I, Roma 1784.

Marx 1889 = J. Marx, *Die Vita Gregorii IX. quellenkritische untersucht*, Berlin 1889.

Matteo d'Acquasparta 1993 = *Matteo d'Acquasparta francescano, filosofo, politico*. Atti del XXIX Convegno storico internazionale (Todi, 11-14 ottobre 1992), Spoleto 1993.

Mazzanti 2006 = G. Mazzanti, *Bonifacio VIII nelle fonti letterarie*, in *Le culture di Bonifacio VIII*. Atti del Convegno organizzato nell'ambito delle Celebrazioni per VII Centenario della morte (Bologna, 13-15 dicembre 2004), Roma 2006 (Bonifaciana, 3), pp. 149-162.

Mercati 1928 = A. Mercati, *La lettera dello scrittore pontificio Silvestro sul giubileo del 1300*, in *Cronistoria dell'anno santo MCXXV*, Roma 1928, pp. 1191-1197.

Miglio 2000 = M. Miglio, *Culture à la court des papes (XIIe-XVe siècle)*, in *Cultures italiennes (XIIe-XVe siècle)*, éd. par I. Heullant-Donat, Paris 2000, pp. 121-143.

Miglio 2009 = M. Miglio, *Stefaneschi antico e moderno*, in *Frammenti di memoria. Giotto, Roma e Bonifacio VIII*, a cura di M. Andaloro, S. Maddalo, M. Miglio, Roma 2009, pp. 1-6.

Mohler 1914 = L. Mohler, *Die Kardinäle Jakob und Peter Colonna. Ein Beitrag zur Geschichte des Zeitalters Bonifaz' VIII.*, Paderborn 1914 (Quellen und Forschungen der Görres-Gesellschaft, 17).

Molinier 1882 = È. Molinier, *Inventaire du trésor du Saint Siège sous Boniface VIII (1295)*, in «Bibliothèque de l'École des Chartes», 43 (1882), pp. 277-310 e 626-646.

Molinier 1884 = E. Molinier, *Inventaire du trésor du Saint Siège sous Boniface VIII (1295)*, in «Bibliothèque de l'École des Chartes», 45 (1884), pp. 31-57.

Molinier 1885 = E. Molinier, *Inventaire du trésor du Saint Siège sous Boniface VIII (1295)*, in «Bibliothèque de l'École des Chartes», 46 (1885), pp. 646-667.

Monti 1993 = C.M. Monti, *Per la Cena di Giovanni Immonide*, in *Medioevo e latinità in memoria di Ezio Franceschini*, a cura di A. Ambrosioni *et al.*, Milano 1993 (Bibliotheca erudita, 7), pp. 277-302.

Monti 2002 = C.M. Monti, *Quicquid libet licet. Diffrazioni di un proverbio*, in «Studi petrarcheschi», n.s., 15 (2002), pp. 271-286.

Montini 1957 = R.U. Montini, *Le tombe dei papi*, Roma 1957.

Morghen 1931 = R. Morghen, *Il cardinal Iacopo Gaetano Stefaneschi e l'edizione del suo Opus Metricum*, in «Bullettino dell'Istituto Storico Italiano per il Medio Evo», 46 (1931), pp. 1-39.

Munari 1970 = Marco Valerio, *Bucoliche*, a cura di F. Munari, Firenze 1970.

Neumann 1916 = R. Neumann, *Die Colonna und ihre Politik von der Zeit Nikolaus IV. bis zum Abzuge Ludwigs des Bayern aus Rom. 1288-1328.*, Langensalza 1916.

Niermeyer 1976 = J.F. Niermeyer, *Mediae Latinitatis Lexicon Minus*, Leiden 1976.

Novara 1993 = A. Novara, *Alcune osservazioni su versi incompiuti nell'Eneide di Virgilio: cenni sul lavoro di Virgilio tragico*, in «Aevum», 67 (1993), pp. 37-53.

Novati 1894 = F. Novati, *La strage Cornetana del 1245 narrata da un poeta contemporaneo*, in *Nozze Cian - Sappa-Flandinet 23 ottobre 1893*, Bergamo 1894, pp. 11-28.

Novati 1899 = F. Novati, *L'influsso del pensiero latino supra la civiltà italiana del Medio Evo*, Milano 1899[2].

Novati 1905 = F. Novati, *Un poema francescano del Dugento*, in Id., *Attraverso il Medio Evo. Studî e Ricerche*, Bari 1905, pp. 7-115.

Nüske 1974 = G.F. Nüske, *Untersuchungen über das Personal der päpstlicher Kanzlei 1254-1304*, in «Archiv für Diplomatik», 20 (1974), pp. 39-240.

Orbán 1982 = Rudolfi de Liebegg *Pastorale novellum*, cura et studio A.P. Orbán, Turnhout 1982 (Corpus Christianorum, Cont. Med., 55).

Orbán 2006 = Aratoris subdiaconi *Historia apostolica*, cura et studio A.P. Orbán, I-II, Turnhout 2006 (Corpus Christianorum, Ser. Lat., 130-130A).

Orlandi 1968 = Iohanni Hymmonidis et Gauderici Velitrini, Leonis Ostiensis *Excerpta ex Clementinis Recognitionibus a Tyranno Rufino translatis*, ed. G. Orlandi, Milano-Varese 1968.

Orlandi 1979 = G. Orlandi, *Rielaborazioni medievali della Cena Cypriani*, in *L'eredità classica nel medioevo. Il linguaggio comico*. Atti del III Convegno di Studio (Viterbo, 26-28 maggio 1978), Viterbo 1979, pp. 28-42.

Ortalli 1976-1977 = G. Ortalli, *Gli «Annales Caesenates» tra cronachistica canonicale trecentesca e l'erudizione storiografica quattrocentesca*, in «Bullettino dell'Istituto Storico Italiano per il Medio Evo», 86 (1976-77), pp. 279-386.

Ortalli 1991 = G. Ortalli, *Annales Caesenates*, in *Repertorio della cronachistica emiliano-romagnola (secc. IX-XV)*, a cura di B. Andreolli *et al.*, introd. di A. Vasina, Roma 1991 (Nuovi Studi Storici, 11), pp. 82-85.

Osternacher 1902 = *Theoduli ecloga*, rec. J. Osternacher, Ripariae prope Lentiam 1902.

Osternacher 1907 = J. Osternacher, *Quos auctores Latinos et sacrorum Bibliorum locos Theodulus imitatus esse videatur*, Urfahr prope Lentiam 1907.

Pabst 2002 = B. Pabst, *Gregor von Montesacro und die geistige Kultur Süditaliens unter Friedrich II.*, Stauttgart 2002.

Paolini 1991 = L. Paolini, *Francesco Pipino*, in *Repertorio della cronachistica emiliano-romagnola (secc. IX-XV)*, a cura di B. Andreolli *et al.*, introd. di A. Vasina, Roma 1991 (Nuovi Studi Storici, 11), pp. 131-134.

Paravicini Bagliani 1969 = A. Paravicini Bagliani, *Gregorio di Napoli, biografo di Urbano IV*, in «Römische historische Mitteilungen», 11 (1969), pp. 59-78.

Paravicini Bagliani 1970 = A. Paravicini Bagliani, *Versi duecenteschi su un conclave del secolo XIII*, in *Miscellanea Gilles Gerard Meersseman*, I, Padova 1970 (Italia Sacra, 15), pp. 151-169.

Paravicini Bagliani 1976 = A. Paravicini Bagliani, *La storiografia pontificia del secolo XIII. Prospettive di ricerca*, in «Römische historische Mitteilungen», 18 (1976), pp. 45-54.

Paravicini Bagliani 1983 = A. Paravicini Bagliani, *La provenienza «angioina» dei codici greci della Biblioteca di Bonifacio VIII. Una revisione critica*, in «Italia medioevale e umanistica», 26 (1983), pp. 27-69.

Paravicini Bagliani 1988 = A. Paravicini Bagliani, *La mobilità della curia Romana nel Duecento: riflessi locali*, in *Società e istituzioni nell'Italia comunale: l'esempio di Perugia (secoli XII-XIV)*, Perugia 1988, pp. 155-278.

Paravicini Bagliani 1991 = A. Paravicini Bagliani, *Medicina e scienze della natura alla corte dei papi nel Duecento*, Spoleto 1991 (Biblioteca di «Medioevo Latino», 4).

Paravicini Bagliani 1994 = A. Paravicini Bagliani, *Il corpo del papa*, Torino 1994 (Biblioteca di cultura storica, 204).

Paravicini Bagliani 1995 = A. Paravicini Bagliani, *Le biografie papali duecentesche e il senso della storia*, in *Il senso della storia nella cultura medievale italiana (1100-1350)*, Pistoia 1995, pp. 155-173.

Paravicini Bagliani 1996 = A. Paravicini Bagliani, *Vita quotidiana alla corte dei papi nel Duecento*, Bari 1996.

Paravicini Bagliani 2003 = A. Paravicini Bagliani, *Bonifacio VIII*, Torino 2003.

Pellegrin 1955 = E. Pellegrin, *La bibliothèque des Visconti et des Sforza ducs de Milan au XVe siècle*, Paris 1955.

Pellegrin 1967 = E. Pellegrin, *La bibliothèque des Visconti et des Sforza. Supplément*, Florence-Paris 1967.

Pelzer 1947 = A. Pelzer, *Addenda et emendanda ad Francisci Ehrle Historiae Bibliothecae Romanorum Pontificum tum Bonifatianae tum Avenionensis tomum I*, Città del Vaticano 1947.

Perali 1928 = P. Perali, *Il primo giubileo*, in *Cronistoria dell'anno santo MCXXV*, Roma 1928, pp. 1203-1213.

Perali 1949 = P. Perali, *Propaganda del primo Giubileo*, in «Ecclesia», 9/3 (1949), pp. 129-132.

Peri 1977 = V. Peri, *Correctores immo corruptores. Un saggio di critica testuale nella Roma del XII secolo*, in «Italia medioevale e umanistica», 20 (1977), pp. 19-125.

Petoletti 1996 = M. Petoletti, *«Nota pro consilio Polistorie mee orationem predictam»: Giovanni Cavallini lettore di Livio*, in «Italia medioevale e umanistica», 39 (1996), pp. 47-76.

Petoletti 2001 = M. Petoletti, *Il* Diversiloquium *di Bonaiuto da Casentino, poeta di curia ai tempi di Bonifacio VIII*, in «Aevum», 75 (2001), pp. 381-448.

Petoletti 2002 = M. Petoletti, *«Nota valde et commenda hoc exemplum»: il colloquio con i testi nella Roma del primo Trecento*, in *Talking to the Texts: Marginalia from Papyri to Print*. International School for the Study of Written Records (Erice 26 September - 3 October 1998), a cura di V. Fera, G. Ferraù, S. Rizzo, Messina 2002, pp. 359-399.

Petoletti 2014 = M. Petoletti, *«Ut patenter innotescat». Il trattato di Nicola Maniacutia (sec. XII) sull'immagine acheropita del Laterano*, in *Auctor et auctoritas in Latinis Medii Aevi litteris*, ed. E. D'Angelo, J. Ziolkowski, Firenze 2014, pp. 847-863.

Petoletti c.s. = M. Petoletti, *Un nuovo testimone del* Carmen iubilare *di Bonaiuto da Casentino*, c.s.

Petronio 1950 = G. Petronio, *Bonifacio VIII. Un episodio della vita e dell'arte di Dante*, Lucca 1950.

Petrucci 1969 = E. Petrucci, *Bonaiuto da Casentino*, in *Dizionario Biografico degli Italiani*, XI, Roma 1969, pp. 520-522.

Piastra 1954 = C.M. Piastra, *Nota sull'«Annayde» di Bonifacio Veronese*, in «Aevum», 28 (1954), pp. 505-521.

Piastra 1959 = C.M. Piastra, *Nota sulla «Veronica» di Bonifacio Veronese*, in «Aevum», 33 (1959), pp. 356-381.

Picard 1998 = J.C. Picard, *Étude sur l'emplacement des tombes des papes du IIIe au Xe siècle* (1969), in Id., *Évêques, saints et cités en Italie et Gaule. Études d'archéologie et d'histoire*, Rome 1998 (Collection de l'École Française de Rome, 242), pp. 197-254.

Placanica 2001 = A. Placanica, *De iubilaei Bonifatiani anni MCCC ecclesiologico ac spirituali significatu animadversiones historicae*, in «Latinitas. Commentarii linguae Latinae excolendae», 49 (2001), pp. 119-150.

Pomarici 1997 = F. Pomarici, *Arti e preziosi a Roma al tempo di Bonifacio VIII*, in *La storia dei giubilei*, I: *1300-1423*, a cura di G. Fossi, Firenze 1997, pp. 256-269.

Potthast 1875 = *Regesta Pontificum Romanorum inde ab a. post Christum natum MCXCVIII ad a. MCCCIV*, ed. A. Potthast, II, Berolini 1875.

Prou 1888 = M. Prou, *Les registres d'Honorius IV*, Paris 1888.

Quattrocchi 1900 = D. Quattrocchi, *L'anno santo del 1300. Storia e bolle pontificie da un codice del sec. XIV del card. Stefaneschi*, Roma 1900 (estratto da «Bessarione», anno IV, vol. VII).

Rabikauskas 1980 = P. Rabikauskas, *Diplomatica pontificia (Praelectionum lineamenta)*, Roma 1980[4].

Ragionieri 1997 = G. Ragionieri, *Un cardinale testimone del primo giubileo*, in *La storia dei giubilei*, I: *1300-1423*, a cura di G. Fossi, Firenze 1997, pp. 216-223.

Ragni 1970 = E. Ragni, *Bongiovanni da Cavriana*, in *Dizionario Biografico degli Italiani*, XII, Roma 1970, pp. 58-59.

Rajna 1896 = *Il trattato* De vulgari eloquentia, per cura di P. Rajna, Firenze 1896.

Reg. Benoît XI = *Les Registres de Benoît XI (1303-1304)*, ed. Ch. Grandjean, Paris 1883-1905 (Bibliothèque des Ecoles Françaises d'Athènes et de Rome, s. II, 2).

Reg. Boniface VIII = *Les Registres de Boniface VIII (1294-1303)*, ed. A. Thomas, M. Faucon, G. Digard, R. Fawtier, Paris 1884-1939 (Bibliothèque des Ecoles Françaises d'Athènes et de Rome, s. II, 4).

Reg. Clementis V = *Regestum Clementis V ex Vaticanis archetypis sanctissimi domini nostri Leonis XIII Pontificis Maximi iussu et munificentia nunc primum editum*, cura et studio monachorum Ordinis S. Benedicti, I-IX, Romae 1885-1888.

Reg. Martin IV = *Les Registres de Martin IV (1281-1285)*, ed. F. Olivier-Martin, Paris 1901-1935 (Bibliothèque des Ecoles Françaises d'Athènes et de Rome, s. II, 16).

Reg. Nicolas IV = *Les Registres de Nicolas IV (1288-1292)*, ed. E. Langlois, Paris 1886-1893 (Bibliothèque des Ecoles Françaises d'Athènes et de Rome, s. II, 5).

Il regesto 1885 = *Il regesto sublacense del secolo XI*, a cura di L. Allodi, G. Levi, Roma 1885.

Rehberg 2012 = A. Rehberg, *Religiosi stranieri a Roma nel Medioevo: problemi e prospettive di ricerca*, in «Rivista di Storia della Chiesa in Italia», 66 (2012), pp. 3-63.

RIS = *Rerum Italicarum Scriptores*, ed. L.A. Muratori, I-XV, Mediolani 1723-1751.

Romanini 1980 = A.M. Romanini, *Arnolfo da Cambio e lo «Stil Novo» del gotico italiano*, Firenze 1980.

Romanini 2014 = E. Romanini, *L'«accusatio» di Giovanni Segarelli: una risposta alla «Declamatio Lucretie» di Coluccio Salutati*, in *Miscellanea graecolatina*, II, a cura di L. Benedetti, F. Gallo, Roma-Milano 2014, pp. 211-263.

Rosati, Mosetti Casaretto 2002 = *Rabano Mauro, Giovanni Immonide, La cena di Cipriano*, a cura di E. Rosati, F. Mosetti Casaretto, Alessandria 2002, pp. 161-183.

Rossi 1933 = Francesco Petrarca, *Le Familiari*, a cura di V. Rossi, I, Firenze 1933.

Rotelli 1982 = E. Rotelli, *La politica crociata dei papi del primo Trecento e il disimpegno delle città toscane visti attraverso i registri pontifici*, in *Toscana e Terrasanta nel Medioevo*, a cura di F. Cardini, Firenze 1982, pp. 75-85.

Rotondi 1930 = G. Rotondi, *«Saligia» e «Chulcama»: postilla all'«Anticerberus» di Bongiovanni da Cavriana*, in «Rendiconti dell'Istituto Lombardo. Cl. di Lett. e Sc. Mor. e Stor.», s. II, 63 (1930), pp. 1110-1114.

Rusch 1936 = B. Rusch, *Die Behörden und Hofbeamten der päpstlichen Kurie des 13. Jahrhunderts*, Königsberg-Berlin 1936.

Salimbene 1999 = Salimbene de Adam, *Cronica*, ed. G. Scalia, II, Turnhout 1999 (Corpus Christianorum, Cont. Med., 125a).

Salimei 1935 = A. Salimei, *Senatori e statuti di Roma nel Medioevo. I senatori. Cronologia e bibliografia dal 1144 al 1447*, Roma 1935.

Schaller 1965 = H.M. Schaller, *Studien zur Briefsammlung des Kardinals Thomas von Capua*, in «Deutsches Archiv», 21 (1965), pp. 371-518.

Schaller, Könsgen 1977 = D. Schaller, E. Könsgen, *Initia carminum Latinorum saeculo undecimo antiquiorum*, Göttingen 1977.

Schmidinger 1963 = H. Schmidinger, *Nicolaus Maniacutius (Maniacoria) und sein Papstgedicht*, in «Mitteilungen des Instituts für Österreichische Geschichtsforschung», 71 (1963), pp. 48-61.

Schmidinger 1964 = H. Schmidinger, *Das Papstgedicht des Nicolaus Maniacutius*, in «Mitteilungen des Instituts für Österreichische Geschichtsforschung», 72 (1964), pp. 63-73.

Schmidt 1986 = P.G. Schmidt, *L'epica latina nel secolo XIII. Notizie su Bonifacio da Verona e la sua "Eulistea"*, in *Aspetti della letteratura latina nel secolo XIII*. Atti del primo Convegno internazionale di studi dell'Associazione per il Medioevo e l'Umanesimo latini (Perugia, 3-5 ottobre 1983), a cura di C. Leonardi, G. Orlandi, Spoleto 1986, pp. 221-227.

Schmidt 1986[2] = P.G. Schmidt, *Virgilio e l'epica latina del Duecento*, in *La fortuna di Virgilio*. Atti del Convegno internazionale (Napoli 24-26 ottobre 1983), Napoli 1986, pp. 151-165.

Schmidt 1990 = P.G. Schmidt, *The Quotation in Goliardic Poetry: The Feast of Fools and the Goliardic Strophe cum auctoritate*, in *Latin Poetry and the Classical Tradition. Essays in Medieval and Renaissance Literature*, ed. by P. Godman, O. Murray, Oxford 1990, pp. 39-55.

Schmidt 1989 = T. Schmidt, *Der Bonifaz-Prozess. Verfahren der Papstanklage in der Zeit Bonifaz' VIII. und Clemens' V.*, Köln-Wien 1989 (Forschungen zur kirchlichen Rechtsgeschichte und zum Kirchenrecht, 19).

Seppelt 1921 = *Monumenta Coelestiniana. Quellen zur Geschichte des Papstes Coelestin V.*, hrsg. v. F.X. Seppelt, Paderborn 1921 (Quellen und Forschungen der Görres-Gesellschaft, 19).

Sievert 1898 = W. Sievert, *Das Vorleben des Papstes Urban IV.*, in «Römische Quartalschrift», 12 (1898), pp. 152-161.

Silvagni 1901 = A. Silvagni, *Un ignoto poema latino del secolo XIII sulla creazione*, in *Scritti vari di filologia. A Ernesto Monaci,* Roma 1901, pp. 413-427.

Souchon 1888 = M. Souchon, *Die Papstwahlen von Bonifaz VIII. bis Urban VI. und die Entstehung des Schismas 1378.*, Braunschweig 1888.

Spallone 1982 = M. Spallone, *Il Par. lat. 10318 (Salmasiano): dal manoscritto alto-medievale ad una raccolta enciclopedica tardo-antica*, in «Italia medioevale e umanistica», 25 (1982), pp. 1-71.

Stefaneschi 2001 = Iacopo Stefaneschi, *De centesimo seu iubileo anno*, a cura di C. Leonardi, testo critico di P.G. Schmidt, traduzione e note di A. Placanica, Firenze 2001.

Steinke 1984 = K.B. Steinke, *Die mittelalterlichen Vatikanpaläste und ihre Kapellen. Baugeschichtliche Untersuchung anhand der schriftlischen Quellen*, Città del Vaticano 1984.

Strecker 1937-1979 = *Die lateinischen Dichter des deutschen Mittelalters*, V: *Die Ottonenzeit*, hrsg. v. K. Strecker unter Mitarbeit von N. Fickerman, G. Silagi in Verbindung mit B. Bischoff, in *MGH*, *Poetae Latini Medii Aevi*, V, Leipzig-Berlin-München 1937-1979.

Supino Martini 1993 = P. Supino Martini, *Linee metodologiche per lo studio dei manoscritti in* litterae textuales *prodotti in Italia nei secoli XIII-XIV*, in «Scrittura e civiltà», 17 (1993), pp. 43-101.

Szövérffy 1965 = J. Szövérffy, *Die Annalen der lateinischen Hymnendichtung. Ein Handbuch*, II: *Die lateinischen Hymnen vom Ende des 11. Jahrhunderts bis zum Ausgang des Mittelalters*, Berlin 1965.

Tamburini 1987 = F. Tamburini, *Gregorio, abbate del monastero della ss. Trinità di Monte Sacro sul Gargano († c. 1250) e la sua opera poetica*, in *Miscellanea Bibliothecae Apostolicae Vaticanae*, I, Città del Vaticano 1987 (Studi e testi, 329), pp. 147-195.

Teodulo 1997 = Teodulo, *Ecloga. Il canto della verità e della menzogna*, a cura di F. Mosetti Casaretto, Firenze 1997.

Theiner 1861 = A. Theiner, *Codex Diplomaticus dominii temporalis S. Sedis. Recueil de documents pour servir à l'histoire du gouvernement temporel des états du Saint-Siège extraits des Archives du Vatican*, I, Rome 1861.

Tomassetti 1979 = G. Tomassetti, *La campagna romana, antica, medio-*

evale e moderna, nuova edizione aggiornata a cura di L. Chiumenti, F. Bilancia, III, Firenze 1979.

Uguccione 2004 = Uguccione da Pisa, *Derivationes*, editio princeps a cura di E. Cecchini *et al.*, II, Firenze 2004.

Valentini, Zucchetti 1946 = R. Valentini, G. Zucchetti, *Codice topografico della città di Roma*, III, Roma 1946 (Fonti per la Storia d'Italia, 90).

Vallaurius 1853 = *Ursonis notarii de victoria quam Genuenses ex Friderico II retulerunt anno christiano MCCXLII carmen*, ed. Th. Vallaurius, in *Historiae patriae monumenta. Chartarum*, II, Augustae Taurinorum 1853, coll. 1742-1764.

Valtorta 2006 = *Clavis Scriptorum Latinorum Medii Aevi. Auctores Italiae (700-1000)*, a cura di B. Valtorta, Firenze 2006.

Vecchi 1960 = G. Vecchi, *Carmi esametrici e ritmi musicali per Bonifacio VIII*, in «Convivium», n.s., 28 (1960), pp. 513-523.

Vecchi 1960[2] = G. Vecchi, *I più antichi monumenti italiani di musica mensurale*, Bologna 1960.

Viparelli 1990 = V. Viparelli, *Tibicines*, in *Enciclopedia Virgiliana*, V, Roma 1990, pp. 167-170.

Vircillo Franklin 1998 = C. Vircillo Franklin, *The epigraphic syllogae of BAV Palatinus Latinus 833*, in *Roma, magistra mundi. Itineraria culturae medievalis. Mélanges offerts au Père L.E. Boyle à l'occasion de son 75e anniversaire*, éd. par J. Hamesse, II, Louvain-la-Neuve 1998, pp. 975-990.

Vitaletti 1919 = G. Vitaletti, *Benedizioni e maledizioni in amore (A proposito di uno strambotto inedito del sec. XV)*, in «Archivum Romanicum», 3 (1919), pp. 206-239.

Voci 1992 = A.M. Voci, *Nord o Sud? Note per la storia del medioevale «Palatium apostolicum apud Sanctum Petrum» e delle sue cappelle*, Città del Vaticano 1992.

Vredeveld 1987 = H. Vredeveld, *Pagan and Christian Echoes in the 'Ecloga Theoduli'. A Supplement*, in «Mittellateinisches Jahrbuch», 22 (1987), pp. 101-113.

Waley 1973 = D. Waley, *Caetani, Benedetto (figlio di Pietro II)*, in *Dizionario biografico degli Italiani*, XVI, Roma 1973, pp. 125-126.

Waley 1973[2] = D. Waley, *Caetani, Benedetto (figlio di Giovanni)*, in *Dizionario biografico degli Italiani*, XVI, Roma 1973, pp. 126-129.

Waley 1973[3] = D. Waley, *Caetani, Francesco*, in *Dizionario biografico degli Italiani*, XVI, Roma 1973, pp. 158-162.

Waley 1973[4] = D. Waley, *Caetani, Pietro*, in *Dizionario biografico degli Italiani*, XVI, Roma 1973, pp. 216-217.

Waley 1973[5] = D. Waley, *Caetani, Roffredo II*, in *Dizionario biografico degli Italiani*, XVI, Roma 1973, pp. 220-221.

Waley 1973[6] = D. Waley, *Caetani, Roffredo III*, in *Dizionario biografico degli Italiani*, XVI, Roma 1973, pp. 221-224.

Waley 1982 = D. Waley, *Colonna, Giovanni*, in *Dizionario biografico degli Italiani*, XXVII, Roma 1982, pp. 331-333.

Waley 1982[2] = D. Waley, *Colonna, Stefano*, in *Dizionario biografico degli Italiani*, XXVII, Roma 1982, pp. 433-437.

Walther 1963-1969 = H. Walther, *Proverbia sententiaeque Latinitatis medii aevi*, I-VI, Göttingen 1963-1969.

Walther 1969 = H. Walther, *Initia carminum ac versuum Medii Aevi posterioris latinorum*, Göttingen 1969 (Carmina Medii Aevi posterioris Latina, I/1).

Watenphul 1958 = *Die Gedichte des Archipoeta*, kritisch bearbeitet v. H. Watenphul, hrsg. v. H. Krefeld, Heidelberg 1958.

Weiss 1949 = R. Weiss, *Il primo secolo dell'umanesimo. Studi e testi*, Roma 1949 (Storia e letteratura, 27).

Wenck 1885 = K. Wenck, *Über päpstliche Schatzverzeichnisse des 13. und 14. Jahrhunderts und ein Verzeichniss der päpstlichen Bibliothek vom Jahre 1311.*, in «Mittheilungen des Instituts für österreichische Geschichtsforschung», 6 (1885), pp. 270-286.

Wenck 1921 = K. Wenck, *Die römische Kurie in der Schilderung eines Würzburger Stiftsherrn aus den Jahren 1263/64*, in «Historische Zeitschrift», 124 (1921), pp. 448-465.

Woelfflin 1869 = Publilii Syri *Sententiae*, rec. E. Woelfflin, Lipsiae 1869.

Wolf 1937 = J. Wolf, *Bonaiutus de Casentino ein Dichter-Komponist um 1300*, in «Acta Musicologica», 9 (1937), pp. 1-5.

Worstbrock 1981 = F.J. Worstbrock, *Heinrich von Würzburg*, in *Die deutsche Literatur des Mittelalters. Verfasserlexikon*, III, Berlin-New York 1981, coll. 924-926.

Zerbi 1993 = P. Zerbi, *Riflessioni sul simbolo delle due spade in san Bernardo di Clairvaux* (1968), in Id., *«Ecclesia in hoc mundo posita»*, a cura di M.P. Alberzoni *et al.*, Milano 1993 (Bibliotheca erudita, 6), pp. 387-409.

Indice dei nomi di persona e di luogo*

a cura di Angelo Piacentini

*Non è stata fatta una voce generale per Roma, preferendo limitarsi alla segnalazione dei luoghi della città.

Indice dei manoscritti e dei documenti d'archivio*

a cura di Angelo Piacentini

Finito di stampare
nel mese di ottobre 2016
da Arti Grafiche CDC srl
Roma